曽我量深 講話録 一

大法輪閣

まえがき

私は、自分の領解しておることは『中道』という雑誌に発表しておるのでございますからして、あなた方に強制して『中道』を買いなさいとは私は言わんのだけれどもですね、まあ『中道』という雑誌があるのだから、もしお読みになりたいものならば、それをお読みくださることを私はお願いする次第でございます。

（曽我量深『中道』昭和四十二年十月号）

本講話録（全五巻）は、雑誌『中道』に掲載された曽我量深（一八七五〜一九七一）先生の講話聞書を、講話年代順に編集したものである。

『中道』は、昭和三十七（一九六二）年十一月より津曲淳三氏を編集兼発行人として、昭和四十二（一九六七）年一月号からは編集人津曲淳三・発行人長谷川耕作として、中道社から発行された宗教雑誌である。両氏の不断の情熱により、『中道』は毎月一冊の発行が続けられるも、やがて昭和四十六（一九七一）年二月に第百号をもって廃刊となる。この『中道』には、東京を中心に全国各地で行なわれた曽我先生の講話が毎号収録されていた。

それらの講話は、いくつかは『曽我量深選集』(全十二巻　彌生書房　OD版：大法輪閣)などに収録されているものの、約七割がまとめられることなく、あまり顧みられなくなってきていた。これら単行本にまとめられていない講話を一つに集め、公開することが、本講話録の目的とするところである。

曽我先生の思索を尋ねる際に、中心となるのは『曽我量深選集』である。『曽我量深選集』は、曽我先生の生涯全体を通してその論考を収集したものであるが、戦後晩年の論考に関しては一部の代表的なものしか収録されていない。これに対して、戦後の思索を網羅的に収録しようとしたものが『曽我量深講義集』(全十五巻　彌生書房　OD版：大法輪閣)である。『曽我量深講義集』には、「戦後発表された、主として定期刊行物掲載の講話聞書を年次を遂って収録しようとする」(第一巻「前言」)と、その出版の目的が記される。

しかし残念ながら、この『曽我量深講義集』は昭和三十五(一九六〇)年頃の講話を収録した第十五巻で終了することになる。そして昭和三十年代後半から最晩年に至る曽我先生の講話は、高倉会館(『曽我量深説教集』全十巻　法藏館)や大谷大学大学院(『曽我量深講義録』上・下　春秋社)、仏教文化研究会(『信に死し願に生きよ』百華苑)など、特定の場所での講義録が意義深くまとめられてはいるが、広く一般に語られたものはあまり見ることはできなかった。

このような事情に対し、冒頭に記した曽我先生御自身の言葉から知られる通り、晩年の思索は雑誌『中道』において発表されていた。しかも全百篇もの講話として、である。直弟子である松原祐善先生は、曽我先生の七回忌に際し、その晩年について次のように語っている。

思うに曽我先生は学問として真宗教学のことは勿論でありますが、唯識・法相学の蘊奥を究められておられますが、どちらかともうしますと学者といわれることを厭われまして教化者を以て任じておられたのであります。だいたい還暦以後でしょうと思われますが、請いに応じて地方を巡回されましたが、先生は田舎のおじいさん、おばあさんが私の話に肯いてくれますというて非常なお喜びでありました。

特に晩年死に及ぶまで、日本の全国を南船北馬して自信教人信の誠を尽くされたのでありますまさしく常行大悲を行ぜられて倦むことを知られなかったのであります。

（『仰せをこうむりて』文栄堂　一四一～一四二頁）

このように伝えられる曽我先生の晩年の常行大悲の軌跡こそ、『中道』の講話なのだといえよう。

曽我先生の思索は止まることがなかった。最晩年に至るまで常に思索が展開し、新たな表現が生まれ続けていたのである。雑誌『中道』に遺された講話聞書は、このことを如実に示している。これを誰もが容易に手に取れる形にしておくことは、後の者の責務と考える。

本講話録を通して、一人でも多くの人が晩年の曽我量深先生の言葉に触れ、各人が人生の暗闇を照らし見る一灯の光とせられんことを願うばかりである。

二〇一五年六月

親鸞仏教センター研究員　藤原　智

曽我量深講話録　一　目次

まえがき……藤原　智　1
凡例……8
誓願一仏乗〈一〉――浄土と本願――（昭和三十五年十月十日・東京）……9
誓願一仏乗〈二〉――法蔵菩薩――（昭和三十五年十月十日・東京）……24
正信の大道〈一〉――行信一念――（昭和三十六年六月八日・東京）……44
正信の大道〈二〉――心境と環境――（昭和三十六年六月八日・東京）……56
清澤先生を憶う（昭和三十七年六月二十八日・東京）……84
如来の本願と衆生の本願――仏教者の祈願――（昭和三十七年九月八、九日・富山市）……99
名号本尊（昭和三十七年十月二十四日・東京）……118
釈迦と阿弥陀〈一〉（昭和三十八年四月四日・東京）……139
釈迦と阿弥陀〈二〉（昭和三十八年四月四日・東京）……148

釈迦と阿弥陀〈三〉（昭和三十八年四月五日・東京）…… 171
釈迦と阿弥陀〈四〉（昭和三十八年四月五日・東京）…… 190
法蔵菩薩〈一〉（昭和三十八年五月十六日・久留米市）…… 205
法蔵菩薩〈二〉（昭和三十八年五月十六日・久留米市）…… 220
法蔵菩薩〈三〉（昭和三十八年五月十七日・久留米市）…… 244
法蔵菩薩〈四〉（昭和三十八年五月十七日・久留米市）…… 268
還相廻向〈一〉―誓願一仏乗―（昭和三十八年六月二十七日・東京）…… 287
還相廻向〈二〉―信の一念―（昭和三十八年六月二十八日・東京）…… 306
初出一覧 …… 329
あとがき …… 330

装丁・山本太郎

凡例

一、本講話録は、昭和三十七（一九六二）年十一月から昭和四十六（一九七一）年二月にかけて中道社より発行された雑誌『中道』に掲載された曽我量深の講話聞書を、講話年代順に編集したものである。

一、読み易さを考え、以下の作業を行なった。一部の漢字をかなに、かなを漢字に統一した。明らかな誤字・脱字は改めた。旧漢字・旧かな遣いは通行の字体・かな遣いに改めた。適宜、改行や句読点・括弧・ルビを付した、など。

一、引用文は、底本引用文を尊重しつつ、旧漢字・旧かな遣いは通行の字体・かな遣いに改めた。

誓願一仏乗〈一〉――浄土と本願――

1

お話の題目は「誓願一仏乗」という題である。

誓願というのは、阿弥陀如来の御誓《おんちか》いであり、また御願《おんねが》いである。誓願をまた本願とも申す。誓願と本願とは同じことである。

阿弥陀如来の本願、四十八願というのは、阿弥陀の浄土の根本の法律であろう。法律などと言うと、阿弥陀如来の法律などとそんな難しいことがあるかと言われるであろうが、けれども、法律というのは別にやかましいものでも何でもない。法律の中でも刑法というものがあって、罪を犯すと罪の軽重によって裁きを受ける。これも、その人を憎んで苦しめるために刑法があるのではないのであって、その人が悪い心を改めて社会のためになるような人になってもらいたいというわけで刑法があるわけである。そのほか、民法というものもあって、これは、われわれ国民を保護するためにある。これらのあらゆる法律の根本になる法律が憲法である。これは、どこの国でも憲法はある。昔は憲法のない国もあったのであろうが、今日では憲法のない国はどこにもない。国がなくて憲法があるということはない。また、憲法がなくて国があることもない。国と憲法というものは相離れないものであって、憲法と国は二つであるけれども、不二《ふに》。――二つでない。始めから、一つのものなら不二ということはない。二つの関係がどちらか一つであることはできないと、こういうので、これを不二――二つであってしかも二つでない、二にしてしかも不二――こういうように考えられているわけである。

人間には人間の国というものがある。人間の国というのは、仏教から見れば業道《ごうどう》である。業《ごう》というと、個人個人にのみ業がある、個人個人に関係するものであると考えている人があるだろうが、そうではないのであって、業には共通の業、共同の業、共通共同の業がある。たとえば富士山という山はみんなの共有物である。大体、山とか河とか土地とか山の樹木、河の水とかいうものはみな共有物である。共有物というのは、国のものだということであろう。国の所有であるということになれば、これは共有物である。ところが土地とか家屋とかはそれぞれの誰かの所有というものになっている。土地というものは本来共有物である。共有物であるけれども、また社会生活というものがあって、土地の所有権が法律によって出来上がった。家屋などは人間がお金を出して建てたものであるから、家を建てた人、或いはその家をお金を出して譲り受けた人の所有になっている。けれども仏教の業ということから言うと、土地であろうが家であろうが、そういうのは一つの共同のもの、共同の業によって感得したもの、出来上がっているものである。けれどもそうかと言って、何でも共通のものだと、共同のものだから誰のものだなどと権利を主張するのは間違っているのだと、そういうわけにゆかぬ。人間が社会生活をすることになれば、それぞれの社会生活にはお互いの約束がある。その約束を国家が認めることが大切なことになっているわけである。こういうようなことがあるが、とにかく仏教から申すならば、人間の身体以外は共通共同の業によって作られた。仏教では〝作られた〟と言わないで、〝感得した〟〝感じた〟〝感覚した〟ものである。共同の業でもって感覚したものである。だから人間の身体以外はすべて共通のものだけれども、しかしまた人間相互の間の約束があるから、相互の約束を国が認める。そういうところから、仏教の方では、それぞれの個人個人の所有権をも認めるような解釈をしている。何でも彼《か》でも共通のものだからみな共通だと一概に言うと、これは悪平等というものである。

だから、純粋に自分自身に属するわれ自身のものと（仏教では極端にわがものということは認めないのであるが）一応わがものと言えるものは、わが身だけである。わが身ということは、われ自体、われ自身ということである。わがものだ、わが領分だと言えるのは、わが身と言われる身体だけ。

それ以外はわがものというようなものは本当はないものだ。しかし一応は軽い意味で、わがものということを認める。

わがものということ、そういうものは一切認めないというのは共産主義であろう。それから何でも彼でも、これもわがものだ、あれもわがものだと、人間の自由というものを出来る限り認めてゆく、出来る限りわが権利、わが領分を認めてゆく、そういうのが自由主義である。

仏法の方では、本当はわがものというものはないものである。われというものも本当はないものだ。ないものだけれども、しかし、また因縁というものがあるものであるから、一応はわれというものもあっていいのであるし、また、わがものというものも一応あってもよい。仏教の業の教えは、根本から言うなら、業などというものは人間の迷いであるから、われもなし、わがものもないものだけれども、しかしながらまた迷いというものもやはりあるものだからして、迷いの中にはそれぞれの必然性があって、われもあれば、わが身もある。そしてまた、わがものというものもあり、他のものというものもある。またわがものでもない、他のものでもない純粋に国のもの、人類全体のもの、そういうものもあるわけである。

たとえば太平洋というものはどこの国のものでもない、本当に公のもの。その太平洋の中の島なら島、自分の国のごく近い所だけは自分の領海だと言うて、李承晩なら李承晩という前の韓国の大統領が〝李承晩ライン〟というものを引いた。李承晩に限らずアメリカであろうがソ連であろうが、みなラインを引いている。日本の国だって、やっぱり自分の都合のいいようなラインを引いているわけである。人の国のラインのことはやかましく言うておるのだから日本はラインなど引いておらぬかと言えば、そういうわけでない。自分の方は、みんな承知しているから黙っているので、よその国がラインを引くとやかましく言う。日本の国は日本の国で、島をめぐっている所までが自分の領海だとラインを引いておるに違いない。

とにかく業には、われだけに属する業と、共通の業がある。それを今の多くの人は〝共感〟と言う。みんな共通に感ずるという言葉がある。〝共感〟という言葉は別に仏教から出て来た言葉ではなさそうだけれど、しかしやはり仏教に関係してそういう言葉ができておるものであろうと思う。

2

宿業《しゅくごう》というようなことを教えておるのは、仏教だけである。宿業というのは、つまり宿世《しゅくせ》の業、前世の業。これは人間にはわからぬことである。宿業ということは仏さまだけ知っておられる。人間にはわからぬことだ。人間が宿業なんてことをむやみに振り回わして、人のことを審《さば》いたり、あの人はどういう宿業があってああいう不幸になったのだろう、肩の凝《こ》るのはあの人の宿業だろうと、人のことをそういうように言うのは仏教の教えの精神に背くのであろう。

宿業は自覚であって、自分だけがそう感ずる、自分だけのことである。だから宿業を概念化して、人のことを、人のことまで、彼れの此れのと嘴《くちばし》を容《い》れるべきものでない。仏教の宿業の教えは、どこどこまでも自分自身だけのことを自分が自覚してゆく、自覚してそうして一方にはあきらめをつけて、それから新しい心でもって自分の幸福をつくり出してゆく、というのが仏教の業の教えである。あきらめなければならぬことをあきらめもしないで、いつまで経っても同じことを繰り返して泣き寝入りしているというのは、これは愚かな話だ。宿業というのは、ちゃんとあきらめる、なるほどそうだ、これは仕方がないと、あきらめるところはあきらめをつけて、思い切ってしまって、新しい道を求めて、新しい心で新しい業をつくる。こういうのが仏教の教えである。いつまで経ってもじめじめとして愚痴を言うのは、宿業ということについての本当の自覚に背いておると言わなければならない。

それからまた、宿業というと、人間は何か自分だけに関係していると言うけれども、しかしまたそうでなくて、全世界、全宇宙に普遍性をもっている。その業は本当にどうすることもならぬかと言うと、人間の力ではどうすることもならぬが、しかし、仏の力、如来のお力ではそれを超越することができる。

業というのは大体迷いの世界にあるものだ。だからして法を悟っておいでになる仏さまの力によってのみ、業を乗り超えることができる。だから業はめそめそしておるわけのものではないが、そうかと言って、一時は新しい心で出発しても、人間の力は限りのあるものだから、結局また業に帰る。人間の力でどうこうできない。どうしたらよいかと言うならば、これは、絶対無限の如来によって超越する。如来によって本当に救われることができる。

如来のお力を、絶対無限のお力を、如来の本願という。或いは誓願というのである。

3

如来の誓願については、お経ではいろいろの仏さまの誓願とか本願とかを教えて下されてあるけれども、如来の本願というものを代表しておるものは『大無量寿経』の中に教えられてあるところの阿弥陀の因位法蔵菩薩の四十八願。法蔵菩薩の四十八願は法蔵が四十八願によって安楽浄土、極楽浄土を建てようと立てて下さった。本願によって安楽浄土を建てようと……。ただ勝手に安楽浄土を建てるわけにはゆかぬ。浄土は本願に由《よ》って、本願に順《したが》ってお建てなされた。

仏さまは偉いお方だから勝手に安楽浄土を建てられた――安楽浄土はいつでも建てることができる――そういうわけのものではない。安楽浄土はどこまでも本願に由り、本願に順ってお建てなされた。安楽浄土は、できてくる。できる……。、、、、、、

〝作る〟とか〝する〟という言葉もある。〝事を為《な》す〟〝する〟ということは、時間ということ

を考えないときに、ものを〝作る〟〝する〟という。〝作る〟という考えは、時間を念頭に置かないで、あれを作る、これを作る、……事によると、〝子供を作る〟〝子供を作った〟という。子供を作るというて、すぐ子供を作るわけにゆかぬ。それは、因縁というものがあって、因縁は複雑なものであって、一つや二つの縁でできるのでなくて、無量無数の因縁が具《そな》わらなければ、ものは出来上がらない。無量無数の因縁の中で一縁でも欠ければ、ものはできない。そういうように仏教では教えて下されてある。できるということは、成就する。——本願成就《ほんがんじょうじゅ》という。本願が成就したという。

キリスト教の神は万物を創《つく》られた。天地を創造なされた。全知全能によって天地万物を創られた。六日間で天地万物を造られた、そうして七日目に神さまはお休みになった。それが日曜日というものの始めである、こういうように伝えておる。それはまた、そういう見方であって、それであるかないかは、それを信ずるか信じないかだけのことである。信ずる人は信ずるし、信じない人は信じない、こういうので、今日世界が二つになっている。神さまの天地創造を信ずる国と、信じない国と、世界が二つに割れているのである。

ところが仏法は、本願成就という。如来の本願成就して浄土が出来上がった。如来の本願成就の浄土。浄土は本願成就の世界である。

だから、浄土は出来上がってしまったかというと、出来上がってしまったとは言えない。

それなら、浄土は未完成のものかと言えば、未完成のものだとも言うわけにゆかぬ。既に完成してしもうたかと言えば、完成してしもうたわけでない。そうかというて、浄土はまだ出来上がらないものか、まだ工事中かというと、まだ工事中だというわけでもない。

これは、本願成就ということ。本願成就の南無阿弥陀仏ということ。だからして、浄土は始めから成就しているのであるが、浄土はいつまでもいつまでも成就している。

始めから成就しているのであるが、始めからいつまでもいつまでも成就しておる。これが本願成就のお浄土。本願成就のお浄土を、それを、われわれは南無阿弥陀仏と念ずる。本願成就の浄土を悟って下された仏さまをば、南無阿弥陀仏と申し上げる。それを本願成就の南無阿弥陀仏。だから、浄土は本来あるものだ。本来出来上がった。本来あって、いつまでもいつまでもできてゆく。始めにできておらんのか？　始めからできておる。始めからできておるんだが、出発点からしてできておるんだが、それがいつまでもいつまでも因縁和合して出来上がってゆく。だから未来は尽未来際《じんみらいさい》。尽未来際というのは〝未来を尽くす〟ということである。未来の果てまで尽くして、浄土は完全なる上にさらに完全になってゆく。今は未完成だろうかと、そういうわけでない。今も完成しておると言うてもよいのであるが、しかし、限りなく完成し、限りなく成就してゆく。今の言葉で言えば、進化してゆくと言うてもよい。

四十八願は、生きている四十八願は、浄土とともに進化してゆく。浄土は本願とともに進化する。本願は浄土とともに進化してゆく。浄土がいつまでもどんよりと停滞していれば、そんな所は退屈する。死んだものだ。

この世界は、娑婆世界は、苦しいことは沢山あるが、油断していると滅亡するから、一所懸命になっているから退屈を知らぬものだ、お浄土はあんまり立派に出来上がっている国だから退屈するだろう、と言うけれども、そういうわけのものでない。浄土は成就してゆく国であるから、どこまでもどこまでも成就してゆく。

4

これは、娑婆と浄土と二つが縁もゆかりもない二つの世界のようにわれわれは思うが、そうでなくて、切っても切れない因縁、つながりを持っている。もう一つ突っ込んでゆくと、人間の迷いの宿業と、それを助けて下さるところの仏さまの本願。宿業と本願。浄土は本願によってできている。この娑婆世界は宿業によってできている。この世界は沢山の人間の共通の宿業によってできている。阿弥陀如来のお浄土は如来の本願からできている。如来の本願からできている浄土と、迷いの宿業からできているところのわれわれの居るこの世界と、この二つは、似ても似つかぬように違っているから縁もゆかりもないものだろうと、そういう立派な世界はわれわれの理念とか理想とかいうものだろうと、そういうようにこの頃の知識階級の人は何でも学問でもってものを考えるから、この世界は現実の世界、浄土は理想の世界、とこういう具合に考える。
理想と現実というのは縁もゆかりもないものである。人間の方から言うから、理想と現実がある。

仏さまの本願によって浄土が出来上がった、人間の共通の業によってこの迷いの世界はできている。その業と、浄土のもとになる仏の本願はどういう関係を持っているかというと、これは切っても切れない深い関係を持っている。関係というのは仏教で因縁という。本願と宿業は非常に深い関係・因縁を持っている。こういうところから、私どもと阿弥陀如来——宿業のために生死《しょうじ》の苦しみを悩んでいるわれわれ衆生と、阿弥陀さまという仏さま——とは本当の親子である。宿業と本願は全く違っておるけれども、これが深い関係を持ち深い因縁を持っていると教えて下されてあるわけである。これはつまり成就ということ。本願成就の阿弥陀如来、本願成就の極楽浄土、本願成就の南無阿弥陀仏。この世界と浄土との関係は、南無阿弥陀仏という念仏の行《ぎょう》でもって二つの世界が結びつけられている。

他の宗教の神さまの国と人間の国はすべて神さまが造ったものだということを言うのであろうが、われわれが住んでいる世界も神さまが創ったと——神さまが創ったのなら何でこんな面白くもない世界を、創られたものであるか——こういうこともある。

ところが仏教の方では、仏の浄土と人間の娑婆世界は二つだけれども、南無阿弥陀仏でもって二つの世界は結びつけられている。南無阿弥陀仏でもって、われわれが浄土へ往くこともできるし、また浄土から此処《ここ》へ還《かえ》って来ることもできる。娑婆世界と浄土は二つだけれども、また相離れぬ。一つだけあるというわけにゆかぬ。必ず二つあるが、しかもやはり一つである。それを南無阿弥陀仏。南無阿弥陀仏というものから、南無阿弥陀仏がもとになって、二つの世界ができている。言うてみれば、夜と昼というようなものであろう。浄土は昼である、この世は夜である。夜と昼というようなものであろうが、この世界におって、〝南無阿弥陀仏〟と、〝阿弥陀如来後生《ごしょう》たすけたまえ〟と念ずれば、われわれのこの世界に、私どもの心の中に、浄土が入り来る。心の中へ浄土が入って来る。

その浄土が心の中に入って来た人を妙好人《みょうこうにん》、正定聚不退転《しょうじょうじゅふたいてん》の人、すなわち、お助けをいただいた人、信心決定《しんじんけつじょう》の人と申すのである。南無阿弥陀仏と、一心に仏を念ずるというと、浄土は自分の心の中へ入って来る。自分の魂の世界の中へ入って来る。その人は命終われば浄土へ往生する。生きているうちは浄土へ往生することはできないけれども、浄土が心の中に入って来て、私どもに正定聚という一つの心境、心の世界を開顕《かいけん》して下さる。その心境はどういう心境であるかと言うと、『歎異抄』の第一条の中に、その心境がどういうように開けて来るかということを示されてある。

弥陀の本願には老少善悪の人をえらばれず、ただ信心を要《よう》とすと知るべし。その故は罪悪深《ざいあくじん》重《じゅう》煩悩《ぼんのう》熾盛《しじょう》の衆生をたすけんがための願《がん》にてまします。しかれば本願を信ぜんには、他の善も要にあらず、念仏にまさるべき善なきが故に。悪をもおそるべからず、弥陀の本願をさまたぐるほどの悪なきが故にと云々。

これは、現生《げんしょう》正《しょう》定《じょう》聚《じゅ》、正定聚不退転の位である。大概の説教者は、正定聚不退転の位になったというのは〝いつ死んでもお浄土参りは間違いない〟〝たとえ天が地となり地が天となり空吹く風を手にとらえることできてもお浄土参りに間違いはない〟こういう覚悟のできたのが現生正定聚、いつでも寝ても覚めてもそういう覚悟ができるのだと、こういうように昔からの説教者は教える。それはそれに違いない。しかしそう〝いつ死んでもいつ死んでも〟と言うていると、何か知らんけれども心が暗くなる。いつ死ぬかわからんに決まっているけれども、いつ死んでもというところに一つの覚悟があるのであろうけれども、しかし、本当に死ぬということを覚悟すれば、死を超越する、生死を超越する。生死を超越すれば現在が明るい。〝いつ死んでもいつ死んでも〟と、死ぬということだけに、こびりついていると、心が暗くなる。理屈はそれに違いない。間違っているというわけではないけれども、朝から晩まで〝いつ死んでもいつ死んでも〟と考えると、心が暗くなる。

いつ死んでも間違いないというのは、生死を超越することである。死を超えることである。死を超えて、生死を超えて、一日一日を明るくするのが、そういうのが、現生正定聚ということである。死を忘れたということではないが、死を超えてゆくことができるならば、そういうところに現生正定聚がある。現生正定聚は生死を超えた境地、生死を超えたところの心境、心の境涯、心の境地、心の世界、精神世界が開けて来る。心の中に浄土が開けて来ると言うてもよい。生きているうちは外の方は娑婆だけであるが、心の中に浄土が開けて来る。それを現生正定聚という。その現生正定聚はどのような心境であるかと言えば、

しかれば本願を信ぜんには、他の善も要にあらず、念仏にまさるべき善なきが故に、悪をもおそるべからず、弥陀の本願をさまたぐるほどの悪なきが故に。

生死を超えた心の境遇が開けて来るのは、仏さまから与えていただく。信心のないときには、そういう新しい世界はなかった。外の世界に、善悪に苦しめられた。信心のないときには、外の世界に、善悪というものにすぐに苦しめられる。正定聚の人は心の中に心境が開けて来る。それを「摂取《せっしゅ》の光明に摂《おさ》め取られる」と仰せられた。「摂取不捨の利益《りやく》にあずけしめたまうなり」と仰せられた。摂取不捨の御利益にあずかる、ということは、私どもの心の中に浄土が開けて来る

ということである。

善悪に苦しめられるものが娑婆世界である。善い心が起これば、善い心が起こるように苦しめられる。悪い心が起これば、悪い心が起こるように苦しめられる。善い心が起こっても悪い心が起こっても、心が善と悪とに苦しめられる。それがすなわち娑婆世界というものであろう。現生正定聚というのは、善心悪心を超越して、ただ南無阿弥陀仏の一つ、念仏一つになったのを、そういう心の世界が開けて来たのを、現生正定聚と申すのである。お念仏一つあれば、善も要《い》らぬ。お念仏一つあれば、悪も怖ろしくない。善も欲しくないし悪も怖ろしくない。ただお念仏一つがある。ただお念仏一つの世界、それをば現生正定聚の世界という。心の中に浄土が開けて来る。浄土というのは、善悪を気にしないでもいい世界。善悪を超えて、ただ南無阿弥陀仏の一つがある。それをば、そういう世界をば、現生正定聚の心境という。南無阿弥陀仏がある……南無阿弥陀仏がある……南無阿弥陀仏がある。南無阿弥陀仏ということによって、この世界と浄土というものがはっきりわかる。はっきりわかるが、同時に、この世界と浄土が一つである、二つが一つであるということを、それを南無阿弥陀仏という。娑婆世界と浄土が一つであるということを、それを、南無阿弥陀仏という。誓願一仏乗ということはそういうことであろう。

（昭和三十五年十月十日、東京都杉並区、浄雲寺における講話。　聞書　津曲淳三）

誓願一仏乗〈二〉

――法蔵菩薩――

1

本願に因《よ》って、如来の本願に由って、浄土が出来上がる。

如来が浄土を創ったものでない。浄土は仏さまが造ったものでない。

仏法では、このわれらの住んでいる世界を娑婆世界という。娑婆世界は、いま生きているわれわれだけではなしに、大昔から生きておった人間、衆生――それから、これからいつまでも、その時その時と生まれて来る新しいもの……そしてまた、われわれは、われわれの知っている世界は地球のことだけしか知らない。人間の生きている世界しか知らない。月や星や太陽というようなものはいろいろ研究されておるけれども、われわれがそういう世界へ行くということは今まではまだできなくて、これからは地球以外の星の世界とか月の世界とか、そういう所へ何とか行けるというような望みを、この頃は科学が進んで、そういうような望みを抱くことができるようになった。しかし、いくらそうなっても、さて、そういう世界に住んでおれるか、住めるものやら住めないものやら、そういうことは容易にわからぬことであろうと思う。また、そういう世界にはどういうものが生きているかという詳しいことなどは、なかなか人間の知識では容易にわからぬことであろうと思う。そういう世界へ行っても、住めるものやら、住めないものやら、大体そこに住めるものとは思えない。そういうことは仏教では業《ごう》というものである、そういう所に住むだけの業がないからであろう。われわれのこの世界だけに住むだけの業がある。だから、われわれは祖先以来日本の国に住んでいるのであるが、また因縁によっては外国へ移住して住むこともできる。それは、そういう業があるからだ。似ている業を持っているからだ。とにかく、この地球上における人間は、どの国でも、地球上の万国はみな共通の業を持っているからして、われわれ日本人がアメリカへ移住することもブラジルへ移民することもいろいろの所へ住むこともできる。これは、業が似ている。似ている業を持っている。つまり、業の共感性……業には共感性を持つ。

業には独自性と共感性と二つの性質を持っている。それで人間というものは、本当に自分自身に属するもの――自分の本当の領分――はわが身というものだけである。本当のわが身に属することはわれわれ自身だけしかわからぬ。他の人にはわからぬ。他の人にはわからぬが、それなら自分以外のものにわからぬかというと、これを知っているお方は仏さまだけである。仏さまは知っておられる。

〝仏も知るまい〟とか〝知らぬが仏〟という言葉もある。仏さまは善いことだけ知ってなさるのだから、極く悪いことになると仏さまも知っておいでになるまいと思って、それでもって人間は悪いこともできるし、安心して恥ずかしいようなことも考えたりする。

人間の業は、心と身と言葉と、三つの業《わざ》、三つの業《ごう》がある。これを三業《さんごう》と言う。三業というものは善いこともするし悪いこともする。善い心も起こるし、悪い心も起こる。善い心が起これば仏さまは知ってなさるだろうが、ある程度の悪い心も仏さまは知ってなさるのだろうけれども、仏さまにも知ってもらいたくない心がある。仏も承知ないだろうと、とにかく〝知らぬが仏〟という言葉がある。仏もご承知ないだろう、と……これは、誓願不思議を疑うのは、そういう心で誓願不思議を疑うのである。〝知らぬが仏〟という言葉は、仏さまを馬鹿にした言葉とも言える。仏さまを見くびったとも言えるようなわけだけれども、これはつまり、阿弥陀の誓願不思議を疑う人の心の中には、やはり〝知らぬが仏〟という思想が心のどこかにあるに違いないと思う。

2

ほかのことを言ったようであるが、つまり、共感する宿業、宿業の共感から、この世界、この人生が出来上がっているものである。浄土というものは仏の本願によって出来上がったものである。

誓願によって出来上がったところの浄土と、人間の宿業によって出来上がったところの娑婆世界は無関係のものでない。この二つの世界には切っても切れない深い因縁がある。その因縁を南無阿弥陀仏というのである。南無阿弥陀仏というのであるということは、仏さまがそう仰せられた。これは仏さまの言葉。われわれ人間の言葉ではない。

けれども、言葉というものは人間世界にあるもの。仏さまには言葉というものは要らぬもの。仏さまはお互いに心と心が通じているから言葉は要らぬ。ところがまた、全く心が通じなかったら、言葉は用をなさぬ。心が全く通じすぎると言葉も要らぬし、全く心が通じなくなったら言葉も用をなさぬ。全く心が通じなくなったら〝議論無用〟ということになる。犬養毅《いぬかいつよし》という総理大臣が、若い軍人たちの暴動で殺された。犬養さんは「話せばわかる」と言うたらば、軍人は「議論無用」と言うて、射撃して犬養さんを殺してしもうた。「話せばわかる」というのは、つまり心と心が通じるところに言葉が必要だ、また言葉は成り立ってくる。ところが、言葉が通じなくなると〝議論無用〟。そうすれば、つまり〝実力行使〟というもの。心と心が通ずるならば、そこで話をすればよい、議論というのは意見を交換することである。だから、議論の余地がないということは、もう意志を通ずる余地がないというのであろう。だから、パンと一発射ったたら、それで終わってしまう。死んでしもうた。

この頃、文部大臣が日教組と会談することを拒絶した。これも〝議論無用〟と同じ思想であろうかと思う。意志が通じない者と話しても意味がないと、こう文部大臣は思うておるものらしい。始めから結論を持って、意地を張って、一歩も譲らんというような一つの結論を持っている。そういう人と話をしても議論無用だと、こういうのが今の文部大臣が高姿勢をもっているわけ。とにかく心の通じない世界に言葉は必要ない。心の通じない、言葉の要らない世界はどういう世界であるかと言えば、地獄である。地獄というのはそういうものだ。その地獄が人間世界までも拡がっている。文部大臣も地獄の仲間になっている。文部大臣を非難するわけではない。日教組もまた無理に文部大臣を取り巻いて吊るし上げしようと思っているのであろう。日教組の人たちが吊るし上げをする意志を持っておると文部大臣は解釈しているから、だから面会謝絶している。そうすればまた、一方の方も〝議論無用〟ということを隠しておいて会見を求めている。だから、どこかにやはり鬼が人間の面をかぶっている。鬼の同類と鬼の仲間とが、様々に会談を申し込んだり会談を拒絶したりする。鬼の同類の間に芸当が演ぜられておる。そういうところに平和があるわけがない。話のできる人のところに平和がある。

だから、言葉の要らない世界に本当の絶対平和がある。言葉でもって話のできるところに平和の望みがある。いま平和でなくても平和の希望がある。議論無用のところには平和の希望もない。

仏さまの世界は平和の世界である。人間の世界は平和の希望のある世界だ。地獄には平和の希望もない。

だから、人間であっても、平和の希望を捨てたら、もうはや鬼の同類だ。こういうように三段ある。或いは三段よりもっと余計あるのかも知れないが、大概三段ぐらいで話をせぬと話がわからぬ。細かく分ければ、三段が九段ぐらいになるかも知れないが。とにかく私どもの中には、話のわからぬ者、心の通じない者が居る。心の通じない者は仏さまと全く心が通じないというようなもの。議論無用というようなものは、仏教から言えば「無縁の衆生」というもの。無縁の衆生を仏教では闡提《せんだい》という。「無縁の衆生は度《ど》し難し」という。無縁とは「無有出離之縁」ということであろう。無有出離之縁の衆生――一体本当に無縁の衆生というものがあるかないかと、そういうことは仏教にはいろいろの問題もある。その宗旨によって、違った主張なり、違った解釈なりがあるわけである。無縁の衆生というのは、特別の例であろう。もっとも、その衆生を助けるところに仏の本願があるというふうに考える道ももう一つあるに違いないと思う。そういうのは一つの逆説というものであろう。

3

とにかく、仏さまの本願と、われわれ迷えるものの宿業と、深い因縁がある。深い関係がある。

従って、この娑婆世界と仏の浄土とは、非常に遠いものであって、また近いものだ。人間世界にはそういうことは沢山ある。遠いようで近いものはいくらでもある。例などはいま思い出さぬが、よく酒飲みが〝酒が仇《かたき》だ〟と言うから、酒にこりごりしているのかと思えば、〝その仇《かたき》に遇《あ》いたい〟――そういうことがある。これすなわち〝遠きは近き〟という一例である。例はいくらもあるであろう。つまり、この娑婆世界と浄土の関係も、遠きは近い、〝遠きは近い〟ということの最も代表的な例であると思う。昔から浄土門の人は、浄土は遠いものだと決めて、「指方立《しほうりっ》相《そう》」というものだと言うて頑張っている人が今でもいる。今でもそういう学者もおるし、信者もおるし、そういう坊さんもいるわけであるけれども、最も遠くして最も近いものの最大の代表は浄土と娑婆世界の関係であることは、ちゃんと昔から教えられておる。教えられておるのを、お経の一方だけを見て、「指方立相」だとわざわざ、わかることをわからぬようにして頑張っておって、仏教というのはわからんことを言うと嫌われる種を蒔いている同行《どうぎょう》もおれば、坊さまもおる。昔からそういう人はおる。今になってもおる。これは、なげかわしいとも、また愚かな話だとも、言うことができるわけだと思う。

浄土とこの世界ほど遠いものはない、だから「指方立相」――十万億土の距《へだ》たりがある、とおっしゃるのだけれども、仏さまはどこか遠い所においでなさるのかと思うていると、南無阿弥陀仏と言うたら、仏はその人の前にいる。南無阿弥陀仏と言うたら、仏さまが私の前においでになる。それがつまり、本願成就というもの。南無阿弥陀仏と称えるのは、称えさせようという仏の念力が、南無阿弥陀仏という言葉、人間の言葉になって現われて来た。だからして、仏を念ずれば――南無阿弥陀仏と称うることによってわれわれは仏を念ずることができる――そうすれば、南無阿弥陀仏の六字の中には、仏もあり、われわれもある。こういうのが本願成就ということである。従って、浄土とこの世界とは、何が近いというても、浄土とこの世界ほど近いものはない。仏さまと人間ほど遠いものはないが、また仏さまと人間ほど近いものはない。浄土とこの娑婆世界ほど遠い国はないが、また浄土と娑婆世界ほど近いものはない。南無阿弥陀仏と仏を念ずるところに、そこに浄土は近づいている。浄土はわが魂の故郷だと念《おも》えば、もう浄土は近づいている。それを本願成就。本願成就文《じょうじゅもん》というのはそういうことを書いたものである。

本願成就文の始めの半分は、南無阿弥陀仏と仏を念ずれば仏はわが前においでになる。後の半分は、浄土を念ずると、浄土を念願するというと、浄土はもう近づいている、浄土はもはや目の前に来た。こういうのが、本願成就文の後の半分である。仏さまは近い所にあるというのが本願成就文の前の半分、浄土は近づいたというのが本願成就文の後の半分である。仏を念ずれば仏が近づいた、浄土を願えば浄土が近づいた、ということを二つ合わせて本願成就の御文《ごもん》。これは南無阿弥陀仏ということ。南無阿弥陀仏と仏を念じ、南無阿弥陀仏と浄土を念ずる、そうすると、仏さまも近づき、浄土も近づく。何も遠い所に浄土があるわけでもない。それを、仏さまは遠い所にいなさるものだ、それが浄土真宗の教えだと、頑固な頭を持っている坊さまもおるし、頑固な頭の年寄りの同行もおる。そういう者がいると、いつまで経っても本願が成就しない。本願があっても本願が成就しない。

4

本願が成就するのを「自然《じねん》」という。自《おの》ずから然《しか》らしめる。お経に「自然」と書いてある。

必ず超絶し去りて安養国《あんにょうこく》に往生することを得ば、横《よこさま》に五悪趣を截《き》り、悪趣自然《あくしゅじねん》に閉ず、道《どう》に昇ること窮極《ぐごく》無し、往《ゆ》き易《やす》くして人無し、其の国逆違《ぎゃくい》せず、自然《じねん》の牽《ひ》く所なり。（『大無量寿経巻』下・悲化段）

「其の国」はお浄土である。「自然」という言葉が二度ある。『大無量寿経』には「自然」という言葉が三十七回だかある。その中で、多くの「自然」という言葉は、業道の自然。業の世界も自然である。自然ということは必然ということである。つまり業というものは、業をつくれば早かれ晩《おそ》かれ必ず報《むく》いを得る。業に報いのないことはない。この生《しょう》に報いがなければ、今度は生まれ変わって報いを受けると、こういうように仏さまは教えておいでになる。そんなことは人間にわからぬ。人間にわからぬから、大概の人間は信じない。〝わからんことを信ずるか〟と言うのであるが、わかることは信ずる必要がないからして、わかることから出発してわからんところまで教えを及ぼしてゆくと、そこに信ということが出て来る。何でもわからぬことは信じない……わからぬことは信じないなら、何を信じるか？　わかることは信じる必要がない。全くわからぬことは信じられない。わかることを根拠にしてわからないところまで拡大してゆく。わかることを根拠にしてわからないことを推し量《はか》る、類推する……信ずる。

つまり、この生に報いがないならば、もう報いはないものだろう——そういうわけでないのであって、この生に報いがないなら、生まれ変わってまた報いがあるだろうと、こういうように仏さまは教えておいでになるのである。それからして、業ということは、現在の生の不平等であるのは、過去の業にそれぞれ違いがある。過去に蒔《ま》いた種がそれぞれ違うから、現在の生の上にはそれぞれ違った不平等の現在というものがある。そういうことは自分の自覚であって、仏教はどこまでも自分の自覚であって、自然科学や社会科学などと違う。自然科学や社会科学であるならば、すぐに他を批判しても差し支えないと考えられるけれども、仏教は自分の自覚であって、人を審《さば》くということをしてはならぬのである。仏さまは、そういうことを一般論的に教えて下されてあって、特殊な事実はその人その人の自覚に俟《ま》つものである。一般論は仏さまが教えていなさるけれども、特殊の事実ということになれば、各自各自の自覚である。だから、人のことを彼れ此れと言わぬのが正しいのである。人間はとかく、そういうことを言いたいものだが、自分の自覚の範囲にとどめて、それ以外のことは言わぬのが仏教の正しい御法《おみのり》の意義であると教えて下されてあるわけである。

そういうわけで、とにかくこの世界と仏の世界は非常に深い関係を持っている。だから、南無阿弥陀仏は如来の招喚《しょうかん》だという。如来の本願招喚というのは、具体的に言うたらば、私どもの業ということであろう。何が本願の喚《よ》び声かというと、業の自覚ということが本願の招喚というものであろう。業の自覚によって、その上に、仏さまが私どもを喚んで下さる。それを、二種深信《にしゅじんしん》（機《き》の深信・法《ほう》の深信）ということでわれわれに教えて下されてあるわけである。だから、機の深信はわが身ということについて述べているのであって、人のことを言うているのでない。わが身ということについて、業の深いことを、罪の深いことを、仏さまの御前に、仏さまを念じて、われわれが静かに懺悔《さんげ》する、懺悔ができる、静かに懺悔ができることを機の深信という。自分の姿を誤魔化さずに、冷静に、極めて冷静に懺悔をする。冷静に懺悔するというと、「あんまり冷静になったらそれではどうする？」と言うけれども、機の深信には全く自分の感激はないものかと言えば、機の深信には本当に深い信念と深い感激がある。深い信念と深い感激を自分の心の深いところに包んで、そうして極めて冷静に、自分の現実の姿を凝視する。自分が自分の姿を言葉に出して述べる、それが本当の懺悔というものである。機の深信は本当の懺悔。心の中には自分全体を焼き尽くすような熱い感激がある。そうして自分自身全体を焼き尽くしても、じっと、自分の自信力、自分を信ずるところの自信力を失わないということ……機の深信は自信力を失わないということであろう。

機の深信というたら、〝自力無効〟というのだから、自己に絶望するのだろうと……。けれども、自分自身に本当に絶望するということは、絶望ができるということである。自分自身に、本当に自信を持って絶望する。自信を持って絶望することができる。どんなにどんなに絶望しても絶望しても、どんなに絶望しても、どんなに絶望しても、自分の自信を失わない。それを「機の深信」という。だから本当に低姿勢というもの。底知れない低姿勢を徹底して行くことのできるそういう一つの自信力。自信力と言えば、威張ったり、気張ったり、頑張ったりすることが自信力だろうと……。頑張るというのは我《が》を張ることである。戦争のときには、一にも二にも〝頑張れ頑張れ〟と言うて、けしかけたものであるが、仏法の方では、頑張らないことである。頑張るのは弱みを隠すために強がるのである。弱みを持っていることを自分が一番よく知っているから、それをごまかすために〝頑張れ頑張れ〟と自分が自分に教えているのであろうが、機の深信は、どんなに自分に絶望しても絶望しても、絶望することによって、自分の本当の自信というものが、どういうことをしても壊れない。壊れないところの自身を知るのが機の深信ということである。こういうように親鸞聖人は教えておられるのである。

だから機の深信というのは、何でもただ自力を捨てるのだ——自分というものはつまらぬもので——と言うが、どんなにつまらなくても、つまらぬということを知るだけの自信を持っている。自分がどれほど愚かであっても、自分は愚かであることをはっきり知っておるのだ。それが、すなわち「信心の智慧」というもの。〝頑張れ頑張れ〟と高姿勢でごまかさずに、本当に静かに低姿勢を徹底してゆくことができるというところに自信がある。これは本当の自信である。だから、機の深信は真実の自信である。決定《けつじょう》の深信。決定して深く信ずる。わが身を決定して深く信ずる。徹底的な低姿勢をもって、わが身を信ずる。高姿勢でわが身を信ずるのは、自分を愛することのようだけれども、本当に自分を愛する道ではない。自分を損《そこ》ねるところの邪道である。低姿勢をもってわが身を信ずるのは、表は極めて冷静であるが、われらの心の内面には、自分全身を焼き尽くす熱烈な感激と自信を包んでおるものである。

「わが身は悪《わろ》きいたずらもの」と、ただ語呂合わせみたいに言うているというわけでない。自身を、そう信ずる。自身は罪あり、生死《しょうじ》の凡夫なりというその自身を信ずる。自身をば信ずる。「自身は現にこれ罪悪生死の凡夫、曠劫《こうごう》よりこのかた常に没《もっ》し常に流転して出離の縁あることなし」と、こう自身を信ずる。

自身はこうだ、と言って、誰が信ずるのだ——誰が誰を信ずるのだ?……自身が自身を信ずる。

自身はこうであると、その自身を自身が信ずる。だから、それは、自覚の信と言うべきものである。これは、本当の自信力と言うべきものである。

5

それからして、法の深信は、親鸞聖人によれば「乗彼願力《じょうひがんりき》を信ずる」。彼《か》の願力に乗托する。本願力に乗る。乗るということは、本願をタノムという意味を持っているのであるが、同時に本願にタスケラレルという意味を持つ。「乗」の字に、本願を「タノム」ということと「タスケラレタ」という意味と、二つの意味を持っている。

たとえば、汽車に乗り遅れるようになって、もはや発車のベルが鳴っている。もう一息のところでベルが鳴り終わる、やっとそのとき駆けつけてデッキの上に足をかけたら、汽車に乗ったと助かったと同じである。「タノム」ことと「タスケラレル」ということとは一つである。「本願をたのむ」と「本願に助けていただく」ことと一つ。一念同時だ。南無阿弥陀仏ということはそういうことである。南無はタノムということだが、同時にまた、タスカルということ。蓮如上人の『御文《おふみ》』にも、そう解釈してある。

信心獲得《しんじんぎゃくとく》すというは第十八の願をこころうるなり。この願をこころうるというは南無阿弥陀仏のすがたをこころうるなり。この故に、南無と帰命《きみょう》する一念の処に発願廻向《ほつがんえこう》のこころあるべし。これ即ち弥陀如来の凡夫《ぼんぶ》に廻向しましますこころなり。これを『大経』には「令諸《りょうしょ》衆生功徳成就」と説けり。されば無始已来《むしいらい》つくりとつくる悪業煩悩《あくごうぼんのう》を残るところもなく願力《がんりき》不思議《ふしぎ》をもて消滅するいわれあるがゆえに、正定聚不退《しょうじょうじゅふたい》の位に住すとなり。これによりて、煩悩を断ぜずして涅槃を得《う》といえるは、このこころなり。（五帖目第五通）

と書いてある。

信心獲得というのは第十八の願を心得るのである、この第十八の願を心得るというのは南無阿弥陀仏の姿を心得るのである。だから信心獲得というのは、第十八の願を心得《え》、心に領解することである。頭だけでわかったのでなく、自分の魂がよく心得るということが信心獲得である。その第十八の願を心得るというのは南無阿弥陀仏の姿を心得るのである。南無阿弥陀仏というのは、打てば響くというようなものであって、南無とたのむところに、早や発願廻向《ほつがんえこう》ということがある。発願廻向は如来が凡夫に廻向しましますこころである。こう仰せられてある。南無とたのむ帰命の中に、早や発願廻向という意味を持っている。だからして、本願力に乗托するということは、帰命ということである。本願力に帰命するというところに早や如来の発願廻向ということがそこにある。如来の願力に帰命するところに、早や願力の廻向が成就されてある。だからして「タノ

ム」ということがすなわち「オタスケ」ということである。だからして『歎異抄』には、

弥陀の誓願不思議にたすけられまいらせて、往生をばとぐるなりと信じて念仏もうさんとおもいたつこころのおこるとき、すなわち摂取不捨の利益《りやく》にあずけしめたまうなり。

蓮如さまは「たのみまいらせて」とおっしゃるが、親鸞聖人は「たすけられまいらせて」とおっしゃる。「たのむ」ということと「たすけられる」ということとは南無阿弥陀仏において機法一体ということを蓮如上人が教えて下されている。だから、南無とたのむ時に、早や阿弥陀仏が助けて下さる、というのである。これは一念同時にある。これを機法一体という。

阿弥陀仏の法の中に、ちゃんと機が成就する。機は法の中にあるものであるが、弥陀をたのむという機の中に、お助けの法が成就するものである。法の中に機を成就してあるから、弥陀をたのむ機の中に、早やまた法が成就してあるものである。こういうようになっている。だからして「乗彼願力」――「彼」というのは阿弥陀如来。「願力」というのは誓願の力。彼《か》の誓願の力を信じ、彼の誓願の力をたのみ、〝後生たすけたまえ〟と仏をたのむということは、たのましめて、そうして、助けて下さった。「たのむ」ということがすなわち「お助け」である。「たのむ」ということと「お助け」とは一つであるということを「乗彼願力を深信する」と仰せられたのである。

6

第十八願を見ると、

設《たと》い我仏《われぶつ》を得《え》たらんに、十方の衆生、至心に信楽《しんぎょう》して我が国に生まれんと欲し、乃至《ないし》十念せん。

そこで切って……そうすると、それは願というものであろう。「たとい我仏を得たらんに……」仏さまが本願を起こさせられるときには、仏さまの位が一段下るのである。仏さまが仏さまの位のままでは本願は出て来ない。悟れる仏さまがわれわれ衆生を助けようという本願を起こされる、仏さまが本願を感得なさるためには、仏さまがわれわれ衆生の仲間にならなければならぬ。法蔵菩薩はわれわれ人間の仲間だ。法蔵菩薩はわれわれ人間の同類だ。仏さまが仏さまのままでは、本願を起こすことができぬ。仏さまが衆生を助けようという本願を起こさせられるためには、法蔵菩薩という位につかれる。仏さまが本願を起こすには、われわれ衆生と同じ所へ下って、われわれと同座して、われわれと手をつないで、本願を起こさせられる。

法蔵菩薩はどこにいる？　どこにいるかわからぬ。どこにおいでになるかわからない。だから、法蔵菩薩はどこにでもいなさる。いつでもいなさる。どこにもいなさる。こう言えば一番よくわかる。

法蔵菩薩はどこにいなさるかと探したって、どこにもいなさらぬ。法蔵菩薩はふつうの人間とどこか変わったところがあるか？　変わったところがあったら、それは人間の同類でない。どこから見てもどうも変わったところがない。そうすれば、法蔵菩薩はおいでになってもわからない。

特別の人だけが法蔵菩薩でない。法蔵菩薩はどこにでもいなさる。昔からいなさる。どこにでもいなさる。法蔵という或る特別の人の名前でなくて、法蔵菩薩というのは、全人の名前である。個人の名前でない。太郎とか次郎とか梅子とか花子とか、個人の名前でない。法蔵菩薩は個人の名前でない。全人の名前である。だから法蔵菩薩はどこにでもいなさる。だから「俺が法蔵菩薩だ」と言う人はない。どこにいなさるかわからぬ。どこにでもいなさる。どこかの坊やが法蔵菩薩かも知れぬ。どこかのお婆さんが法蔵菩薩かも知れぬ。坊やが法蔵菩薩でないとも言えぬ。お婆さんが法蔵菩薩でないとも言えぬ。どこかの博士が法蔵菩薩でないとも言えぬ。一文不知《いちもんふち》の愚かな人が法蔵菩薩でないとも言えぬ。どんな悪人が法蔵菩薩でないとも言えぬ。法蔵菩薩は全人の名前であるならば、法蔵菩薩はどこにでもいなさる。

阿弥陀如来の本願は、賢い人が感得したというわけでもなし、どんな愚かな人でも、誰でもが感得のできる本願であるに違いない。そういう本願を整理して、四十八願という形に直したのは、それは相当の学問がなければ、ああいう立派な形に直すことはできないけれども、しかし、あの本願の本質を調べれば誰でもわかる。ちょっと難しい文章を書いてあるけれども、よく話すれば、誰でもがわかる。三つ子でもわかる。本願は、三つ子でもわかるのが本願である。誰でもが、なるほどそうだと。自分がわかって話しておれば誰でもわかる。学者なんてものは自分でわからんで話してるから、人がわからぬ。自分が本当に納得するまで自分が自分に言い聞かせ、自分が自分にたずねて、そうして人に話すれば誰でもわかる。それが阿弥陀仏の本願というものである。

その本願を起こして下された法蔵菩薩はどこにでもごろごろとしておる人に違いない。別に偉い人でも何でもない。どこにでもおる。どこにでもおったらつまらん人だろうと、こう言う。どこにでもおったからつまらぬというわけではない。滅多にないから尊いんだろう、偉いんだろう、やたらにあそこにもこっちにもごろごろしておったらつまらぬものだろう、とわれわれ人間は思うけれども、仏からご覧になればそういうものでない。どこにでもおっても尊い。そういうものである。

これは、学問など有っても無くても、人間は、どんな人間でも、仏さまと心が通ずるものだ。だからして、どんな人間でも、法蔵菩薩のお徳を持っておるに違いない。持っておっても自分が知らんだけのことだ。だから、われわれが如来の本願を聞いてなるほどそうだとわかったら、みんな法蔵菩薩――法蔵菩薩の同類である。法蔵菩薩というて名乗り上げんでもよい。法蔵菩薩の同類だ。

法蔵菩薩はどこにでもいなさるもんだ……そうすると俺も法蔵菩薩かな⁉　たまにそう思うこともある。〝われこそは〟と言うたら罰が当たるけれども、たまには〝俺も法蔵菩薩かな〟――そういうことを思うたから罰が当たるわけでもなかろうと思う。法蔵菩薩というのは、そういう〝俺が法蔵菩薩〟と名乗り上げるようなそんな法蔵菩薩はどこにもおられない。

法蔵菩薩は、南無阿弥陀仏の六字を本願によって成就なされたお方である。だからして、その南無阿弥陀仏の六字を本当にわかって讃歎して下さるところのお方は仏さまである。十七願、諸仏称名の願というのがある。阿弥陀如来の本願の南無阿弥陀仏は仏さまでなければ誰もわからない。そう書いてある。仏さまだけ知ってなさるけれども、しかし他のものはわからんかと言えばそうでない。やはり宿善開発《しゅくぜんかいほつ》して南無阿弥陀仏のいわれをよく聴聞してゆくというと、誰でもわかる。誰でもわからん南無阿弥陀仏が誰でもわかる、そういう道がある、ということを教えて下されてある。それが、「聞其名号信心歓喜《もんごみょうごうしんじんかんぎ》」とわかったら、われわれは仏さまの同類であると仰せられてある。「歓喜信心の人は諸仏如来と等しい」――そう仰せられる。だからして、たまには〝わしも法蔵菩薩かな〟――夢ぐらいに見るのはありがたいことだと思う。〝われこそは〟なんて言うたら罰が当たるのだろうけれども、〝俺のようなものでも、私のようなこういうものでも法蔵菩薩かな〟――そういうこともわかるわけだと私は思うのである。

（昭和三十五年十月十日、東京都杉並区、浄雲寺における講話。聞書　津曲淳三）

正信の大道〈一〉 ――行信一念――

1

本年（昭和三十六年）は、わが浄土真宗の祖師親鸞聖人の七百回忌を去る四月に勤めましたようなわけでございます。それとともに、今年は、わが親鸞聖人の御師匠法然上人の七百五十回忌に当たっておるわけでございます。

法然上人と親鸞聖人とのお年の違いは、親鸞聖人が二十九歳のときに法然上人の門に入らせられた。そのときには法然上人は六十九歳であった。そうすると、法然上人と親鸞聖人とのお年の隔たりは四十歳。だから、親鸞聖人は法然上人の晩年のお弟子である。法然上人のお弟子は常随《じょうずい》昵近《じっきん》のお方が三百八十余人もおられた。こう伝えられておるのでございまするが、その中では、親鸞聖人は晩年のお弟子であらせられましたからして、お弟子としての序列は低い位であっただろうとこう申します。

法然上人の浄土宗と申しまするのは、聖道門《しょうどうもん》を捨てて、そうして浄土宗を開かれた。聖道門を捨てて浄土の門を開かれた。法然上人以前にも、わが御開山聖人が、浄土真宗の伝統の祖師としてあがめておられるところのお方が六人おられます。法然上人とあわせて七人おられます。それをば七高僧と申し上げております。七高僧と申しまするのはインドには龍樹《りゅうじゅ》菩薩、天親《てんじん》菩薩、中国には曇鸞《どんらん》大師、道綽《どうしゃく》禅師、善導《ぜんどう》大師、わが日本国では源信僧都《げんしんそうず》、つまり恵心《えしん》僧都、それから法然上人、それをあわせて三国七高僧と親鸞聖人はあがめて、そして浄土真宗の伝統、浄土真宗の法のともしびをば伝えて、そうして法然上人という人まで来た。

ところで、法然以前は、別に聖道の門を捨てなかった。支那のお国の三人のお方の中では、特に法然上人があがめておいでになるのは、善導大師。三人の中の一番終わりの善導大師。それから特に親鸞聖人は、曇鸞大師というお方をあがめておいでになるわけでございます。ところで、こういう曇鸞大師であろうが、善導大師であろうが、また日本の国の源信僧都であろうが、みな聖道門に戸籍がある。僧籍、坊さんの戸籍、僧侶の戸籍というものをば聖道門に置いておられます。一番わかりやすいのは、横川《よかわ》の恵心僧都。『往生要集』という御聖典の著作者であるところの恵心僧都。横川の恵心僧都という。横川という所がある。あれは比叡山の中にあるんでありますす。比叡山の中にあるけれども、比叡山の中心でありません。比叡山の中の一つの別院にあるんでしょう。

比叡山の山の中におられるお方はみな捨家棄欲をして、家を捨て、欲を捨て、財産を捨て、そうして頭を剃って仏道修行をしておる人であります。そういうふうに名聞利養《みょうもんりよう》などあるはずがないと思うけれども、それはそうでない。やはりこの比叡山というものも、やはりまた一種特別の名聞利養の巷《ちまた》であった。それでこの恵心僧都という方は、比叡山の中心からずっと離れておるところの横川、そこにある比叡山の別院でありましょう。その比叡山の別院に引退せられた。そして比叡山の中にある一種の名聞利養、そういうものを避けて、そうして静かに念仏修行をしておいでになった。その自分の一種の生活記録といいますか、自分の生活記録を、そういうものを完成した。それが『往生要集』とこういうようでございます。

親鸞聖人は恵心僧都の『往生要集』を、これは浄土真宗の尊い聖典である、こういうようにあがめておいでになる。比叡山の方へ行ってみるというと、そうは言いません。あの『往生要集』はやはり比叡山の宗旨、つまり天台宗、その天台宗の修行を恵心僧都はしておられたのです。だから恵心僧都が天台宗の修行をしておられたところの生活記録が『往生要集』である。こういうように比叡山の人は言うておる。これは、恵心僧都は、比叡山の別院に住んでおられた。そうしてこの比叡山の天台宗に僧籍というものを置いておられた。だから、恵心僧都は、聖道門に、僧侶としての、出家としての戸籍をちゃんと続けておられた。そういうのであります。

　そうであるけれども、恵心僧都は、念仏一門を開いた。これは、『往生要集』という御聖教《ごしょうぎょう》を読んで、親鸞聖人がそれを読まれた。そうしてこの恵心僧都の信仰というものは、純粋な信仰……。恵心僧都は、なるほど僧侶生活の姿は天台宗の沙門である。けれども、その恵心僧都は、もはや天台宗というような、そういうところにおるのではなくして、純粋に、往生浄土の道を求め、往生浄土の道を歩いておられた。その往生浄土の道を歩いたその生活記録が『往生要集』だということを明らかにするために、親鸞聖人は『高僧和讃』の中に源信和尚の教えというものを書いてあります。あの御和讃を思い出してみると、恵心僧都は、専修、雑修ということを言うておられる。

専修《せんじゅ》の人をほむるには　千無一失《せんむいっしつ》と教えたり
雑修《ざっしゅ》の人をきらうには　万不一生《まんぷいっしょう》とのべたもう

　南無阿弥陀仏のお念仏の行を、それをば、一生を貫いて専修念仏の行で、生活で、一生を貫いておられる。自分がその通りの行をしておられたのでございまするからして、またこの自分と同じような悩みを持って、そうして、自分と同じ阿弥陀如来の本願を信じて、そうして専修念仏の行を知る、そういう道をば自分と志を同じくする人に勧めておられる。

2

「専修の人をほむるには、千無一失と教えたり。雑修の人をきらうには、万不一生と述べたもう」千無一失というのは、千人の中で一人も間違いがない。千人の一失ですね。千人の人が千人ならば、往生極楽間違いない。それで千無一失であります。

「雑修の人をきらうには、万不一生……」万不一生ということは、万人、一万人の人が、浄土を願うていません。雑修の人は、専修念仏ではなくて、お念仏を称えても、他の雑行《ぞうぎょう》雑心をまじえる。そういう人を雑修の人といいます。自分では、世の中の名聞利養を捨てて、そうして専ら往生極楽を願うておると、自分では思うておる。思うておるんだけれども、その雑修の人は、他の雑行雑心をまじえて過ぐる人は、ふっというときになると、心が変わる。心が変わってくる。ふっとすると心が変わって、そうしてこの浮世の名利、そういうものを求める。そうでしょう。平生は何事もないときは、いかにも往生極楽の道を専念しているようでありますけれども、ふっとした何かの縁に触れると、逆縁に触れると、たちまち往生極楽から脱線する。それを万不一生。一万人の人の中でも、一人でもって、一人でも、浄土へたどっている人はない。皆どこかの方へ脱線する、雑修の人は……。脱線するんであります。

こういうように、万人の中に、万人の中で、ことによると、一人でも真実報土へたどり着く人はありません。たいていの人は、途中でとまる。足がとまる。その途中にとまるのを、それを辺《へん》地懈慢界《じけまんがい》。つまり化土《けど》。辺地懈慢界、或いは疑城胎宮《ぎじょうたいぐう》と申します。そういう化土に足をとめてしもう。ふっと足をとめてしもう。足をとめてしもうというと、そこにとどまる人は、やはり一種の名聞利養、この浮世に、名聞利養そういうものがそこに残っておるんでしょう。浮世の名聞利養というもの、そういうものが心のどこかに残っておるというと、ひょっとするというと脱線する。こういうんでしょう。それをつまり、不定聚《ふじょうじゅ》の機《き》という。不定聚の機。専修の人は正定《しょうじょう》聚《じゅ》の機という。正定聚の機。正定聚の機、不定聚の機と、そういう言葉は『往生要集』にはありません。ありませんけれども、わが御開山聖人のお用いになっておるところの言葉をもって『往生要集』に当てはめてみますと、専修の人は、正定聚。現生《げんしょう》に正定聚の位に住したり。雑修の人は不定聚と、そういうことをちゃんと御開山様は仰せられてあります。そういうように、千無一失ということは正定聚。万不一生ということは不定聚。千無の人は現生において常に正定聚。現生においてその人の信心が、金剛の信心間違いない。本願の大道をまっしぐらに、わき目をふらず、まっしぐらに帰命している。そういうんでありましょう。

　雑修の人は、あっちを向いたりこっちを向いたり、右を見たり左を見たり、そうするというと、本願の白道から右の方へ堕ちるか、左の方へ堕ちるか。そうするというと、もし堕ちるというと、どこへ行くかというと、生死《しょうじ》の迷いの苦しい世界へ堕ちる。それを不定聚、邪定聚。そうして横川の恵心僧都は、邪定聚、不定聚ということを、それを千無一失、万不一生という言葉であらわしておいでになるけれども、その千無一失とはすなわち正定聚である。万不一生とはすなわち不定聚である。それは現生において、いま現在において、よく先の目的地というものが、現生においてちゃんと決まっておる。それを正定聚。この先の目的地がはっきりしない。ぼやけている。そうすると、そういう人は、現生において邪定になっている。こういうように御開山聖人は……。それがいま申しましたように『往生要集』では「専修の人をほむるには、千無一失と教えたり。雑修の人をきらうには、万不一生と述べたもう」。誰が教えた。横川の恵心僧都が教えた。そういうように、この『往生要集』の中にあるところの純粋な信心、純粋な往生極楽の純粋な信心、そういうのを教えた。

3

往生極楽ということを、未来である。死んでしもうて行く所である。こういうように言うけれどもですね。これは死というものをちゃんと自覚して言うているのです。だから、今の人は、死などということは、なるべく死ということは……。なかなか生きることだけでも容易ではない。死なんて考えておれるものかと、そういうように今の人は言う。それは、もっとも至極であります。けれどもね、けれどもそう言うてはならぬ。死なんて考えておれるかと、こう言うけれどもですね。しかしですね、考えないでおれるものか。

おそらく考える暇がなかったと、こう今の人は言う。そんなことを考える暇がなかった……。そんな暇はないとこう今の若い人は言う。けれどもですね、この生ということを本当に考えるためには、生きるということを本当に考えるためには、死ということを考えずにおれるものか、と。死を前提せずして生を考えることができるか、と。そうでしょう。生きるために、死を考えている暇があるか……と。それはもっともだ。そういうふうに考えればそれはもっともだ。けれどもですね、もう少し観点を変えて見るというと、どんなに忙しくても、忙しければ忙しいほど、われわれは、死というものが迫っておる。何で忙しい。何が忙しい。死が迫っておるから忙しい。そうでしょう。これ……。

死というものがもしないならば、忙しい人はありません。死がなかったら、あまり伸び伸びしてあくびが出る。あくびしたり、居眠りしたりする。あくびする暇もないし、居眠りするような暇もないと、みんなこう目を開き、みな胸を張って世の中を渡る。そういう時代に、死なんてことを考える暇があるか、と。とにかく死というものを考えない。忙しいから考えない。そういうことを言うけれどもね、その忙しいのは、死があるから忙しいのだ。いつ死ぬかわからぬから、だからこの命のあるうちに、この命のあるうちにすべきことをしなければならぬ。忙しい道を行ずるために、人生を行ずるために……。この人生というものは行でしょう。人生は行だ。この人生を、真実の人生を行ずるために、そのためには忙しくてかなわない、だから死なんて考えておれるか、と……。けれども人生というのが尊いのは、いつ死ぬかわからぬというところに人生の尊さがある。そういうもんでありましょう。死というものがなかったならば、人生はたわむれだ。死があるから人生は尊く、また神聖である。そういうことが言えるわけです。だからこの生というものを、死ということを前提して、そうしてこの人生という厳粛な……、人生というものは行である。人生は行である。そういうことを教えて下さるわけであります。

4

それで、行ということ……これはこの頃、私は行ということを考えています。親鸞聖人の教えなどを見るというと、行に雑行《ぞうぎょう》と正行《しょうぎょう》とがある。こういうのは、人生をどういうように思うておるか。こう言うと、人生というものは、仏になる道である。もう一つ言うならば、浄土へ向かう道である。もう一つ逆に言うならば、人生というものが浄土から開けてきた道である。浄土から人生というものが開けてきた、浄土から……。浄土から開けてきた。浄土から開け、浄土へ向こうて行く。浄土から開けてきたから、浄土へ向こうて行く。そういうわけであります。浄土から出発しなければ、浄土へ行くということはできません。

いや、そんなことはない、われわれは娑婆から出発して浄土へ行く。そういうように言う人もあります。娑婆が苦しいから、それで浄土を願うて、浄土へ向こうて行くんだ。こういうように考えておる。

けれども、一体この娑婆から出発して、浄土へは絶対行けない。そういうのを不定聚という。不定聚。もう一つ言うならば、邪定聚という。絶対行けないというのは、邪定聚。行けるか行けないかわからぬというのが不定聚。そうでしょう。行けるか行けないかわからぬ。行けるか行けないかわからぬどころではない、もう絶対行けない。娑婆から出発して、浄土へ行けない。そういうことを親鸞聖人が知っていた。それは釈尊の教えもそうだった。人間は娑婆から出発して、そうして浄土へ行くことはできません。そういうことはできません。

そういうことはできないということは、まあ一番単純簡単に、簡単明瞭に考えておるものは禅宗でしょう。禅というのは、初めから仏さま、仏ということから出発して、そうして仏になる。それが禅。そういうんでありましょう。初めからわれは仏さまだ。つまり、仏を願うということは、既に仏の心だ。だから、仏を願えば必ず仏になる。仏であるから、仏になるんである。仏でないものが仏になるということはできない。本来仏ならば仏になる必要はないんだ。それが無用の用というものだ。無用の用を大用《だいゆう》ということになるんでしょう。無用の用。本来仏ならば、何も仏になる必要はない。本来仏ならば、修行は要らぬだろう。それは、修行など要らぬものだ。修行など要りはしない。何も修行の必要がない。必要がないけれども、その修行は無用の用というものだ。無用の用を大用という。大いなる用という。そういうことであります。これが禅であります。

浄土真宗はどうか。浄土真宗はそうでない。浄土真宗はわれわれは本来、罪業深重《ざいごうじんじゅう》である。罪業深重だから、仏になるためには阿弥陀如来のお助けに頼る。罪業深重のいたずらものは、仏になれない。そういうことです。娑婆世界に迷うておるものが浄土へ行けないぞと、そうおっしゃる。そうでしょう。そこのところをはっきりしなきゃならぬ。

娑婆から浄土へ行けない。そうでしょう。娑婆からは浄土へ行けないということを、これは法然上人も親鸞聖人もはっきりと仰せられた。それをはっきりとわれわれは知らなければならぬ。娑婆から浄土へは絶対行けない。そうでしょう。

そこで、仏さまが本願を起こした。本願を起こして南無阿弥陀仏をつくられた。南無阿弥陀仏。南無阿弥陀仏ということは、つまりこれはどういうことか。南無阿弥陀仏ということは、これは、お前は浄土から出発しているんだ。お前は浄土から出発しておるのだ、と。お前の最初の出発点は、つまりこの浄土であるぞ、と。お前の出発点は浄土である。お前は浄土から出発したのであるということをはっきりと教えて下された。そうでありましょう。

お前は迷うておって、そうして初めから迷うておったと思うておるけれども、それはそれに違いない。それに違いないが、しかし、お前に南無阿弥陀仏というものを、ずっと昔から与えたんだ。だからお前は、お前自身はこの娑婆世界に昔から迷うておったであろうけれども、仏は、ちゃんと浄土から出発したという、そういう資格をお前に与えているのだ。われらは娑婆から出発しているけれども、しかしそのお前の資格は、やはり浄土から出発しているんだ、と。浄土から出発したというそういう資格をこの南無阿弥陀仏をもってわれらにも与えて下された。そういうんでありましょう。それを現生正定聚という。だから、娑婆世界からは浄土へ行けないものである。絶対行けない。娑婆世界から浄土へ行けると、こう考える考え方を邪定《じゃじょう》という。邪定。娑婆世界から出発して浄土へ行こうと、こういうような考えは邪見というものであって、そういう考えを持っておる人を邪定聚《じゃじょうじゅ》の機《き》というんであります。そういうんでありましょう。

それで、仏さまは、私どもを信じて、一番昔から南無阿弥陀仏というものを与えてある。与えてあるものをわれわれは知らぬのです。知らぬけれども南無阿弥陀仏を与えている。そういうんでしょう。だからして私どもはついに宿善開発《しゅくぜんかいほつ》して、そのことをわかった。それを「聞其名号《もんごみょうごう》、信心歓喜《しんじんかんぎ》、乃至一念《ないしいちねん》」と仰せられた。そういうんでありましょう。だから、娑婆から浄土へ行けない。本来自分は浄土から出発しておる。本来浄土から出発しておる証拠は、南無阿弥陀仏。だから、南無阿弥陀仏という本願に乗托すれば、本願の舟に乗れば、必ず浄土へ行くに間違いない。それを現生正定聚と仰せられてあるわけでございます。

（昭和三十六年六月八日、東京都杉並区、浄雲寺における講話。速記　今川静江）

正信の大道〈二〉
――心境と環境――

1

七高僧《しちこうそう》、三国七高僧の伝統というものがある。その伝統のもとには仏の教えというものがある。仏の教えにはお念仏というものがある。その仏の教えとお念仏というものがあって、そうしてそこに浄土真宗の伝統と、そういうものが成立しておるわけでございます。

とにかく、教えにはお念仏というものがある。お念仏は行。行というものがある。だからこの教えがあっても行がなければ……。行というものが、大行といいますか、南無阿弥陀仏という行というものがある。つまり仏さまの本願というものがあって、その本願が成就して、南無阿弥陀仏という行を成就して、そうしてこのわれらに与えた。だから、要するに行というものの上に教えというものが成り立っているんでありましょう。南無阿弥陀仏というものがあって、南無阿弥陀仏という行の、行によって、行について、教えというものが、浄土真宗の教えと、そういうものが成立し、そしてその教えというものが今日まで間違いなく伝統しておるのである。

2

だから、浄土真宗の教えにおきましては、みな信心は同一である。あの法然上人と御開山様の関係でありますが、御開山様が法然上人の門下においでになった昔のことを、御開山様がご老後に、お弟子たちにお話なされた。昔、法然上人のましましたご在生《ざいしょう》のときの思い出というものをお話なされた。その思い出というものは何であるかというならば、この善信――善信というのは親鸞聖人、この善信が昔、法然上人の門下におったときに、御同朋の人々との間に、はかりなく諍論《じょうろん》をした。諍論というのはふつう争論という、争いでしょう。争論した。私とほかの御同朋の人々との間にはかりなく争いをした。こういうことを自分（親鸞）は思い出す。争いをしたというて、何もほかのことで争うたのではない。つまり、仏法のことについて争うたのである。それはですね、どういうことかというと、同朋の人との間に信心の問題――信心の問題と言えば、今の言葉で言えば信仰の問題。その宗教の信仰の問題、いわゆる人生におけるところの宗教の問題、そういうことについて、同朋の人々と言い争いをしたことがある。そういうことを思い出す。そして、それを思い出して、そうして御開山様からお話を聞いた。それは『歎異抄』を書いた唯《ゆい》円房《えんぼう》が言うておる。唯円房が御開山様から昔のことを、それをこうお話を聞いたことがある。それを思い出して、『歎異抄』の十九条の初めに、その事柄を書き伝えておるわけでございます。

そのことはどういうことかと申しますと、これは信仰問題である。つまり信心の問題である。それで御開山様がおっしゃるには、私が何かいろいろ信仰問題について、私が御同朋の人々といろいろ話をした、そうしている間に私がこういうことを言うた。「私の信心は、私がいただいておる信心は、御師匠法然上人のご信心と同じい」と、こういうことを言うた。そうすると、その御同朋のほかの方がそれを聞きとがめた。善信房、あなたのご信心と、御師匠様の法然上人のご信心と同一だということは、私どもにはどうもうなずくことができない。念仏の行について言うならば、法然さまも専修念仏であるし、私どもも専修念仏であるから、お念仏については法然さまと同じい、こう言われるならばよくわかる。お念仏の行について御師匠様と同じだとこう言うならばみんなわかるけれども、その心の中に、心の中のご信心が、法然さまのご信心と等しい、何ら変わりがない、こういうように言われることは、それは私どもにはうなずけない。お念仏は等しいものであろう。けれどもその信心は、浅い信心もあれば深い信心もあるだろう。また本願の筋道、仏法の筋道、この人生の道理、仏法の筋道、仏の本願の筋道、そういう筋道を、一々考えて、調べて、聴聞《ちょうもん》し、また研究し、そういうものが信心を起こす。そういうこともあるだろう。つまり法然上人というお方は、そういう方に違いない。学問において、また見識において、また求道《ぐどう》の精神において、また体験において、この法然上人のごとくすぐれたところの人は、日本において二人といない。

そういうような、つまり学問において、またですね、その信念において、求道の深さにおいて、また、その修行の体験の深さにおいて、そういうものが皆それぞれ違うものだろう。全く一文不知の信者も沢山おるわけだ。またいくらか学問もし、いくらか求道のために煩悶をし、またいろいろ研究も積み、また体験も積んでおる、そういうような人は、その程度その程度でいろいろ違うだろう。その信心というものは、そういう体験とか、研究とか或いは求道の精神とか、そういう経歴だとか、そういうようなことが基礎になって、そうしてそれぞれの疑問とか問題とか、そういうものを解決していくんだろう。それを解決して、そうして、それぞれの信仰と、そういうものが成立し得るに違いない。だからお念仏は、諸善万行、そういうものはみんな捨ててしもう。お念仏一つということは、これはみな平等であろうけれども、信心はその人その人の経歴や天分や、そういうものによってみな違うものだろう。法然さまは法然さまだけの天分があって、法然上人の信心が成立しておるのだ。法然のお弟子は、いろいろの経歴を持っておる人がある。一人一人みな違っておる。経歴において、また天分において、また求道のまじめさ、そういうものにおいて皆それぞれに違う。だから同じ法を行ずるということについても、その人の信仰の、そういうものはその人その人によって違うものだ。しかるに、善信房、君は、善信房の信心と大上人法然上人のご信心とは一つ、同一だと、こういうことを言うけれども、そのいわれは私どもには納得できない。こうほかの人がみんな口をそろえて反対した。そう書いてありますね。

そういうとき、この善信、つまり私（親鸞）は、それについて、こういうことを言うた。それは、あなた方は、法然上人の智慧とか、或いは法然上人の天分とか、或いは法然上人の体験とか、そういうようなものと私と同じいと、こうあなたは聞き違えておるのだろう。勘違いをしているのだろう。私はただこの往生の信心において、大師上人たるところの法然さまとこの愚かなる私と同一、法然上人は智慧第一の法然上人。この私、善信房なる者は、何のとりえもない愚かな善信房であって、私はもう何もかもみんな往生のことにおいてわからない。だからして、私は、自分の持っておるはからい全部捨てて、無一物になって、そうして法然上人の御門を叩いたのだ。叩いたわけである。ところが、その法然上人はどうか。法然上人の教えを聴聞するというと、この善信は、自分の智慧才覚何にもならぬ、と。ただそういうものを一切うち捨てて、そうして一文不知の尼入道と同じ位置に下がって、そうしてこの一文不知の尼入道と仲間になって、そうして手をとってお念仏を称えておる、この教えを聴聞したのだ、私は。それだけ確かに聴聞した。これは間違いない。そうすれば、往生の信心、とにかく阿弥陀如来の浄土へ往生する、その往生の信心というものは、みな一文不知に下がって、そして往生の信心というものが出来上がった。そうなれば、たとえ法然上人がどのようなたっとい天分と、また深い体験があろうとも、そういうものを皆うち捨てて、そうして一文不知になり下がって、そうしてこの往生の信心を獲得なされた。そのお話を私は聴聞した。あなた方もそのお話を聴聞したんでしょう。あなた方は何を聴聞しておられるか。おそらくはこの法然上人の教えは、私が聴聞したと同じ教えをあなた方は聴聞せられたことと私は信ずる。だからして私は往生の信心というものがですね、これはみんな一文不知に下がってしまうんだから、どんな大学者でも、どんな深い体験を積んでおる人もですね、この往生の信心ということになれば、一文不知に下がった信心。自力無効。自力、そういうものをみな投げ捨てて、雑行雑修自力の心を捨てて、そして一心に阿弥陀如来に帰命するところの信心だ、と。そうすればその信心に何の変わりがあろうか、と。こういうことを私は申したんでございます。あんた方聞き違いをしないようにして下さい。こういうように御開山様がもう一遍、言い直したんです。

そうするというと、ほかの人たちが、なるほど君の言うこともわかった。君の言うことは道理はわかった。道理はわかったけれども、しかし実際問題になると、そう思わぬ。こう言うんですね。道理はわかったから、議論では一応君の方にとられた。議論や道理の上では君の言うことの方が正しい。私どもが聞き間違うておった。けれども、結果は、君の言うことは、これは理屈から言えばわかるけれども、実際問題になれば、たとえ自力を捨てても、自力を捨てたからというても、やはりそれだけの徳がある。自力を捨ててもお徳はちゃんとある。それで法然さまも自力を捨てた。お前も自力を捨てる。けれども、徳というもの、これは自力を捨てようが捨てまいがちゃんとあるんだ。だから法然上人のご信心にはそういう徳が輝いておる。法の徳というものがある。君には法の徳がない。こう言ってまた承知しない。君の言う筋は大体わかった、と。そういうことは、なるほど君の言うことは、筋道はわかるけれども、しかし事実問題になれば、どうも法然上人の教えはありがたいと言うておるけれども、君の言うことは理屈がある。法然上人には理屈がない。君には理屈がある。君の言うのは、理屈がないような顔をして理屈を言うておる。法然上人は、全く何の理屈も仰せられない。理屈がないんだ。そういうところに善信房と法然上人とは同一でない。こう言って承知しない。そうして水掛論になった。同じことを繰り返して水掛論をすることになった。お前の言うことは信ずるけれども、お前の人柄を信じない。善信房というお前の人柄は信用できない。法然上人の前には頭が下がるけれども、善信房、君の前には頭が下がらない。法然さまの前には数珠をかけて拝む。君に対して数珠をかけて拝むわけにいかぬ、と。こういう答弁をしたものとみえる。書いてありませんけれども、まあ気持はそういうものであろうと思います。だから結局水掛論になった。

そこで御開山様は、あなた方と言い合いをしても果てしがない。果てしがないからこんなことをやめて、一つ御師匠様の教えを受けたらどうか。言い争いをするより御師匠様の前へ行って、そうしてわれわれの議論を聞いていただいて、そうして御師匠様の教えを仰いだらどうか。私はそう言うた。そうしたれば、ほかの人々もとにかくしようがない。そう言うことを反対できない。不承不承に――どうも不承不承でしょう。ほかの人はとにかく不承不承に、善信房がそう言うものだから、反対するわけにはいかないから、不承不承に、それもよかろうと、こう言うて、不承不承に賛成した。それで、自分は御師匠様のお座敷に行って、そうして御師匠様のご都合を伺うて、どうか御師匠のご判定をいただきたい。そう言って御開山様がお願いなされた。そうすると、法然上人は「よろしい。そういえばいま私は別に用事もないから、すぐにみんなここへ来なさい」こう仰せられた。それで御開山様は、「ただいま大師上人のお許しを受けた。だからあなた方ご一緒に大師上人の教えを受けよう」こう言うたものだから、みんな、ほかの御同朋の人々も一緒について来た。そうして今まで議論した顚末を聖人が申し上げられた。どうか大師上人のお指図をいただきたい、そういうわけでございます、と申し上げた。すると法然さまは、みんな一部始終を静かにお聞きとりになって、そうしてーヶうなずいてお聞きとりになった。それからしばらくたつというと、法然さまが口を開いて仰せられた。その法然上人のお話はちゃんと『歎異抄』に書いてある。

3

法然さまのお話は、こういうお話である。「源空が信心も如来よりたまわりたる信心である。

善信房のご信心も如来よりたまわらせられたるご信心である。それゆえに源空の信心と善信房のご信心とは一つである」こう仰せられた。一つである。もしですね、信心が変わっておる、源空が信心と変わった信心と決定しておる、そういう人が一人でもあったならば、その人は、源空が参るべき浄土、源空が参らせていただくであろうところのお浄土へ、その人は参ることができぬであろう。そうすると、源空が参る浄土と、その人の参る浄土と浄土が違うであろうと、こうおっしゃったんですね。浄土が違うであろう、と。それは源空も浄土へ往生するし、またその人も浄土へ往生するであろうけれどもですね、しかし源空が参る浄土と、源空より違ったご信心をいただいておられる人の参る浄土と浄土が違うであろう。だから、「源空が参る浄土へは、私どもの信心と違った信心を持っておる人は、源空が参るお浄土へは参ることができないであろう」、こう仰せられた。ちゃんとそれは『歎異抄』の第十九条の初めに書いてある。

こういう言葉は、法然さまがこういうことをおっしゃったということは、ほかにないことであります。「源空が信心も如来よりたまわりたる信心なり、善信房のご信心も如来よりたまわらせられたるご信心なり、されば一つなり」。されば一つなり。源空が信心も、信心と、善信房のご信心とは信心は一つである。人は二人だけれども、信心は一つである。みな如来よりたまわったものである。如来よりたまわったということにおいては一つである。こう仰せられてありますね。こういうことは、法然さまのお言葉にそういうことがあるということは、誰も知らぬでしょう。

これは、法然さまのお言葉というものを、やはり浄土宗の方々が、それを聴聞したものを伝えておるのが語録。法然上人の語録というものでありましょう。『漢語燈録』『和語燈録』。漢文に書いた語録と、それからして和文に書いてある語録。そういうものが浄土宗の方に伝えておるのでございます。それから、法然上人のお書きになったところの文書、法然上人のお書きになったところの御法語――御法語というてもそういうのはお弟子に、手紙の形でもって書いて与えられた。そういうものも沢山あるわけでございます。

けれども語録を見ても、源空が信心、如来よりたまわった信心、そういうことは語録に書いてありません。そういうことは『歎異抄』だけに書いてある。こういうことであります。これはですね、『歎異抄』のお言葉というものは、これは間違いない。これは『歎異抄』を読むというと、『歎異抄』のことは間違いない。そういうことは、これはもう誰もが、誰が読んでも『歎異抄』に書いてある御開山様のお言葉に間違いない。そういうふうに、それを読むとわかる。どういう理屈で……、理屈がない。読むとちゃんとわかる。それは『歎異抄』の第二章、それから第九章、それから今の十九章を読むというと、それはもう間違いない。読んでいくとそれはもう間違いがあると思えない。誰が読んでもそうだ。

この間もちょっとキリスト教の学者の方が、この『歎異抄』のことについていろいろ書いておられた。それを読んでみると、もう耶蘇教の人でも、『歎異抄』を読むというと、これは親鸞聖人に直々に会うたようだ。直々に会うてそうして親鸞聖人に直接にお話を聞いた、こういうことになっておる。誰も疑わない。それはもう天理教の人が読もうが、或いは金光教のお方が読もうと、キリスト教のお方が読もうと、或いは無宗教の共産主義の人が読もうと、共産主義者であろうが、唯物論者であろうが、無宗教者であろうが、また現世祈祷をするようなそういうような教えを信じておる人であろうが、また、どんな、ただ学問一筋道におって、宗教などそういうことなどは考えておらない、そういうような人であろうがですね、今まで宗教など全然考えておらないそういう人であってもですね、『歎異抄』というものを読むというと、よくわかる。そうして、直々に、親鸞聖人に、生きた親鸞聖人にお会いをしたという、そういうことになる。

『歎異抄』の言葉は生きた言葉だ。親鸞聖人という方の肉体は七百年の昔に亡くなられた。けれども親鸞聖人の言葉は生きておる。それはまあ親鸞聖人の言葉というても、親鸞聖人が筆をとって直々にみずから書かれた言葉、それも言葉であります。文字として書いてある言葉、そういう言葉がある。それから、親鸞聖人が直々に、お弟子たちや信者に対して直々に話された。その話というものは、大部分はみな消えてしまうけれどもですね、その中で一遍聞いたら一生涯、いつでもその言葉は耳の底にささやく、そういうものがある。そういうものを唯円房という人が、それをば書き記してくれた。だから唯円房の主観というか、唯円房のはからい、そういうものは何もない。だから、読むというとすぐわかる。そういうものだから、キリスト教の方が読んでも、もう一言一句、一言一句、間違いない。聖人の言葉は間違いない。これは、浄土真宗を信じようが信じまいが、唯物論者であろうが無宗教者であろうが、宗教などは仏教などは全然知らぬ者であろうが、ちゃんと読むといいうと、生きた言葉でありまするからして、ちゃんとその人に響いてくる。そういうものでありましょう。

その言葉を離れて、さてお浄土はあるものか、と。お念仏は、一体そんなお念仏なんてそんなものは一体何だと、こんなふうに考えれば、わからぬ。けれども、その言葉を、その生きた言葉を聞いておるというと、みなわかる。そうでしょう。理屈はわからぬ。理屈はわからぬけれども、その言葉を聞くと、理屈を離れて、そうして直ちに心が通ずる。言葉によって心が通ずる。心が通ずるということがありがたいことだ。

言葉がなければ心が通じません。言葉を聞くと心が通ずる。そういうことがある。だからこうやってお話しておっても、ちゃんとあなた方と心が通ずる。そうでしょう。心が通ずる。心が通ずるから、聞いたことを忘れない。そうでしょう。心が通じないというと、聞いているときだけありがたいけれども、ぽっとうちへ帰ると、もう忘れてしもう。何を聞いたやらさっぱりわけがわからない。そうでしょう。だから心が通ずれば、一遍聞いたことは忘れません。それは忘れるときもあるけれども、また、あのときこういうことを聴聞したと、ちゃんと思い出す。思い出すのを、憶念という。憶念の心。そうでしょう。憶念の心というのは、言葉を思い出す、言葉を……。ただ、言葉も何にもないのを思い出すことはありません。憶念と言います。お念仏と言いますね。お念仏の念は憶念ということであります。そういうことであります。

4

それだからして、念ということとは、念と信、信と念。信は信ずる。念は念ずる。念ずるということと信ずるということ。多くの人は、信ずるということだけを言うけれども、もう一つ大切なことは、念ずるということが大切だ。念ずる。念ずるということが大切でありましょう。ただ信ずるというだけならば、とにかくただ信ずるというだけでありましょうし、この信というものが本当の信であるためには、念ずるということがないというと、信は真実の信にはなりません。ただ信ずる、ただ信ずるだけでは本当の信ではありません。信ずるときには念ずるというものがございます。

それで、私どもの師匠としておりますところの清澤先生は、「わが信念」と。信念。信ずるということと念ずるということ。それだからこの念というのが非常に大切だ。だから「信心歓喜、乃至一念」と。一念というのは念、念ということを仰せられてあるわけでございます。

それでこの、一体南無阿弥陀仏、南無阿弥陀仏というのはですね、念ずるということをおっしゃる。念ずる。まず南無阿弥陀仏を、本願を、信じて、そうして仏さまを、如来を念ずる、と。

如来を念ずるということが大事です。信が念というものになれば、もう念というものになれば、信ずる信じないはどうでもいいことだ。念というものがあれば、もう信が成就している。信というものは念において成就する。念がなければ信は成就しません。

そのことは、本願成就の御文に教えてあります。念というものが一番大事だ。念ずるということ。仏を念ずる。寝てもさめても、仏を念ずる。寝てもさめても如来を念ずる。かるがゆえに寝てもさめても如来とともにある。仏とともにある。そうでありましょう。仏とともにある。ただ信ずるというだけならば、仏とともにありません。聞いたときはなるほどそうだ。そのときはなるほどそうだけれども、そのときだけの話だ、信ずるというのは……。そうでありましょう。念ずべき、念ずべき行というものがある。行というものがあるから、だから信というものが、真実の信というものが初めて成就するのであります。だから念ということが書いてある。それで清澤先生は「わが信念」――わが信仰とも言わぬし、わが信心とも言わず、わが信念と言う。信念ということを仰せられてあります。

だからこの信と念というものは相離れないものでしょう。信と念とは離れないものである。だから信というものが念というものになって、そうして私どもを守っておるのだ。私どもを守って、そうして、この信が私どもの身についてくる。念があるから信が身についてくる。その念というのは、どうして念というものが成り立つかというと、すなわち南無阿弥陀仏、南無阿弥陀仏というものがあるから念というのが成り立つのである。その念が成り立つから信が成就するのである。こういうように本願成就の御文を拝読するというと、教えて下されてあるわけです。念である。これは、念仏とは仏を念ずるということだ。仏さまを念ずる。念があるから信心が続いておる。そうでしょう。いつでもこの念があるから、いつでも、忘れない。思い出さぬでも忘れない。思い出さぬでも忘れないから、いつでも思い出すことができる。忘れないから思い出す。念というものがある。その念の体は南無阿弥陀仏、南無阿弥陀仏。そうでしょう。念の体は南無阿弥陀仏。

ところが、浄土真宗の人は信心、信心とばかり言うて、一向お念仏を称えない。これは昔から誤りだ。浄土宗は念仏、念仏と言います。法然上人は念仏、念仏と言われる。親鸞聖人は信心、信心と言われる。だからお念仏なんというのはあってもよし、なくともよし、けれどもお念仏は仏恩報謝の念仏、報恩謝徳の念仏、報恩感謝の念仏、こういうように浄土真宗の人は考えておる。またそういうように教えられておると、こういうても差し支えない。そういうところから、ただ信心。信心というても行がない。信心に行がない。こういう非難を受ける。信心に行がないという非難を受ける。ただ信心、ただ信心というて、行がない。この行がないということが、これが、浄土真宗が衰えておる。信心が衰えたのは行がない。行がなければ念ということが成り立たぬ。念ということが大事なんです。

大体、まあ、お念仏というのはですね、南無阿弥陀仏と称えることをお念仏という。称えることをお念仏といいます。称えることによって、仏を念ずることができる。ちゃんと南無阿弥陀仏と、南無阿弥陀仏。ただ称えるというてもですね、それは法華宗のようにお題目を唱える。あれもとなえるんであります。お題目を唱えるのもそれはたっといことでもあり、ありがたいことでもあるに違いありません。違いありませんがですね、しかしですね、やはりそれに教えというものがある。教えがあります。ちゃんとお題目にはお題目の教えというものがある。お念仏にはお念仏の教えというものがある。お念仏の教えは何であるか。お念仏の教えは如来の本願ということでしょう。本願というのはお念仏の教えであります。そうでしょう。本願が念仏の教えでありますそうでありましょう。本願がお念仏の教えであります。だからやはりお念仏とはどういうものだ、お念仏はどういうものであるかというならば、そのお念仏のいわれは因縁でしょう。お念仏のいわれ、すなわちお念仏の因縁、そういうものを、われわれが、それをよく聴聞する必要がある。それを「聞其名号、信心歓喜、乃至一念」と仰せられたのであります。教えがつまり本願。本願はお念仏のいわれ。そのお念仏のいわれは教えの上にあるわけでございます。

それで、その本願によって南無阿弥陀仏を成就して、そうして私どもに、一切衆生に与えて下された。いつ与えて下されたか。それはもはや仏さまは、それはもういつか昔から与えてある。われわれの祖先以来与えられたものである、南無阿弥陀仏は。与えられておるんですよ。それでですね、よく念仏のいわれをよく聴聞するということが必要なんです。それを、念仏のいわれをよく教えて下さるのがこれが浄土真宗であり、わが御開山聖人の教えであります。御開山聖人以外にはお念仏を称えるということは言うけれども、念仏を称えるについての教えというものがない、浄土真宗以外には……。お念仏を称えると言うけれども、お念仏を称えるについての教えが、その教えが十分でない。これは、私いろいろ考えてみた。教えが全くないか。そういうわけはない。それはまあすぐ前に法然上人の教えというものがある。その法然の教えというものがあって、浄土宗という宗旨は成り立っているのであります。

この間もですね、私は五日の日に京都から東京へ出て来た。そして大谷会館のお話の第一日すなわち六月の六日は清澤満之先生の御祥月命日である。それを臘扇忌《ろうせんき》という。臘扇というのは清澤満之先生の号である。臘扇というのは、清澤先生が結核になって、そうしてもういよいよ自分は何にもできない。この世の中に生きておっても無用の長物であるということを自覚して、そうしてこの自分に、お前は無用の長物であるわと、世の中のためになるようなものではない。世の中の厄介者だ。全く生きておっても世の中の厄介者だ、と。厄介者ならば自殺したらどうか。こういうことも考えることもあるけれども、しかし自分は自殺する必要がなくなった。自分は前に何遍も自殺しようと思うたことがあるけれども、自分は今日この真実の信念というものがいただけるようになってみるというと、今日は自殺する必要を認めなくなったということを清澤満之先生は最後の、亡くなられる一月前に発表せられましたところの「わが信念」の中に記されてあります。

それでこの臘扇というのは、臘というのは、つまり冬のことです。寒い冬を臘という。つまり年の終わりであります。年の終わりの月を臘という。十二月を臘という。扇《せん》はおおぎ（扇）であります。十二月の扇、十二月の扇子《せんす》。扇子というものは、今（六月初旬）でも扇子なんていうのは、ちょっと暑いと思うけれども、さればというて扇子で扇ぐというと、ひやりひやりして気持が悪い。

五日の日、私は京都から出て来て、この東京へ来ました。汽車の中は暑い。自分の座席は陽の当たる方に座席があった。すなわち陽の当たる方に乗っておった。それで暑い。それで扇風機が、始終回わっておる。だから暑いけれども扇風機が回わっておると汗が出ない。扇風機が回わっているとと空気をかき回わすものだから、空気が乾燥して、体温が上がらぬように自然に保護している。だから扇風機が回わっておれば、暑いけれどもやはり何となく涼しい感じがする。けれどもですね、東京へ着いたのは八時過ぎだ。ですから日が暮れる時分になると気温が下がる。気温が下がってくると今度は扇風機が動いているというと寒いです。日中は暑かったけれども、もはや七時時分になると寒い。寒いけれども多くの人はみな若い人が乗っておるんだから、やはり寒いと思わぬらしい。自分のような年寄りなんてたった一人しかいない。それだもんだから、自分はとにかく少しぐらい我慢していようと思って我慢しておった。まあ自分のわがままな心を起こせば、その扇風機をとめて下さいと、こう言えばですね、親切な人は快く扇風機をとめて下さるんであろうと思いまするけれどもですね、人さまがみんな、扇風機を楽しんでおるような若い方々が多い場合は、年寄りは黙っておろうと、こう思って慎しんで黙っておったようなわけでありま す。いま暑いからというてですね、扇子を出して扇ぐほどのこともない。いわんや扇風機などを回わすというと、風邪を引くと思います。そういうふうなわけでありまして、夏でもよっぽど暑くなければ、扇風機なんてどちらかと言えばない方がいい、こう思います。ところが十二月の冬の、冬の扇子、或いは冬の扇風機と、こういうのは要らぬものです。清澤先生は、私は冬の扇子のようなものだ。無用の長物である。そういうように先生は、機の深信を起こした。機の深信なんて起こしたら心が暗くなるだろう。こういうところに問題があるんですよ。

5

これはですね、機の深信というものはですね、人間の、人間が、自分の相対有限、相対有限のものである。自分の分限、自分の分というものを知るということ、それがつまり機の深信というものです。機の深信がないと、不平を言う。機の深信によって私どもは不平を言わぬ。その分に安んじておる。だからしてどのような環境に触れても、どのような環境に会うても、われわれは常に満足しておる。こういうことができますね。機の深信……、そういうんでしょう。

機の深信なんていうと、何かただ自力を捨てなければならぬ。こういうようによく昔の人はそういうように言うております。清澤先生は、ちゃんと自分の分限を知るということが、機の深信の精神だということを先生は明らかにしておられます。こういうことを私は非常にたっといことだと思っておる。わが身は出離の縁がない、そういう地獄一定とか、そういうこともですね、そういう言葉をもてあそんでですね、そういう言葉をもてあそんで、そうして機をせめるということ、それは自分自身の自覚というものでしょう、あれは……。自分自身の自覚であって、機をせめるというてから今度それを振り回わして、そうして人をとっちめる。そういうところに悪用する。そういうようなことをしたならば邪見というものでしょう。つまり教えを悪用するということです。今日でも教えを悪用しておる人がこの世の中に沢山ある。昔から教えを悪用している人がある。今日も昔と同じように教えを悪用している人は沢山おるようであります。

ところが、清澤先生は、やはりそこには、愚癡の法然房とか、十悪の法然房とか、愚禿の親鸞とか、自力無効、そういう言葉も書いておられるわけでございます。

つまり機の深信というものによって、心が暗くなるものだと多くの人は思ってますね。そういうので、機の深信というものによって心が明るくなる。そういうんでありましょう。機の深信がないから心が暗い。なぜならば、自分の分限を知らぬ。自分の分限を知らぬから、あれも欲しい、これも欲しいと言う。欲望に限りがない。欲望が満足しないというと不平を言う。そうでありましょう。機の深信のない人は自分の力を知らぬ。自分の分限を知らぬ。そうして、自分は絶対無限のものだと、こう自分をかいかぶる。自分をかいかぶるというと、人が自分に対して親切でない、人が自分に対して尊敬を欠いておる、親切を欠き尊敬を欠いておる、自分を誤解しておる、こういうように考える。そういうものだから心が暗くなる。そうして人を恨み、人を憎み、今度は復讐しようと思って、今度はその人をそしり、そしてまた人を軽ろしめ、人をいやしめる。こういうことであります。そういうことをしたら、自分も心が暗くなるし、また人も心が暗くなる。

みんなお互いに自分の分というものを知るということが、これはつまり清澤先生に言わせれば、これは自分の智慧の極まりである。その自分の智慧の極まりを知ることによって、仏さまを、絶対無限の仏を知ることができる。そうすると、つまり絶対無限の仏によって自分の愚かさを知らしてもらう。そういうように知ることができる。だからして自分の無知を知ることは、智慧の極まりである。こういうように清澤先生は言っておられる。そういうところに、清澤先生は、一体自分の信念というのはどういう効能があるか。そういうところへ持っていっていますね。それから、その次には、自分が信念などというのは、どういう必要があるか、と。心の中にどういう必要があるか、と。どういう理由があるか、と。どういう必要があるか。どういう理由があるか。こういうことを第二の問題にしている。第三の問題は、仏を信ずるというようなことを言うが、その仏さまとはどういうものだ。どういうことだ。こういうように清澤先生は三つの信念ということについて、宗教の信念ということに三つの問題を出したわけであります。

ところが、大概、一般の人は、宗教と宗教的信念というものにはどういう効能があるか。効能だけのところにとどまっておる。それで私は、法然上人と親鸞聖人の教えを、私は考えてみると、法然上人の教えは効能のところに中心を置いておる。効能の、信心の効能のところに中心を置いて教えておいでになる。法然さまは、法です。お念仏の法、お念仏というものにはどういう効能があるか。お念仏というものにはですね、お念仏を称えるというと、浄土へ間違いなく浄土へ往生できる。「往生の業は念仏を本とする」こういうように法然上人は教えていなさる。これは、法然上人の教えは、念仏の効能ということを主にして法然上人は教えておいでになるということは、これは確かであると思います。それだから法然上人の教えを聞いた人は、念仏の効能だけを聞いておる。念仏の効能を主にして聴聞しておる。これは私は別に悪いわけじゃないと思います。けれどもそこにとどまるというと、念仏の効能のところにとどまるということですね、真実報土へは行くことができんで、化土《けど》のところにとどまる。

それで親鸞聖人は、これは法然さまからの教えを聴聞なされたのでしょう。法然さまだからというて、効能ばかり教えていなさるわけじゃないんですよ、これ……。けれども聞く人はですね、聞く人は効能を主にして聞いておる。そういうんでしょう。親鸞聖人は、その効能を聞いて、それからさらに、なぜに、どういう必要があって、どういう必然的の要求というものがあって、阿弥陀如来さまのお助けと、そういうことを、信心と、信心、信仰、信念、そういうことを、そういうものを要求するようになったんだろう。そういうことをだんだん掘り下げていく。こういうのが御開山聖人の教え。それを間違って聞いておる人がいる。

清澤先生は信念、信念と言って、一向お念仏のことを言わぬじゃないか、と。けれども私はですね、信念という念が念仏でしょう。信と念ということであります。信心だとか信仰などという言葉を言わないで、わが信念と、こう言うておる、だから信と念と二つを合わせて、そうして正しい信というものがそこにある。その念というものは、どうして念というものが成り立つかといえば、すなわちお念仏というものです。南無阿弥陀仏、お念仏、つまり称名念仏、称名念仏というものがある。これは、清澤先生は、そういうことをあまり詳しいことを言うことは、あまり細かいことを沙汰するというと、昔の教えの、昔からの教え、つまり先入観念、そういうものに結びつく。そういうものに結びつかぬように、新しい、ごく新しい心持で、そうして親鸞聖人の歩かれたる道というものを、それを新しい態度で考えていこう。こういうように清澤先生は考えておる。もっともそれには清澤先生には清澤先生としてのいろいろの苦労を、苦労というか煩悶、そういうものを、人生についての疑問というか煩悶というか、深い煩悶をせられた。そういうところから、ついに先生は、効能というような、そういうところへとどまらずして、それからその理由というものを深く掘り下げて、そうして先生は、その理由の問題になれば、結局自覚の問題になる。

6

自覚の問題ということになるというと、それは何も人に、ほかの人に教えるのではありません。これは自分自身の問題。自分自身の問題だ。仏さまを信ずる、絶対無限の仏さまを信ずるということについては、どうしたならば絶対無限の仏さまを信ずることができるかというならば、自分の相対有限ということを、それを知ることができる。知ることである。そういうのを自覚という。相対有限ということを知る。これは昔の教えで言うならば機法二種深信《きほうにしゅじんしん》という。

けれども機法二種深信というようなこともですね、昔からのいろいろな垢がついておって、そうして、いや罪悪深重だとか地獄一定だとか、まあそういう言葉は意味の深い言葉でありますけれどもですね、そういう言葉に様々の垢がついておる。そうしてこの特殊の、特殊の信心、こういうことになってですね、結局つまり未来、未来宗教と、未来だけのお助けだ、そういうような教えというものになってきた。自分の相対有限ということを知ることが機の深信の意味であるということを、清澤先生はいろいろ苦労をしてそうしてそこに到達した。一切の人生のことについていろいろの戦いを経て、そうしてこの相対有限であるということを知った。自分の分を知る。

自分の分を知るということでもって、自分はどういう境遇においても、どういう境遇――境遇というのは、仏教で宿業といいます。宿業。世間の言葉で環境といいます。その環境ということを仏教は、仏教の教えの上では宿業といいます。宿業。昔の業。宿世の業。前生の業。前生より定まっておるところの業。前生から定まっておる定業《じょうごう》。定業というのは宿業ということを、言葉で教えて下さる。これはつまり今の現代の言葉でいえば環境ということでしょう。

その環境が、私どもに与えられていますね。病気というものも環境でしょう。どんな病気になるかもしれない。どんなに養生に注意しても、どんなにどんなに注意しても、またどのような病気にかからぬとも言えない。そういうわけでありますよ。病気というのも一つの環境でしょう。或いは、自分の子供が死んだ、それも一つの環境でしょう。或いは何かの間違いでもって、自分は監獄へ、刑務所へぶち込まれなければならぬ。無実の罪でもって、自分はそういう罪を犯した覚えがないけれども、お前はどうしてもそういう罪を犯したに違いない。そういうので刑務所へぶち込まれる。そういうこともないわけではない。そういうこともある。そういうのをみんなやっぱり宿業といいます。そういう一つの環境というものが与えられている。だから人間は、どういう宿業が催すか、どういう環境が与えられるかしれない。だから宿業ということと環境ということと同じことです。仏教では、環境を、宿業と、こういうように感ずるんでしょう。環境、宿業と、こう感ずるわけであります。だから環境とか宿業というものは、必然のものか偶然のものか、この生活と環境と、そういうものの間に必然の関係があるか、必然の関係なくして単に偶然のものか、と。こういうことについては、これは学問の上にはいろいろ考えられておるもんでありましょう。いろいろ考えられておるけれどもですね、意思の自由の問題とか、或いは意思の必然の問題とか、そういういろいろの問題がありまするがですね、学問の上には、なかなかそれは決定ができないだろうと思います。まあ学問の上では一応決定したように思われておっても、実際になってくるというと、それで決定したというわけにはいかないことが人生には沢山あることに違いないと思うのであります。

だからこの、宿業というのは、今の一般の言葉で直せば、環境というようなことでしょう。宿業、環境でありましょう。この環境というものはいろいろ変動する。環境の変化というものは、これは、自分はもう何も心配がないと言うておるその日に、何かもう事件が起こってくる。こうしておるときに、大地震でも起こってきたら、何もかも全部こわしてしまう。そうでしょう。「俺は財産をこれだけためて、立派な普請《ふしん》をした。この普請をするには一千万円かかった」それが地震が来て火事になったらもう何もない。それを環境といいます。それを仏教では宿業といいます。そういうんでありましょう。だからそういう宿業というのは、一体環境という言葉から感ずるのと、仏教の宿業なら宿業という言葉から感ずるのと同じものを、或いは宿業といい、或いは環境という。

けれども、やはり言葉からくるというと、またいろいろの背景、歴史的背景、そういうものがある。環境なんていう言葉は歴史的背景がないけれども、宿業などという言葉は、仏教という教えというものがあって、何千年も昔から、昔からの強い歴史というものがある。歴史というものがあるから、いろいろの意味がつけ加わっておるから、環境と言えば明るい、宿業と言えば暗い感じがする。そういう感じがするけれどもですね、親鸞聖人は、お念仏というものがなければ宿業は暗いけれども、お念仏、この念、念という、この憶念という、仏を憶念するということができればですね、どんな宿業にも対応していく。どんな宿業にも負けない。打ち勝っていくことができる。そういうんでしょう。だから宿業ということについて、そういうようなことについて私どもは、自分の相対有限ということを私どもは知らしてもらう。宿業というのはわれわれの相対有限ということ、或いは無力、無知、無能、そういうことを私どもに自覚せしめるということが、そういうことがこの宿業ということであり、また機の深信ということであろう。こういうように教えて下されてある。

こうなれば、私どもはその教えというものによって、私どもは絶対無限、絶対無限の御心を、それを切り開いていくことができる。そういうことができる。こういうように清澤先生は「わが信念」の中に教えておられるのでございます。たとえば、仏教は宿業なんていうて、何でも暗い、暗いことを教えておる。こういうように世の中の人は言うけれどもですね、それがわからぬから暗い。だからその宿業の意味をよく知ることによって、私どもは自分の現在の境遇、現在の境遇と与えられた環境、与えられた境遇すなわち環境に満足して、明るい心を持って、どのような環境にも対応していくことができる。こういうのが、念ということです。念というものでしょう。仏さまの念仏、念仏によって私どもは自分の有限相対であるということを知らしていただくのである。そういうわけでございます。

（昭和三十六年六月八日、東京都杉並区、浄雲寺における講話）

清澤先生を憶う

1

六月六日が臘扇忌《ろうせんき》（清澤先生の御命日）である。清澤先生は大谷大学の前身、真宗大学の初代学長ということになっている。真宗大学は前から京都にあったのであって、その時分には学長という名前はなくて、学監という名前があった。その学監がまた、あったりなかったりして、大部分は学監がおられない状態であって、その下にいる主幹という職務の人が学監の職務を代行するのが真宗大学の定例になっていた。

清澤先生は本山の改革を叫ばれたのであるが、その結果はあまり芳しくなかった。これは宗門に人物が欠乏しているからだ、学問の将来を担うような立派な人物を生み出さなければならぬ、と先生は決心された。それよりさらに痛切な問題は、自身の信仰を獲ることが極めて重大な問題である。先生は前から信仰問題に関して苦心されたので、そのために先生は健康を害された。先生は本当の信仰を獲るために苦心された。仏法は尊い教えであるが――門が広く涯《はて》しなく深い、深さの底がないような尊い教えであるが――門を開くにはどうしたらよいか、それがわからないで先生は苦心された。宗門に人材がいないことも考えられたが、自分自身が真実の信仰が確立しておらぬ、そのことに心を苦しまれた。いろいろ仏典を読まれ、『阿含経《あごんぎょう》』の漢訳も読んでおられる。……そうしておられるうちに、たまたま友人の沢柳政太郎氏を訪ね、二、三日滞在しておられた間に、英訳の『エピクテタスの教訓』を読まれ、エピクテタス語録が信仰の門を開いて下さる尊い書物であると非常に感激された。

その書物に〝われに属するもの〟と〝われに属さざるもの〟――自己の有限、自己の限界ということが詳しく記されてある。それに感激されて、清澤先生は、自分は相対有限のものであることをこの書をもって初めて知られた。自分が相対有限であることを知ったときに、自己を包む絶対無限があることを感得せられた。絶対無限を念ずることによって初めて救われるものであることを知られた。相対有限と絶対無限と、矛盾しておって、しかも一致する微妙な関係があることを、先生は永い間、自分が苦しんだことによって感得された。

それからいろいろ思索されて、「絶対他力の大道」という文章を書かれた。「絶対他力の大道」は日記の中に書いておられたのを筆を入れて『精神界』に載せられた。「絶対他力の大道」の初めに、

〝自己とは何ぞや〟という問題を掲げておられる。

自己とは他《た》なし、絶対無限の妙用《みょうゆう》に乗託《じょうたく》して、任運に法爾《ほうに》に、此の現前の境遇に落在《らくざい》せるもの、即ち是《これ》なり。

我等はひたすら、絶対無限の我等に賦与《ふよ》せるものを楽しまんかな。無限他力、何《いず》れの処にかある。自分の稟受《ひんじゅ》において之を見る。

自分は命あらん限り、眠っていても、絶対無限の掌中にいるものである。それを知らずに、善悪を言う罪深き者である。自分は相対有限であるということが宗教の信仰において最も大切にして欠くべからざる要点であるということを先生は教えて下さっている。

2

このことは先生の最後の御教訓「我が信念」――「我が信念」は先生が往生なされた前の月、六月発刊の『精神界』の原稿として、法話の欄の所に入れるつもりで編集に当たっていた。そのときは佐々木月樵師が編集に当たっておられた。校正も大分出て来て捗《はかど》っていたのであるが、たまたま清澤先生の訃音《ふいん》に接したので、編集の方針を変えて「我が信念」を四号活字にして、巻頭に掲げて、先生最後の御教訓として載せた。

かねてより先生は、難しい論文もずいぶん書いておられるが、「精神主義」を発表せられ、法話を書くようになられてからは、なるべく平易に書くことを心掛けられた。「我が信念」は特別に平易な通俗な言葉で書かれてある。

如来を信ずる心の状態を信念という、如来はわが信ずる根本本体である、と解釈されて、如来は所信であり信念は能信であるが、能所だの機法という言葉であらわしてもよいが、専門の言葉を使うと誰でもわかることがかえってわからなくなるから、機法・能所というような言葉を一切さけて、極く平たい言葉でお話しようと始めておられる。

そこに三つの問題を提出しておられる。

まず如来を信ずるとは、一体どういうことか。

第二には、如来を信ずるのは、何故信ずるというようなことをせねばならぬか。

第三は、如来を信ずれば、どういう効能があるか。

と、極めて通俗の言葉で述べておられる。

まず第三の問題である〝効能〟の方から述べて、〝効能〟の方を一番初めに提出して、〝如来を信ずるとはどういうことか〟を一番最後にして、その効能について、如来を信ずる信念のために煩悶苦痛が払い去られる……自分は生まれつき感情的である、特に自分は病気にかかって感情的になっていることを述べておられる。

清澤先生は冷静な頭の冷たい人だと世間一般の定評になっていた。皆そう思っていたのであるが、先生御自身、自分は感情的な性格だと述べておられる。先生に近づいている方々も、先生は極めて冷静な人だと思うていた。先生は浩々洞《こうこうどう》で日曜講話をしておられた。先生の晩年、私が先生の講話を拝聴に参ったとき、たまたま常盤大定《ときわだいじょう》先生が聴聞に来ておられた。清澤先生のお部屋へ行ったら、常盤さんが先生に、「先生のような修養に力《つと》められて修養のつもった方であるなら、われわれのように感情の始末に困るというようなことはないでしょう……」とお質《たず》ねされた。私は黙って聞いていた。先生はどう仰せられるであろうかと、先生のお話を待っていたら、先生は熱して顔を赤くされて、「そんなことはありません。多少は修養のことに眼を開かしてもらっているが、迷いはなかなかどうすることもできない。自分の獲た信仰によって漸《よう》く一日一日を過ごさせていただいているだけのことです……」と、多少激しい調子で言われた。

先生には人生についての惑《まど》いなどないものだ、と多くの人は考えるけれども、先生御自身の自覚から言えば、そういうものでない。先生の「他力の救済」を拝読すると、「他力の救済を念ずるときは我が世に処するの道開け、他力の救済を忘るるときは我が世に処するの道閉ず」……「他力救済の念によって現に救済されつつあるを感ず」……と述べておられる。「我が信念」の初めには「妄念妄想の立場を失わしむる……自分のような感情が過敏になっている者は、この信念がなかったら、煩悶苦悩を免れぬ……」と述べておられる。先生は、それを「救済的効能」というべきものと言われ、如来は無限の慈悲であると讃嘆しておられる。

次に第二に〝何故如来を信ずるのであるか〟を述べておられるが、それを拝読すると、「人生のことは思索したり思案したりすればわかると思っていたが、病気になり人生のことについて深く考えなければならぬことになってみると、人生のことは畢竟《ひっきょう》ずるに不可解というところに決着する。……自分には何にもわからなくなったところで一切をあげて如来に信頼する。……如来は無限の智慧にまします」。

何故如来を信ぜねばならぬかということは清澤先生の信仰について大切なことである。世間一般の人は、如来を信ずればどういう効能があるかで満足しているが、先生は、なぜ如来を信じなくてはならぬかということが問題であった。自分の智慧は有限である、人生のことを真面目に考えると人生の意義は不可解である、如来に遇わなければ生きることも死ぬこともできぬ、最後は野垂れ死することにならねばならぬ、と。

さらに進んで、わが信念は如来を信ずることであるが、その如来は私が本当に信ずることのできる唯一の本体である。如来以外に本当に信ずることのできるものはない、如来はわれが本当に信ずることのできる方、また信ぜざるを得ざるところの方である、如来がなかったら信ずるものは一つもない、如来がなかったら人生は不可解である、如来がなかったら、信仰の拠りどころ、畢竟依《ひっきょうえ》となるものがないから信の依りどころがない。如来あるが故にこの世界に生死することができる。如来は信ずることのできる、また信ぜざるを得ざるところの本体である。如来を信ぜずしては死ぬことも生きることもできぬ。如来は無限の慈悲である。如来なくば自分は信をたてる根拠がどこにもない。如来は有限相対の自分をして、有限相対でありながら有限相対に安んじさして下さる。有限相対のものが有限相対に安んずることはできない、それができるのは、如来ましまさずば安んずることもできぬ――と、有限相対に安ずることができることを先生は力説しておられる。人間が分に安んずることは、それは如来は無限の能力であるが故に、無限の能力が自分に与えられて、自分は相対有限に、分に安んずることができる……。

それから如来は無限の絶対の慈悲であるから、如来を信ずることによって絶対の平安を与えられる。邪智邪見に陥り、邪教を迷信することから守っていただくことができる。如来は絶対の能力であるから、自分に与えられた相対有限に満足することができることを「我が信念」に詳細に述べておられる。

3

私は、衆生の本願ということを考えてみたい。衆生の本願は、無縁の慈悲——大慈大悲ということがわれらの深い底にある願だと思う。

これは、仏法において「慈悲に三縁あり」と『智度論』にある。曇鸞大師の『往生論註』（巻上）の中に「慈悲に三縁有り。一は衆生縁、是れ小悲。二は法縁、是れ中悲なり、三は無縁、是れ大悲なり」と慈悲に三縁あることを解釈しておられる。

『教行信証』「信巻」には、『涅槃経』を引いて、

> 大慈大悲は名づけて仏性とす。仏性は名づけて如来とす。
> 仏性は即ち是れ如来なり。仏性は大信心と名づく。
> 大信心は即ち是れ仏性なり。
> 大慈大悲を仏性という。一切衆生はついに定めてまさに大慈大悲を得べし。

一切衆生は大慈大悲を成就する故に一切衆生《いっさいしゅじょう》悉有《しつう》仏性《ぶっしょう》。大信心は仏性である、仏性は大慈大悲である、という『涅槃経』のお言葉を「信巻」に引いてある。

われわれの願いは、大慈大悲を成就しようと、これが衆生の本願でなかろうかと思う。衆生縁の慈悲は、一切衆生という意味でない。これは、有縁、特殊の縁、現世において特殊の縁のある人を救う。

法縁の慈悲は、縁があろうがあるまいが、もっと広く衆生をあわれんで助ける。中慈中悲というもの。

無縁の慈悲は、そういう衆生縁とか法縁とか、縁などで解決できない、限られた縁などあっても、それによって自分の慈悲心を満足することできぬ。縁など何もなく、縁によって成就したり満足することできぬ。だから大慈大悲は永遠に成就しない慈悲心である。

小慈小悲や中慈中悲は、ある縁を得ればその慈悲心を成就できるが、大慈大悲は縁を外に求めることできぬ。だから無縁の大悲を大慈大悲と、縁のなき慈悲、それをば大慈大悲と仰せられたものであると領解する。大慈大悲は永遠に成就しないもの。小慈小悲、中慈中悲はある点で成就し完成すると考えられるが、大慈大悲は全く純粋な内面的な慈悲である。或る縁が起こってくればその慈悲を成立することができるというのでない、どういうことがあっても成就することができないから、無縁の慈悲を大慈大悲と仰せられた。

善導大師は二種深信ということを教えて下されたが、その依りどころは『大無量寿経』の三毒段に「其の中に展転《てんでん》して、世世累劫《せせるいこう》に出期《しゅつご》有ること無し、解脱を得難し、痛《いたみ》言う可《べ》からず」とある、あのお言葉をとって、機の深信を明らかにされたものでないかと思う。

自身は現に是れ罪悪生死《ざいあくしょうじ》の凡夫《ぼんぶ》、曠劫《こうごう》よりこのかた、常に没《もっ》し常に流転して出離の縁あること無し。

わが身を信知した。わが身をどういうものかと信知するならば、わが身は現に是れ罪悪生死の凡夫、曠劫よりこのかた常に没し常に流転して出離の縁あることなきものであると、わが身を信ずる。わが身をば、現に是れ罪悪生死の凡夫、曠劫よりこのかた常にしずみ常に流転して出離の縁あること無しと、わが身を決定して信ずる。わが身について信ずる。

『愚禿鈔《ぐとくしょう》』を見ると、

第一の深信《じんしん》は、決定《けつじょう》して自身を深信する、即ち是れ自利の信心なり。

わが身は出離の縁あることなしと信ずるというが、出離の縁あることないわが身を信ずる、わが身を信ずるのであるから、機の深信は自利の信心であると仰せられた。

第二の深信は、決定して乗彼願力《じょうひがんりき》を深信する、即ち是れ利他の信海なり。

わが身を信ずるというに対して、乗ずべき彼の願力、乗托すべき唯一の願力こそは、自身の救済の法としてこれのみが唯一のものである。乗ずべき唯一絶対の法である。法の力の広大普遍なる仏智の海を「利他の信海」と仰せられた。

この「自利利他」は注意して見るべきである。

私は一体、他力・自力ということを言うが、他力・自力は俗語で、仏教の言葉でない。三経にない。他力という言葉は、曇鸞大師が『浄土論願生偈《がんしょうげ》』を解釈するときに、他力という俗語を応用して、われわれ愚かな者に教えて下されたので、仏教の言葉として、他力という言葉はない。よく注意する必要がある。

「他力」に応ずるものは「利他」。「自力」に応ずるものは「自利」である。

自力を見くびる考えを持っているようであるけれども、他力・自力は俗語であるから、一般の人に了解せしめるには便利だが、また誤まる。何か努力すると、〝あれは自力らしい〟と、自力は悪いもののように考えている。けれども仏教には「自利利他」ということがある。自利も利他も尊いもので、自利と利他と撞着しない。それが、自力・他力というと、矛盾撞着するように考える。

親鸞聖人は曇鸞大師の御恩を深く感謝しておられると同時に、また自力他力という言葉にくくられて仏法の本当の意味を誤解してはならぬことを非常に深く注意されて、自力他力と言わずに、自利利他と、「機の深信」のことを「自利の信心」、「法の深信」のことを「利他の信海」と、『愚禿鈔』に記されてある。

自力の信心、他力の信心とよく言うが、「自力の信心」というのは間違いだと思う。自利・利他が仏教の言葉である。自力・他力は俗語、人間の言葉。人間の分別をもとにして作った言葉である。自力他力という言葉が完全の言葉でないというので、親鸞は、「機の深信は自利の信心、法の深信は利他の信海」と仰せられてある。

仏と菩薩は、自利利他円満である。声聞《しょうもん》の自利も尊いけれども、自利一つに傾いて、利他の尊いことを声聞は知らぬと曇鸞は解釈された。ただ〝自力だ〟と一方に偏《かたよ》るのが悪い、自力そのものが悪いのでなく自力に傾くのが悪い、と曇鸞は解釈なされた。尊いことにおいてはどちらが尊いということはない。仏においては自利と利他と平等である。

五念門を解釈するときに、『浄土論』の解釈は簡単で、「応知」――「知る応《べ》し」という字を書いてある。曇鸞大師は「応知」（知るべし）という所へ来ると、これはこう、この「知るべし」はこうと解釈している。五念門の四つの行（礼拝《らいはい》、讃嘆《さんだん》、作願《さがん》、観察《かんざつ》）は自利行、最後の廻向門は利他行。自利も利他も平等である。菩薩は自利の故に利他する、また菩薩は利他の故に自利する、自利と利他が同じ価値を持っていることを仰せられてある。

自利のみが尊い――利他などあってもなくても二義的――というわけではない。機の深信は自利である。それを、機の深信は自力だ、法の深信だけが他力だ……と、言葉を変えて仏教の聖語を世間一般の俗語に翻訳して、自力・他力と予定概念を持っている言葉に直す。それが間違いである。仏教を自力・他力で片づけていこうとすると、自らを誤まり、また他を誤まる。

自利利他は仏の立場に立っている。自力・他力は人間の立場に立っている。『論註』を読むと、こういうことはよくわかる。自力・他力で片づけていくのは、通俗思想をあらわす俗語を仏教の中に持ってきて解釈したに止まる。

わが親鸞は『教行信証』「行巻」に、

他力とは如来の本願力なり。

と、他力は俗語だから、他力の体は如来の本願力であるとお述べなされたのであることを知らねばならぬ。自力・他力は俗語であって聖語でないことを念頭に置いて、親鸞聖人のお言葉、曇鸞大師のお言葉を間違わぬように読んでゆくことが大切である。

4

機の深信は、自身を現に是れ罪悪生死の凡夫、曠劫よりこのかた常にしずみ常に流転して出離の縁あることなき身と深信した。これは、自利の信心であると仰せられたのである。それを、機の深信は自力だと……。如来の御心の中には、自利が尊い。自分が相対有限という分に安んずることが機の深信。それを、機の深信は罪悪だ……と言うている。

宿業は祖先の業、祖先の経験を内観すれば、わが業である。われわれは祖先の罪を担《にな》うて、好む好まざるに拘《かかわ》らず、否応なしに祖先の業を担《にな》わされている。聖徳太子は「共に是れ凡夫のみ」と仰せられ、また同時に「人甚《はなは》だ悪しき者すくなし」と仰せられている。祖先の業を、みな誰もが、無量無数の祖先の業を身の上に担う。担い得るか担い得ないか、担う力があろうがあるまいが、担わされている。担う力がないと倒れる。自殺する必要なく自然に倒れる。力がないから倒れる。人間は完全になることできない。担わねばならぬような立場にあることだけ——そういうことから、人生において悩みがあり問題がある。

そういうことからわれわれは自分の相対有限なることを知り、絶対無限の如来ましますことを知る。如来ましまさずば、信、自信力が成り立たぬ。そうすれば、懐疑に陥って、やけくそになる。やけくそにもならず、静かに自分の分を知るには、絶対無限の如来が自分を守っている——

如来まします——と安心して、自分の分に安んずることができる。それが、機の深信。機の深信を罪悪と無理に思わんならんことはない。それを無理に折伏して、まだわからんか、まだわからんかと……。

機の深信は与えられた分限に安んずる。絶対無限を信ずることによって自分に安んずることができる。これが、清澤先生の教えである。機の深信は与えられた分限に安んずる、絶対無限を信ずるから、我等に現在の環境を与えて下された。これは絶対無限の智慧、慈悲、能力であると、清澤先生は私どもにわかるように教えて下された。私どもは機の深信がよくわからぬ。それを清澤先生は「我が信念」に詳細にお述べ下された。自分の分限を知ることを、自分の分限を自覚することを、先生は、エピクテタスの語録によって知られたのである。

（昭和三十七年六月二十八日、東京・日比谷、松本楼における臘扇忌での講話。聞書　津曲淳三）

如来の本願と衆生の本願

――仏教者の祈願――

1

浄土真宗でありながら祈りをするのかと、事によると年寄りの人は疑問を持ち、事によると非難の種にしようとするかもわからない。けれども、人間たるものは、生まれながらにして祈願を持っている。どこの宗旨だというものでなく、教え以前に、生まれながらにして、人間は祈願を持っている。教えに先立って人間には祈願がある。

それで、仏教では、大乗仏教という。大乗は仏に成る、小乗は仏に成るのでなく阿羅漢のさとりを目指している。釈尊が『阿含経《あごんぎょう》』で教えられるときは、仏のさとりも阿羅漢のさとりも教えは一つと教えられてある。釈尊の教えを聞いて、釈尊と同じさとりを開く、その人たちの悟ったさとりの地位を阿羅漢果という。阿羅漢は「無学」ということ。学問の無いことを目指すなら初めから学問しない方がよいと考えられるが、あらゆる学問の学ぶべきところは一切学んで、もう、これ以上学ぶべきことはない、これを「無学」という。こういう言葉が仏教にあることは、仏教の面目を示すものである。釈尊には師匠がない。師なくして釈尊はさとりを開いた。師なくして独りで悟る――〝無師独悟〟を仏陀という。また如来という。

如来というは、如より来たった。如より出て来た。これは、衆生という言葉がある。衆生とは、土の上に様々の、人間だけでなく犬も猫も草も木も、大地を母体として生まれて来た。これが衆生ということである。如来は、そのような大地から生まれて来た。如より来たり給うた。来生した。如より生まれて来たということは、始めがないということ。始めあればまた終わりがある。仏は単に地から生まれただけでなく、如より生まれて来た。衆生は、生の始めがあり死の終わりがある。仏は、生もなく死もない。始めもなく終わりもない。生の始めがない。釈尊は二十九歳で家を捨て、三十五歳のとき成道されたという。それは、釈尊を人間として扱うたものであるから、生の始めもあれば終わりもある。仏さまは生もなく死もない。始めもなく終わりもない。仏には生の始めがない。釈尊は生まれながらの仏である。それで釈迦牟尼如来と申し上げるのである。

無師独悟ということは、師匠はあってもかまわぬが、要するに本人が大事である。……病気にしても、病気は医者が治すのでなく本人の自分が治すのだ。安全に子供を産むには医者や助産婦の助けを借りるが、医者や助産婦は、母親が子供を産む手伝いをしているにすぎない。母親自身が大事である。病人がいくら良い薬を飲んでも医者の言うことを聞いても、本当は一番本人が大事である。

これは、法然上人は、聖道門の真只中に浄土宗を立て、念仏以外は捨ててしまえ、一向に念仏せよ、そのままでいいはずだ、それを守ればよい、と仰せられる。……これは、お医者の注意を守ればよい、それ以外何も言う必要はないというが、それを守ることには、その人、その人自身の覚悟が要《い》る。病気は病人自身が治すのだ。だから、他力他力というけれども、他力不思議というものがあって他力不思議というのでなく、信ずることが他力である。これ、親鸞が〝信心〟と仰せられるゆえんである。

阿弥陀如来の本願の中の、「十方の衆生、至心に信楽《しんぎょう》して我が国に生まれんと欲《おも》い乃至《ないし》十念せん……」――「乃至十念せよ」。「十念」は南無阿弥陀仏を十遍称えることであるが、「乃至」は十遍に限ったことでない。一つでもよいし、二十遍でも百遍でも一万遍でもよい。一声称えてよし、一生涯称えても称えすぎたということもない。「乃至」の意味は、一遍でもよいということである。

『大無量寿経』下巻を拝読すると、「仏、弥勒に語りたまわく、其れ彼《か》の仏の名号を聞くことを得る有りて、歓喜踊躍《かんぎゆやく》し、乃至一念せん。当《まさ》に知るべし、此の人大利《だいり》を得と為す。則《すなわ》ち是れ無上の功徳を具足するなり」。

法然上人では、乃至一念は「行の一念」である。それが親鸞聖人になると、本願成就文《じょうじゅもん》の乃至一念は、「聞其名号、信心歓喜、乃至一念」と続いている。一念は「信の一念」である。一念は、信心決定のとき、一声称える。親鸞はこのように、本願成就文を読まれた。

このことは、いま医者の話をしたが、結句は、他力ということになれば、一切おまかせする。半分だけというわけにゆかぬ。一切を医者にまかせる。何もかもまかせることは、責任は自分にある。本当にお医者を信じまかせる責任は自分にある。もっとも、この頃の医者はどうもまかせられぬ医者もある。学問の仕方が昔の医者と今の医者と違っている。学問をする覚悟が違っている。自覚が違う。この頃は、学問と学人とが別々になっている。学問は果になっている。科学するのは人間であろう。いわんや信仰問題になるならば……何もかも他力だ、おまかせしたら荷物は全部向こうへ置いて、ということになれば、無責任というものである。無責任に対して有責任。それをはっきりしないことは、私どもの間違いである。何もかも仏さまにおまかせするというが、責任は自分にある。

2

孔子の編纂された『詩経』という書物がある。『詩経』は、中国の昔から伝わっているあらゆる階級の人々が民族の信仰を歌った歌を、民族のあらん限り後世に伝えたいと孔子が考えられて、編集されたものである。その『詩経』と同じように、おそらくは仏教者というだけでなく、インド民族の純粋な宗教心を歌ったものが『華厳経』である。

インド民族が単なるインド民族だけでなく、インド民族を超えて全世界の全人類の心の深い要望まで掘り下げて――誰が掘り下げたというよりも歴史の力が自然に掘り下げた――。一番先に『阿含経』ができたが、『阿含経』はただ釈尊の言葉を記録するに止まっている。釈尊の言葉のもう一つ根源――単なるインド民族でなく、世界的な深い思想を持っているインド民族である。それが日本へ伝わって、それがヨーロッパ、アメリカへと伝わってゆくというような広くして深いおみのりである。

昔から大乗非仏説というて、今日でも、そういうことを言うている人がある。釈尊がどういうことを説いたかと、釈尊のお言葉を集めて、それが『阿含経』で、それが仏陀の根本の聖典であると考えている学者が今日も沢山いる。しかし、そんなものでない。釈尊の御心の中には、単なるインド民族だけでなく、全人類の民族というお考えがある。インドの民族的宗教にはバラモン教、インド教があるけれども、そういうものはインド民族の本当のものでない。釈尊の教えは全人類的のものである。インド民族なるものは自分だけの民族という考え方でなしに、全人類の民族という考え方である。だから釈尊という大聖人を生んでいる。釈尊を生んだインド民族が尊い。インド民族が生み出した最大の聖人が釈尊である。その釈尊の教えがだんだん根源に帰ってくる。

歴史の歩みによって、だんだん根源に帰ってくる。『阿含経』のもう一つ根源的なものを明らかにしようと願うて、『華厳経』とか『法華経』とかが三百年、四百年して出て来たのであろう。

さて、親鸞聖人は「帰命《きみょう》尽十方《じんじっぽう》無碍《むげ》光如来《こうにょらい》」を御本尊として掲げられた。今は、どこの寺に行っても木像を安置してある。在家の内仏にも木像が安置してある。在家の内仏は大体は絵像を安置して礼拝しているが。……

蓮如上人の『御《ご》一代《いちだい》記《き》聞書《ききがき》』をみると、「他流には、名号よりは絵像、絵像よりは木像というなり。当流には、木像よりは絵像、絵像よりは名号というなり」とある。他流とは、浄土宗のことであろう。一般の常識では、名号本尊より木像本尊の方が尊いように思うが、浄土真宗から言うときになれば、名号本尊が最も尊い。これは、わが親鸞の尊い思し召しである。御本尊は「帰命尽十方無碍光如来」或いは「南無不可思議光如来」と、十字の名号、九字の名号がある。

阿弥陀仏は光明無量、寿命無量の徳を全うしておいでになる。日本人が最初に拝んだ仏は薬師如来である。それから観音さま。日本人は、初めには現世祈祷をした。病気を治して下さいと現世祈祷をした。大昔の人は、仏の思し召しがよくわからぬから、阿弥陀如来も現世祈祷の仏さまになっている。阿弥陀如来の本願というても昔の人はわからなかった。阿弥陀如来の御本願を正しく教えて下された方は法然上人である。法然に来たって初めて正しい仏の教えを一般民衆が知ることができた。法然・親鸞が出世して下さるようになったことは、日本の歴史が法然・親鸞を生み出したのである。日本民族の歴史の歩みが法然・親鸞を生み出した。われわれと無関係に、法然・親鸞が日本の歴史の上に生まれて来たのでない。われわれの要望に応えて、法然・親鸞が生まれた。法然・親鸞によってわれわれが救われている。日本民族は、そういう方を生み出す力を持っている。

親鸞は名号が本尊であった。私はそれが尊いことだと思う。「帰命尽十方無碍光如来」は、何の宗旨ということはない。本当に、これは日本人全体を担っている。全人類の、あらゆる人の宗教的要求をあらわしていると思う。阿弥陀如来のお徳は、光明無量の徳、寿命無量の徳である。『大無量寿経』には、

> 無量寿仏の威神光明《いじんこうみょう》は最尊第一にして諸仏の光明の及ぶこと能《あた》わざる所なり、或は仏光有り、百仏世界を照す、或は千仏世界なり、要を取りて之を言うに、すなわち東方恒沙《ごうじゃ》の仏刹《ぶっせつ》を照す、南西北方、四維上下《しゆいじょうげ》もまた是の如し、或は仏光の七尺を照らす有り、或は一由《ゆ》旬《じゅん》・二三四五由旬を照らす、是の如くうたた倍して乃至一仏刹土を照らす、是の故に無量寿仏をば、無量光仏、無辺光仏、無碍光仏《むげこうぶつ》、無対光仏、燄王光仏《えんのうこうぶつ》、清浄光仏、歓喜光仏、智慧光仏、不断光仏、難思光仏、無称光仏、超日月光仏と号したてまつる。

と記されている。

尽十方無碍光仏は〝十方ことごとく〟と読んでも〝十方をつくす〟と読んでもよい。その徳をあらわした言葉が「無辺光仏」「無碍光仏」である。十方微塵世界という言葉があるが、微塵とは細かいもの、埃《ほこり》のようなもの。東西南北、四維上下の、沢山の数の世界に一体ずつの仏さまがおいでになる。阿弥陀如来の光明は十方微塵世界の果てから果てまでを照らす。十方微塵世界の中にさ迷うているわれわれ衆生の煩悩妄念があっても、そういうものに妨げられない、一切衆生の心の深い所までも仏の力が遍在している。無碍光ということは、われわれの煩悩妄念が妨げにならぬ。無辺と無碍と二つあるけれども、それは一つである。尽十方無碍光如来は無辺無碍の光を成就している仏さまである。

阿弥陀如来は、あらゆる仏さまの全体を包んでいる仏さまである。だから仏教は、何宗何宗と分けないで、「帰命尽十方無碍光如来」というところに、仏教は統一できるはずである。それを拝むときに、南無阿弥陀仏と拝むのである。仏さまを礼拝讃嘆する言葉をもって讃嘆してゆく。それでもって皆がたすかってゆく。それぞれの人が宿善開発《しゅくぜんかいほつ》すればさらに深入りしてゆくのであるが、一般の人は掌を合わせて南無阿弥陀仏と称えればよい。それ以上のことは、その人その人の宿善開発にまかせておけばよい。

浄土真宗は、出家発心《ほっしん》ということをあまり尊ばない。出家するとかしないとかは、大体形のことである。菩提を求める心を自覚するのが発心である。捨家棄欲とは、われわれの物質的欲望を棄てねばならぬ。出家発心とは、世俗の家を出て仏の家に入る。人間の家を出て広大無辺なる仏の家に入る。迷いの、愛欲の人間の家を出て、広大無辺の仏の家に入る。出家発心は積極的であるし、捨家棄欲は消極的である。

蓮如の『御文』の一帖目二通に、

当流親鸞聖人の一義は、あながちに出家発心の形を本《ほん》とせず、捨家棄欲の姿を標《ひょう》せず、ただ一念帰命の他力の信心を決定《けつじょう》せしむるときは、さらに男女《なんにょ》老少をえらばざるものなり。

これは、出家しなくてよい、捨家棄欲しなくていいかというと、必ずしもそうでない。捨家棄欲の姿、形はつまらぬと無視することは間違っているのであって、それよりもっと大切なものがあることを、蓮如上人は教えておられるのである。捨家棄欲の姿は二義的なもの。捨家棄欲の精神が第一義である。一義とは、第一義である。「当流親鸞聖人の一義は……」——形は第二義、精神が第一義であるというのが、蓮如の『御文』の御精神である。「出家発心の形を本とせず、捨家棄欲の姿を標せず」とは、むしろ精神を尊ぶのである。

親鸞は「僧にも非ず俗にも非ず」と仰せられるが、私などは真宗の僧侶と言われているのであるが、本当のことを言えば非僧非俗であると心の中で懺悔している。皆さんは、それぞれ生産事業に従事しておられる。福利民福を心において、将来の日本国、もう一つ言えば、全人類の幸福を祈念して、それを実践してゆくのが俗（在家）の生活である。

ただ物質文化を向上させ、物質的幸福を増進してゆくことだけが人生ではなくて、やはり捨家棄欲の大精神を失わぬようにしなければならぬ。そういうものを否定し超越してゆくのが浄土真宗のおみのりの意義である。とらわれて大局を見る眼を失うてはならぬ。山の中にいるものは山がわからぬ。山の全貌を見ようと思えば、山を離れなければ山は見えぬ。仏法は、それを教える。とらわれてはならぬ。仏法を聞いて仏教にとらわれて、かえって人間の生活を見下す、そういう一方的な考えも間違っている。どちらの方も、とらわれてはならぬ。

3

私どもは親鸞聖人の教えによって、阿弥陀如来の本願ということを教えていただいているわけである。それで、われわれ自身の祈願というようなことはあまり考えていない。しかし、如来の本願は、われわれ仏教徒、というより、人類・衆生の祈願と深い関係を持っているわけであろう。キリスト教を初めとして多くの宗教は神という絶対者を立てる。一神教というものは、神を立てて世界を自分の信仰一色で塗りつぶそうということになる。これは、日蓮上人の信仰は、『法華経』の教えを元にして、日蓮一流の、釈迦は久遠実成《くおんじつじょう》の仏であると主張した。建前は、日蓮の信仰と、キリスト教の信仰と、一方は仏、一方は神と、名前は仏さまと神さまと違っているが、宗教としての性格は同様の性格を持っている。一神教は自分の信仰を持って世界の人々に強制してゆこうという傾向になっている。仏教の中でも、『法華経』はそういう傾向を持っている。そういうところから自然に排他的になる。一神教を信ずる人の願いも人類の平和を目指しているのであるが、自分の信仰を絶対視して他人の信仰を認めない。そういう態度は日蓮とキリスト教と共通している。

仏教では涅槃という。涅槃は、平和ということであろう。梵語で「ネハン」と言っているが、日本語に直せば、平和ということであろう。平和、絶対平和ということであろう。

『法華経』は大乗仏教における最高の経典だと一般に承認されている。ところが法華の信仰は排他的で、極度に自己を主張して、自分と異なる信仰を打ち破ってゆかねばならぬ。キリスト教では、偶像破壊、偶像破壊という。キリスト教の一神教と、久遠実成の釈迦如来を立てている『法華経』とは共通している。

日蓮上人は四箇格言《しかかくげん》を唱えた。「念仏無間《ねんぶつむけん》、禅天魔、真言亡国、律国賊」。

念仏無間——無間とは、様々の地獄の中で一番怖ろしい地獄が無間地獄。無間地獄では苦しみに暇がない。念仏を称える人は『法華経』をそしるという。決してそしるわけでないが、日蓮から見ると、念仏を称え信ずることが『法華経』をそしり疑うことだという。

禅天魔——禅宗の人は「釈迦何びとぞ、我何びとぞ」と、釈迦も元は人間であった、しかればわれもいま人であるけれども、やがて釈迦と同じ仏に成るに間違いないと、それぐらいのことを言っている中はよいが、仏像経巻すべて焼いてしまえと、禅の人は思い切ったことを言う。そういうことを掴まえて、「禅天魔」と言うた。

律国賊——仏陀の教えは戒律を守ることが大事であると、その時その時の教団の維持のためにその戒律にとらわれていることなどは、国の法律と矛盾撞着することが多いから「律国賊」。

真言のおみのりは、国の亡びることを祈る、だから「真言亡国」。

こういう日蓮の四つの格言がある。日蓮の折伏《しゃくぶく》の代表的な相《すがた》をあらわしたものである。経典の中では、『法華経』の価値が高く買われているが、日蓮の信仰している『法華経』は、キリスト教と同じように、排他的なもの。そういうところから今日の創価学会が発展して来た母体になっているのが日蓮の教えである。

4

さて、私たちでは、阿弥陀如来の本願力というものを信ずるのであるが、阿弥陀の本願は、もう一つ深いところに、われら一切衆生の本願がある。このことは、『大無量寿経』の四十八願の中に、二十二願がある。二十二願の中に、われわれ衆生の本願が、阿弥陀の本願の中に示されてある。衆生の本願があるのであるが、その衆生の本願は、阿弥陀の本願によって初めて完成されるものである。衆生の本願は、直ちに自分の力を以て成就することができない。一切衆生は共通の本願を持っているのであるが、それを達成するには、阿弥陀の本願によって初めて達成するのであることを、二十二願に示されてある。

設《たと》い我《われ》仏を得たらんに、他方仏土の諸菩薩衆、我が国に来生《らいしょう》せば究竟して必ず一生《いっしょう》補処《ふしょ》に至らん、其の本願自在の所化《しょけ》衆生の為の故に、弘誓《ぐぜい》の鎧《よろい》を被《かぶ》り徳本を積累《しゃくるい》し一切を度脱し諸仏の国に遊びて菩薩の行を修し十方の諸仏如来を供養し、恒沙《ごうじゃ》無量の衆生を開化《かいけ》して無上正真《しょうしん》の道を立せしめんをば除かん。常倫《じょうりん》諸地の行を超出して現前に普賢の徳を修習《しゅじゅう》せん、若《も》し爾《しか》らずば正覚《しょうがく》を取らじ。（二十二願）

第十五願は、寿命無量の証を開くことは阿弥陀の浄土の主であるところの阿弥陀の徳だけでなくて、浄土へ往生したほどの人は阿弥陀と同じく浄土の徳を円満ならしめる。そうでなければ私は正覚をとらない――というのが十五の願である。

「設い我仏を得たらんに、国中の人天、寿命能《よ》く限量無からん……」。そこに但書が入っている。

「其の本願有りて修短《しゅうたん》自在ならんをば除かん、若ししからずんば正覚を取らじ」。

その本願が、浄土へ生まれた人の本願が、衆生の本願が、修短自在ならんをば除く。私の浄土へ生まれた人は阿弥陀と同じように寿命無量の証を開き寿命無量の徳をいただくが、浄土で楽しむことを止めて、浄土へ生まれたら直ちに引き返して一切の悩める人々を助けるという大願を持っている。その願のためには、浄土において無量寿の願などは要らぬことだと、捨ててしまって直ちに引き返す。

われわれは、阿弥陀の本願だけを思うて、われわれ人間の本願などはないものだと考えているが、四十八願の中に、衆生の本願を認めてある。親鸞も蓮如も、衆生の本願ということは殆《ほと》んど仰せられぬ。こういうわけで、親鸞の教えを信じ教えを被《こうむ》っている門徒の人々も、本願といえば、阿弥陀の本願と決めてしまっている。われわれ衆生に本願などあるものでないと決めている。しかるにそうでないことを、四十八願の中の二ヶ所、十五願と二十二願に、衆生の本願が出ている。そうすると、四十八願全体は、衆生の本願を前提している。こういうことを知らなければならぬ。

華厳、法華、または禅の人々は、本願と言えば衆生の本願というのであって、仏の本願はむしろ軽しめている。『大無量寿経』を拝読すると、阿弥陀の本願ということは明らかに教えて下されてあるが——衆生の本願ということはあまり記されていないようであるが——しかるに十五願と二十二願に、衆生の本願は詳しく記されている。

十五願は、衆生が浄土へ往生して寿命無量の証を開いても、仏から与えられる特権を弊履《へいり》のごとく捨てて自己の願に生きてゆく、こういうのが十五願である。

二十二願は、衆生に本願があっても、衆生の本願だけでは、自分の力だけでは、それを成就することができない。自分の本願を成就するためには阿弥陀の本願によらなければならない。自分の本願を持っていても阿弥陀の本願によらなければ完成できないことを、二十二願に記されてある。

たとえ、われらにはどういう尊い本願があっても、それが尊ければ尊いほど、自力を捨ててひとえに阿弥陀の本願に帰することによってのみ、自分の本願は初めて完成することができる。『大無量寿経』には、衆生の本願は書いてないようであるが、どうして阿弥陀の本願がありがたいかというと、われわれの本願が阿弥陀の本願によって初めて完成される。だから、われらの本願を阿弥陀の本願の中にぶちこんで、表には阿弥陀の本願だけを掲げてある。

仏の本願、四十八願あるならば、われらの本願も四十八条なければならぬ。われらの本願を前提して、一切の衆生が四十八願を持っているが、自分の力で完成できないというので、自分の本願一切を阿弥陀の本願に帰一する、如来の本願を仰ぐ、如来の本願に助けられることによってのみ、われわれの本願が成就する。それが「お助け」ということである。

われわれに本願がないならば仏の本願なんて要らぬこと。われわれの本願がないなら、他力本願なんて無いものだ。それを、われわれの本願なくして、ただ仏の本願だけだと、そう思って説教し、そう思って学問している人が沢山にいる。ちゃんと筋道を明らかにしなくてはならぬ。衆生の本願は、四十八願の中に一々あるのであるが、一々、衆生の本願が顔を出す必要がない。必要なところが二ヶ所ある。私どもは四十八願の全体にわたって、阿弥陀の本願に摂《おさ》め取られてわれらの本願があることを知らなくてはならぬ。阿弥陀の本願を信ずることによって、如来の本願の内面において、われらの本願が四十八条あることを知ることができる。自力を捨てなければ阿弥陀の本願に帰一できない。要するに〝発展解消〟ということである。

阿弥陀の本願に、われわれの本願がある。だから、考える必要もないほど、一切は阿弥陀の本願に尽きている。われらの権利を主張する必要もないほど、われわれの本願は阿弥陀の本願の中にある。そういう点を考えてみれば、私どもが、一切の人々が皆、同じ本願を持っているのであるから、皆が仲よく手を握ることができる。これが、同じ仏教の中でも、日蓮と、われらの親鸞と大いに違う点である。

われわれの本願をわれら自分の力でもって完成することはできない。根本は阿弥陀の本願に統一され帰一しているのであるから、相互に手を取り合ってゆくことができる。そういうことが平和ということである。多くの人が、平和々々と外の平和だけ言うが、一人一人の内心の平和が外の平和である。心の中の平和が涅槃である。

5

仏教では〝つくる〟ということを言わぬ。西洋思想は、一方にキリスト教の思想、もう一つはギリシャの哲学思想が一つになって、今日の西洋思想ができてきた。西洋思想は〝つくる〟〝創造〟〝創作〟という。キリスト教の『聖書』の教えは、神が天地を創造したという。

如来の本願は、創るのではない。出来上がる。成就する。ものは自然に出来上がっていくというのが、私どもの祖先の考え方の伝統であり、われわれの考え方である。西洋思想は〝創る〟という。創る（作る）という考えには「時」というものが入っていない。創る（作る）ということになれば、時間を抜きにして、ものをつくってゆく、創造する、創作する――こういう考え方を自力という。

「我」という変わらない主体、固定した主体、変化も何もない主体、それが一切の物をつくってゆく。こういうのが西洋思想である。自分が物をつくってゆく。そこには「時」ということがない。ものが出来上がるということには時間がある。その時間が大切なものである。「時をまつ」。――たとえば、竹を見ていても、なかなか成長しない。見ていてもちっとも変わらない。ところが一晩たってみると竹は伸びている。子供が大きくなるのもその通りで、見ているうちに伸びるのではないが、一ヶ月、一年たつと背が伸びている。一年生と二年生と大違い。あれは、ものが出来上がるのである。〝つくる〟ということではわからない。

如来の本願は、出来上がるのである。本願があってものが出来上がってくる。〝つくる〟ということになれば気が短い。だから、エホバの神は気が短い。そうして特権意識が強い。〝つくる〟というときになれば、出来損いがある。〝出来上がる〟ということになれば、出来損いがない。絶対にない。本願があって、ものが出来上がる。深山にある一本の草も、本願によって出来上がる。人間が見ているいないにかかわらず、生命は、誰が創ったものでもない。それは本願力、大願業力である。

仏教は、われわれ一人一人の中に本願があることを教える。一人一人の本願が別々のようであるが、本願力は共通している。一人一人が独立していても共通している。一人一人が、それぞれ独立しておってみんな共通している。それが、つまり仏さまというものになってくる。仏さまというのは、西洋思想で言う全知全能の神さまというものと違う。神さまというのは特殊な神さま、初めからの神さまである。神さまは特権意識を持っている。仏さまは皆ことごとく平等である。

阿弥陀如来は、誰もいないときに特別一人でおられるのではない。一切衆生の一人一人の願が独立して、しかも共通している。その共通しているところから仏さまが出来上がる。それを、本願成就の仏さまという。

霊魂不滅ということを、哲学者は、実践理性の要請であるというが、仏教ではそれを本願という。人間はそれぞれに個性あり、個性を全うして共通性がある。個性を叩きつぶして共通性ということでない。無量無数の個性が共通しているから、仏さまが顕《あら》われて下さるのである。

その仏の本願によって、われらの願が成就する。仏の本願を通さないで、われら衆生の願が成就することはないのである。

（昭和三十七年九月八、九日、富山市、月愛苑における講話。聞書　津曲淳三）

名号本尊

1

お話したいと思うのは、本尊ということである。本はもとである。尊い中に最も尊い方を御本尊様と申し上げる。御本尊様と言えば、お木像と、それから絵像、もう一つの御本尊様はお名号さま、つまり南無阿弥陀仏と文字に書いてある御本尊様、本尊様にこの三通りある。お寺では大概お木像様が御本尊、在家のお内仏に安置している御本尊様は大概は絵像。ところが、一番簡単で誰でも書くことのできるのは名号さま。紙一枚あれば誰でも書くことができる。「南無阿弥陀仏」と漢字で書くことのできない人は、仮名で「ナムアミダブ」と、「ツ」は発音しなくてもよいから、誰でも「ナムアミダブ」と書いて壁にはればよい、そうしてそれを拝んでおればよい。

名号は一番簡単だから一番足りないように人間の常識では考えられるが、それについて、蓮如上人のお言葉に、『御一代記聞書』の中に、「他流には、名号よりは絵像、絵像よりは木像というなり。当流には、木像よりは絵像、絵像よりは名号というなり」と仰せられてある。

他流とは、法然上人のお弟子の宗旨、浄土宗のことを他流という。当流とは、親鸞聖人の開かれた浄土真宗をいう。浄土宗では、名号よりは絵像、絵像よりは木像、一番手軽で位の悪い本尊が名号であるというのが浄土宗である。ところが、わが浄土真宗はそれと反対である。しかし実際はどうなっているかというと、浄土真宗も浄土宗と同じように、お寺の本尊はお木像で、名号さまはお内陣になくて居間にある。浄土宗と同じような状態になっている。

これは、時代が経つ間に変化して、木像本尊が尊いと思われるようになった。その結果、親鸞の教えの思し召しがだんだんわからなくなっていることを私どもは悲しまなければならぬ。人間の常識がそうなっていくのであろうが、親鸞の教えは人間の常識と違うようである。親鸞の思し召しが不明瞭になってきたことをわれわれは悲しまなくてはならぬ。木像を安置していても、これは一つの象徴であって、やはり名号が一番尊い。名号といっても、自分で書いた名号では何か拝む気持になれぬからどなたか敬うている方から書いてもらうとかしないと気が済まぬと考えるが、ところが、本当は特別尊敬する人から名号を書いていただかなくても、自分でもって「南無阿弥陀仏」と書いて（漢字で書くことできないなら仮名でよい）それを拝すれば、それで結構だと思う。

大体、仏のお姿は方便法身《ほうべんほっしん》。たとえば、本願寺から下げていただく御本尊の裏には「方便法身」

と書いてある。方便というと、〝嘘も方便〟という言葉がある。日蓮上人は、方便は嘘であると教える。真実は法華の題目が真実で、題目以外はみな方便である、方便の教では成仏できないのみならず方便の教を信ずるものは地獄に堕ちる、だから方便の教などは信じてならぬ、と日蓮上人は教える。この頃、創価学会が繁昌している。創価学会の人は自分の教えを弘めるために、折伏という方法を用いる。真実の題目を弘めるには方便の教を折伏する。いま私は、創価学会のことを彼れの此れのと言うわけでないが、ただ創価学会がどういうことをしようとも、どんなに他の人の圧迫があっても、われわれはそういうものに脅やかされたり怖れたりしないような金剛堅固の信心が大切である。本山から在家の方々へ下ってくる本尊は絵像で、巻物になっているその裏に、方便法身の尊影であると裏書に書いてある。

一番根本の仏さまは法性《ほっしょう》法身《ほっしん》である。仏のお姿を法身という。大体、仏さま仏さまというが、私どもは、仏さまと言えば釈尊であると申すのであるが、それは、釈尊はわれわれと同じ人間と言わねばならぬ。けれども、仏さまに成ったということは、仏のさとりを開かれたということであろう。だから人間が仏に成ったことは、つまり仏のさとりを開いた。さとりと、さとりを開いた人間と――人間とさとりと一つになる。二つあるわけでない。釈迦如来のさとりは釈迦と一つ。さとりは法というもの。人間の身がさとりを開いた。法と人は一つである。道理から考えると、法と人と一つであるが、これはしかし、ただ一つというわけにゆかぬ。人を離れて法はあるまい

――人なくして法がどこにあるか――と言うけれども、しかし、必ずしも一概にそう考えることはできない。

まず人があってから法が出て来るのでない。人があって法を悟るのであるが、人がなくても法がある。何でも人だと考えやすいが、しかし静かにものの筋道を推して考えてゆくときになると、まず法があって、法を修して法を悟る。だから、法によって人間が仏に成るのであるが、仏に成る法がまずあって、その法に随うてゆく。だから法の方が本《もと》であるから、法そのものを法性法身という。仏とは人間であろうと一概に言うことはできない。仏をして仏たらしめる法は、色もなく形もない、また名もない。だからもちろん、われわれの眼には、人間の眼などには拝むことができぬ。それを法性法身と申し上げる。その法性法身の仏さまが迷える衆生、迷えるわれわれをあわれんで、本願を起こした。大慈悲心から本願を起こした。大悲方便によって本願を起こした。そうして修行なされ、修行が成就して光明無量、寿命無量のお姿を顕わして下された。そしてまた、われら衆生を助けんために、本願によって名号を成就なされた。こういうわけで、これを方便法身と申し上げるのである。法性法身が方便法身とならせられて、われら迷えるものをお助け下さることを迷えるわれらに知らせんがために、釈迦牟尼仏と現われて下されたと『大無量寿経』に記されてある。

親鸞聖人の「正信偈」の中に、

如来所以興出世《にょらいしょいこうしゅっせ》　唯説弥陀本願海《ゆいせつみだほんがんかい》　五濁悪時群生海《ごじょくあくじぐんじょうかい》　応信如来如実言《おうしんにょらいにょじつごん》
（如来世に興出したまう所以《ゆえ》は、唯《ただ》弥陀の本願海を説かんとなり。五濁悪時の群生海、応《まさ》に如来如実の言を信ずべし）

これは、『大無量寿経』の思し召しを、親鸞が自分の言葉に述べて私どもに知らして下された。釈迦出世の本懐を教えて下されたのである。釈迦がこの世に現われて下された思し召しは、阿弥陀の本願を説いて、迷えるわれらが、誰でもが仏のさとりを開くようにと、われらに教えて下される。

だから、まず人間があって人間が悟ると一概に考えるが、そういうわけのものでない。まず法があって、そして人間がさとりを開く。けれども、人間が生身《しょうじん》の仏に成ったと——あの方は仏さまだと、世界中の人みんなが認めているのは、この世界では釈尊一人であろう。いろいろな宗旨の中で、禅宗では道元は仏さま、日蓮宗で言えば日蓮上人は仏さまと言うのであろうが、けれども世界中の人が（少なくとも仏教の人が）認めているのは釈尊お一人だけが仏さまであろう。他の釈尊以外の方々は、その宗旨の人は認めるが、その宗旨以外の人は認めない。そうすると、その方々は仏とは言えない。仏の同類であろう。仏の同類とは、未来の仏ということ。私どもは、道元、伝教、弘法、日蓮という方々は仏さまとは思わぬ。ああいう方々は仏の同類、すなわち未来の仏さまであると言うて差し支えないと思う。

2

無上仏とは、この上なき真実の仏さまである。無上仏のさとりを開くとは命終わるときである。阿弥陀の本願を信じ、大道を行ずる人は、仏の同類であり、未来の仏である。誰でもが、阿弥陀の本願を信じ念仏を行ずる者は、仏の仲間、未来の仏である。それをば、等正覚《とうしょうがく》の位という。浄土真宗の教えではふつうは正定聚《しょうじょうじゅ》の位という。自分たちの宗旨の中では現生正定聚《げんしょうしょうじょうじゅ》の位である。けれども聖道門的に言うならば等正覚の位である。親鸞の和讃を拝読すると、

五十六億七千万　弥勒菩薩はとしをへん
まことの信心うるひとは　このたびさとりをひらくべし

念仏往生の願により　等正覚にいたるひと
すなわち弥勒におなじくて　大般涅槃《だいはつねはん》をさとるべし

聖道門の人は生きている中に仏さまに成ったというが、それは浄土真宗から言えば、等正覚であろう。名前をはっきり間違えぬようにしなければならぬ。いくら仏道修行していっても、結句は生きている人間である限りは迷いがある。全く仏に成ったとは言えぬ。仏の同類である。本当に仏さまと言うたら、釈尊お一人だけ。特別な一つの歴史的な使命を持って、世界の人類を救わんために全世界の迷える一切衆生を救わんためにこの世界に誕生された方が釈尊である。釈尊以外の方は仏の教えを聴いて仏道修行していった。……仏の同類であるが、仏に成ったとは言えぬ。僅かの違いのようであるが、これは私どもは間違いないように明瞭にする必要があると思う。

浄土真宗は、現生には等正覚、命終わるときに無上涅槃、と判然と区別する。他宗に対して言うときは等正覚、浄土真宗の教えとしては正定聚。阿弥陀の本願を信じて真実信心をいただいた人はこの生に於て正定聚に住する。『正像末和讃』に、

弥陀の本願信ずべし　本願信ずるひとはみな
摂取不捨《せっしゅふしゃ》の利益《りやく》にて　無上覚をばさとるなり

親鸞聖人は初めは『浄土和讃』と『高僧和讃』だけで終わったと思っておいでになった。初めから『正像末和讃』のご計画はなかった。ところが、康元二年二月九日寅の刻（夜明け方）に夢

の告げを蒙《こうむ》った。聖人は聖徳太子を崇めておられるから、しばしば聖徳太子の夢のお告げを蒙られた。その夢のお告げに「弥陀の本願信ずべし、本願信ずるひとはみな、摂取不捨の利益にて、無上覚をばさとるなり」。あの夢告によって、現生に等正覚ということを感得されたものと見える。これは、聖人は、自分がこうやって八十歳を越したのは、ただ徒《いたず》らに生きておるわけでない、これはもっと自分のなすべきことがあるのだ、八十越してもなお壮健である、長生して、しかも元気であることはまだ娑婆の縁が尽きないのである。尽きないことは、仏さまが、お前には特別な役目、使命がある、お前はその使命を早く知らなければならぬ、それをお前はこの頃、少し忘れている、もっとしっかりせねばならぬ、と夢の告げがあった。それを親鸞は感得された。それで改めて『正像末和讃』を作られた。自分は愚かな者であるが、しかし自分には大きな役目がある、八十を越してからもまだ元気だ、これは自分に重い役目があるということを自覚されたから『正像末和讃』を作られた。

あの『正像末和讃』を見ると、親鸞は愚かな者であるけれども、自分に等正覚の位を与えていただいた。……人間の世界には文化勲章やら、昔は勲一等とか二等とか、人間世界の勲章がある。等正覚は仏から頂戴する勲章。等正覚は自分だけではなく、いやしくもこの世に人間として生まれた者は誰でもが等正覚の位になることができる。等正覚の位になるならば、生きている中に仏に成れないが、未来の仏だ、仏に等しい位だ、仏の後を嗣ぐ位だ。皇太子様は天皇がおいでになる限り皇太子の位であるが、天皇がおかくれになれば、その日すぐに天皇様になられる。何時なることもできる。明日でも今日でも十年後でも、現在の天皇がおかくれになると、そのときに天皇の位になられる。等正覚の位はちょうど皇太子の位と同じ。補処《ふしょ》は仏の候補者である。

親鸞聖人は『正像末和讃』をお作りになったときから、等正覚を強調されている。これは、聖道門の人が、生きているうちに仏に成るというのは、本当は等正覚というもので、生きている中に仏さまに成ると大変なこと。「煩悩即菩提、生死即涅槃」と生きている中に悟ったら大変なこと。煩悩即菩提ということなどは心の深いところにしまっておいて、煩悩はどこまでも煩悩、菩提はどこまでも菩提と、煩悩と菩提を混乱せぬように、「煩悩菩提体無二」は心の深いところに蓄えて、自分は人間である、仏でない、しかしながら何時でも仏に成ることできるが、今は仏でない。……これが、自分の分限を知ること、分際を知ることである。自分は相対有限である、自分は一文不知である、自分は愚かな者である、自分は善悪もわからぬ者である。人間は善悪がわかると思うているが、それは一応知っているようであるが、だんだん問いつめてみるとわからぬ、だから自分は一文不知の者であると、『歎異抄』第十二条のお言葉を拝読すると、自分は一文不知、一文不通の者だということを言われてある。善悪のわかる人は善人、自分を善人だと思うている人である。そうしてみると、善悪を知らぬ者ならば悪人であるよりほかないことを知らなければならぬ。

キリスト教の人などは、仏教は木像や絵像を拝んでいて偶像礼拝をしているという。敢えて偶像礼拝をしているのでない。それは方便法身ということを弁《わきま》えて礼拝しているので、何も偶像をただ礼拝しているわけでない。法性法身は色も形もましまさぬ。それを、仏さまは私ども迷えるものに本当の仏の御心を示さんがために形を現わし名を示して、私どもをして色も形もないところの法性法身を知らしめようという仏の深い大悲方便の思し召しから、色と形とを現わして、さらに〝我を知らんと欲すれば南無阿弥陀仏と念ぜよ〟と、南無阿弥陀仏、わが名号を教えて下された。仏は眼に見ることできぬ。和讃の中に「煩悩にまなこさえられて、摂取の光明みざれども、大悲ものうきことなくて、つねにわが身をてらすなり」と源信大師の『往生要集』のお言葉によって作られた。『往生要集』には「煩悩眼《まなこ》を障《さ》えて見ること能《あた》わずと雖《いえど》も、大悲倦《ものう》きことなくして、常に我身を照したまう」とある。

信心決定した人は御仏の摂取の光明の中に摂《おさ》められている。しかし私どもは肉眼では煩悩にさえられて見ることができぬ。光は見ることができぬが、念仏によって眼に見えぬ光を私どもは感ずる。足もとが明るい、先が明るい。前途の光が自分の足もとを、わが身を照らす。照らされているわが身がわかる。摂取の光明は拝めないが、摂取の光明に照らされている。鏡の前に立てば自分の顔がわかる。これすなわち、摂取の光明を拝まぬけれども、摂取の光明に照らされている自分を通して照らしている摂取の光明のあることを、親鸞聖人が私どもに教えて下されてある。

これは、念仏があって、念仏によって、信心の智慧を与えて下さる。どうして与えて下さるかと言えば、摂取の光明をもって照らして下さる。照らされている自分自身を知らせて下さったということである。

3

曇鸞大師《どんらんだいし》は「法性《ほっしょう》法身《ほっしん》に由《よ》りて方便法身《ほうべんほっしん》を生ず。方便法身に由りて法性法身を出す、此の二つの法身は異にして分かつべからず、一にして同ずべからず」と仰せられてある。

〝生ずる〟とは〝生みだす〟。方便法身によって法性法身を出だす。この二種の法身、仏さまには二通りの、方便法身と法性法身とある。ところが、法性法身の仏の体と方便法身の仏の体は一つにして、しかも同ずべからず。一つであるけれども、混同してはならぬ。一概に一つだからというてそれを混同してはならぬ。二つは違う。異にして分かつことできぬ。違うといっても、この二つは相離れない。法性法身を離れて方便法身があるわけでなく、法性法身を考えるときには必ず方便法身が付いている。ちょうど、弟を考えるときには必ず兄がついている、兄なくして弟はない。主人なくして奥さんはない。夫と妻、親と子、兄と弟は相離れない。方便法身なくして法性法身だけ考えることできぬ。法性法身を離れて方便法身は考えられぬ。別というても二つは必然的の関係を持っていて常に離れぬ。一つを考えるときは、必ず他を考えなくては一つだけ考えることできぬ。体が異なるというても引き離すことのできぬ内面的必然的の関係を持つ。「異にして分かつべからず、一にして同ずべからず」と曇鸞が仰せられてある。

それで、私どもは相対有限のものであるから、心の中に御本尊様を持っていなくてはならぬ。自分の心を護って下さるお守り様が必要である。そのお守り様について、お守り様はふつう方便法身と申す。法性法身の仏さまは形、色ましまさぬから、私どもは、色形ましまさぬ仏さまであるならお守り様とするわけにゆかぬ。形を現わし名号を示して下さる仏さまを御本尊様として、またお守り様として常に心にかけていることが必要である。そうでないと、人間はいつでも危険状態にさらされている。交通一つ考えてみても、またいつ病気するかもわからぬ。お守り様があると、私どもはお守りによって自分自身を知る。

自分自身は常に危険にさらされていることを忘れてはならぬ。生きている限り、危険状態にいることを忘れてはならぬ。生死無常であることを忘れてはならぬ。生死無常であることを忘れないなら、私どもは生死の危険の所におっても、いつ死んでも、どういうことがあっても、必ず成仏できるという一つの信念を持っている。そして私どもは常に、仏さまのお守り、お光に護られているという一つの確信を持つことができる。常に闇の中にいる危険の状態であるが、光を持つ。御本尊様は光であろう。単なる光でなくして、御本尊様から常に喚びかけを受けている。仏の招喚を受けている。だから、いつでも、寝てもさめても、いつでも招喚がある。親鸞聖人は夢の中にもいつでも仏さまの喚びかけをいただいておられる。そういうところに御本尊様が尊い。

それで三通りの御本尊様、木像、絵像、名号があると申すが、名号本尊は何も墨で書かなくても、名号本尊は生きた言葉である。南無阿弥陀仏という言葉であるから、御本尊様というときになれば、仮名でも何でもよい。「ナムアミダブ」と書いて結構。絵像、木像は、お守り様でもかさばる。忘れることもある。紛失することもある。名号本尊は何の荷物にもならぬ。

浄土真宗の教えは未来、未来と言うているが、われわれは生まれがたい人間に生まれさしていただいたのだ。現世が大切なものに違いない。親鸞の御和讃の中に『現世利益和讃』がある。未来未来というけれども、現在があるから未来。始めから現在がないなら未来はない。

蓮如上人の『改悔文《がいけもん》』(本願寺派では『領解文《りょうげもん》』という)に、「われらが今度の一大事の後生御《おん》たすけ候え」――〝今度の後生〟である。『改悔文』は安心領解を述べる言葉である。ただの領解でない。漠然たる領解でなく、廻心懺悔《えしんさんげ》である。私どもはなかなか本当に領解など述べるような日常の暮らしをしているわけでない。ただいつでも懺悔ということがあるわけ。だから、あの『改悔文』を拝読すると、

もろもろの雑行雑修《ぞうぎょうざっしゅ》自力の心をふり捨てて一心に阿弥陀如来われらが今度の一大事の後生御たすけ候えとたのみ申して候。

だから、この世と未来生と無関係のものでない。現在人間に生まれてあるから、後生という。何のために人間に生まれたか？　人生の本当の意味は、この生において私どもは永い間の生死の迷いを超える、迷いを捨てて仏になる、それが人生の本当の意味である。私どもが病気を怖れる。病気は一生の中に何遍でも何百遍でもする。だが、死ぬことは一遍しかない。それだけ怖ろしい。病と死と離れて考えられない。だから病気を心から怖れるわけであろう。

私どもは、この生と未来生と二つ別のものと考えるが、それは、十九願を見ると、十九願は念仏だけでない。十九願も十八願も二十願もみな念仏があるのだが、十八願は専ら念仏一つ。十九・二十願は念仏もあるけれども、また念仏以外の雑行雑修を修する。十八願は念仏、十九願は念仏がない、念仏以外の行ばかりする、二十願は念仏と言うているが他の行もまじえるのだと、言葉を見るとそう見えるが、そういうことはない。十九願でもやはり念仏がある。とにかく阿弥陀の本願であるから、念仏のない願はない。みな念仏がある。浄土真宗の人は、十九願は念仏ないのだろうと一概に思いこんでいる人があるが、そうでない。十九願、二十願みな念仏がある。

昔から浄土真宗の学者は四十八願を研究していて、十八願は選択本願というて専ら念仏、心《こころ》も行も念仏一つ。十九願は念仏と雑行雑修とごっちゃにしている。二十願は念仏を称えても、形は念仏を称えているようだが、心の中に念仏だけでは何か足りないというので他の行がなければならぬと思う、形は念仏を専ら称えるように見せておいても、念仏の中に計らいがある。けれども、十八願、十九願、二十願、みな念仏がある。これは親鸞聖人はもちろんのこと、法然上人、善導大師、みなそうご覧なされたに違いない。

十八願は念仏一つ、心の中にも身体の上にも念仏一つというのが十八願、これを選択本願という。つまり若不生者《にゃくふしょうじゃ》の誓い。もし生まれずんば正覚を取らぬ。十八願には阿弥陀は御自身の正覚を賭けて、御自身の成仏を賭けて誓っている。一か八《ばち》か、仏が死ぬか生きるかを賭けて約束していなさる。それを『観無量寿経』では摂取不捨の約束と仰せられる。それが仏の真実の願である。ところが十九願をみると、臨終来迎の願がある。これも願の表からみれば、諸善万行雑善の人に対して臨終に迎えに行ってやろうという願である。これは、仏が死ぬか生きるかのきびしい願と違ってお手柔らかな誓い(願)というものであろうが、臨終に迎えに行ってやることは、行者の方に臨終正念が必要になる。仏がお迎えになっても、私どもは間に合わぬことがある。人間はいつ死ぬかわからぬ。たとえば交通禍。病気でも卒中病に罹ったらそれっきり、自覚などする余地はどこにもない。

人間は、いま死ぬときは誰もわからぬ。生きているときは死んでおらんし、死んでるときは生きておらぬ——だから生きているうちに死ぬことを心配するなど要らぬことだ、と言う。いつまでも生きるように思って、一般の若い人はそう考えている。生きている中は死がないし、死んでるときは生きていない——と、死ぬことなどは心配しないで、生きているうち困るのは病気と借金で、病気と金の始末さえすれば死ぬことなど考えることないと、若い人はそう考える。昔の人でも若い人はそう考える。若い者から言えば、年とった者は愚かな者だというが、年がいくと、死を念頭において「後生」を考える。

ところが、この生と後生とは離れぬ。「一心に阿弥陀如来、われらが今度の一大事の後生御たすけ候え」——「われらが今度の一大事の後生」——だから、後生は今度の後生。今生きている人間の後生。現生と後生は離れない。一つだけ考えるわけにはゆかぬ。今生と後生は一枚の紙の裏表のようなもの。表は今生、裏は後生。死んでから初めて後生が始まるのでなく、この生の始まるときに後生は始まっている。それを、私どもは紙の表だけを見ている。裏のない表というものはない。どんな薄い紙でも裏があって表が成り立つ。

4

仏教では〝生死《しょうじ》〟と言う。世の中一般の人は、〝死生〟と死の方を先にして言う。私どもは死を忘れれば生の尊さもわからぬ。生は絶対的のものだと言うが、こういうのは、死を裏においてこの生は絶対的と言うのであろう。生と死が一枚の紙の裏表であることがわからぬ人は、生の尊さがわからぬ。生はいつも危機にさらされていることを知らなくてはならぬ。死を忘れておれば、生を忘れている。今の人は生命の尊さを言うけれども、生命がいつも危険にさらされていることを真に知らなくてはならぬ。いつも死の危険にさらされている。交通禍だけでない、畳の上に坐っていても、死の危険にさらされている。どこにも安全地帯はない。人間は安全地帯だけを考えているが、本当はどこにも安全地帯はない。それほど人間は危険にさらされている。危険にさらされているから、生の尊さがわかる。

死などは今ないではないかと言うが、生を考えるときにはいつも死を考えて、この危険の中に生かされているのはただ事でない、われわれのこの生命にはも一つ根源的なものがあるに違いない。いま私どもが考えているような生命のもっと根源的な大生命があって、それから私どもはその生命の一部分を受けているのだ。全体と一部分はこれまた相離れないものである。全体は「正信偈」の「帰命無量寿如来、南無不可思議光」、阿弥陀如来の大生命の一部分だが、私どもの生命と大生命と離れない。仏と私とは紙の裏表のような必然的な関係を持つ。因縁を持っている。どういう因縁を持っているかを教えて下さるのが仏の本願である。私どもは、仏を離れて自分はない。仏は自分を離れておいでにならぬ。仏と自分は、全体と部分というものであろう。

私どもは、まことに危険にさらされていることを忘れておる。煩悩、業あって、仏さまを忘れている。また私を忘れている。死ぬことを忘れている。後生を忘れている。口では生命は尊いと言うているが、言うているだけで、いくら生命の尊いことを言うてきかせてもわからぬ。登山するには、用意の上に覚悟をせねばならぬ。覚悟することが第一の用意。それを、生命の尊さを知らず享楽的に山に登る。〝自然征服〟という言葉を使って、まことに生命の尊さを忘れている。大自然の中にいながら、しかも大自然を離れ背き、大自然を征服しようと平気で考え言うている。しかも世の中を指導する人が間違った邪見驕慢の言葉を造って人を迷わしている。新聞などでも、生命の尊さを知らんかと言うているが、どうすることが生命を尊ぶことか、指導する人も指導する道を知らぬと言わざるを得ない。

釈迦如来のお言葉の中にも、人間は誰よりも一番自分が可愛い。……しかしながら本当に自分を愛することを知らぬ、むしろ自分を粗末に扱う、一般的に知っているが、本当に主体的に、自分が可愛いということを知らぬ。われわれは、身体の方から言うても魂の方から言うても、危機にさらされている。それを平気に思っている。これは、死を離れて生があると、そう考えているのは、宇宙の大生命のあることをわからぬ。大生命に護られていることを誰も教える人がない。宗教とは特殊のものであろう――と、信じても信じなくても、信じない自由もあるから信ずる自由もあるのだろう――と考えている。

とにかく、われわれは、生と死は一枚の紙の裏表だということを本当に知ることによって、死生（生死）を超越すべきものである。死生を超越するところに来なければ、本当に生きるということがない。本当に死生を超越するには、絶対無限の生命であらせられる如来に、無量寿の如来に、帰命する。無量寿の如来を信ずることが大切である。それなくして、ただ生命を尊ぶと言うが、そういう人は生命の尊さを知らぬのであろう。人に対して生命の尊さを主張しているだけで、利己主義と生命の尊さを混乱しているのでないか。本当に生命の尊さを知るには、絶対無限の如来が、一切衆生の一切の生命を包んで、仏さまがある。われわれと無関係に仏があるのではない。われわれを包んで仏の本願がある。

本願を知らぬ人は、仏は仏、自分は自分、と別である。本願を信ずることによって、光の中に包まれていることを知る。仏と自分は他人と考えている人は、仏を知らぬ人、仏を疑うている人。信ずるとは知ること。信じない人は知らぬ人。信ずる以外に知ることはない。本当に信ずることが知ることだ。仏を信ずることはまた自分を知ることだ。仏を信ずることによって自分を知る。全体と部分である。自分は仏の一部分である。光明の中に摂め取られるとは、仏と自分と他人でないことを知る、それが南無阿弥陀仏。自分を包んで仏がおいでになる。だから自分を抜きにして仏は考えられぬ。だから、仏を知らない者は自分を知らぬ。しかし、この〝知る〟とは〝信ずる〟ことである。信じないで知るということが別にあると考えられるが、信じないで知ることはない。

仏を信ずるとは、仏の本願を信ずる。本願のない仏を信ずることはできない。仏に本願があるから仏を信ずる。本願を信ずることによって仏を知ることができる。本願によって仏を信ずることができるから、仏を知ることができる。その仏を知ることによって自分を知ることができる。尊い生命をいただいていることを知ることができる。自分を知る。信を離れて知ることはない。知っているけれども信じないということはない。子供が親を知るのは、親を信じた子供が親を知る。信じもしないものを知ったということはできぬ。人生に於て相手を知るとは相手を信ずることがあって初めて知る。自分を知り仏を知るとは、仏と私との因縁関係があって仏を知る、自分を知る。自分を知ることと仏を知ることと別々でない。仏はわかったが自分がわからぬということはない。仏を信ずることによって自分を信ずる。

自分は常に危険にさらされている中にも安心がある。びくびくしているのは、自分を知らぬし、自分を信じていないからである。私どもは危険にさらされているときに、危機一髪のところで、いよいよ自分の尊いこと、自分の生命の尊いことを本当に知るという余裕を持つ。危機にさらされていないときは、むしろ生命の尊さがわからぬ。人間は本当に危機一髪というところに余裕を持つ。信仰、信念を持つときにそれができる。そういうことが大切で、念仏は、本当に危ないときにいつでも仏に護られていることを咄嗟の間に見出す。それがつまり、私どもの今度の後生の一大事。それが大切なわけである。

この生と未来の生と相離れぬ。それを私どもに知らして下さるのが念仏である。自分一人ということはない。仏と言うたら自分が居るのだ。仏の光の中に自分が居るのだ。南無阿弥陀仏とは、どんな危機にさらされていても、仏の光の中に護られている、摂め取られている。……これが自覚である。これが、自分を知っているということである。仏を思い出すときに必ず自分を思い出す。

誰もいない——自分は本当の孤独だということはない。自分を本当に孤独だと知ったときに仏に護られている。それが南無阿弥陀仏。南無阿弥陀仏ということは、それを思い出す。だから、この生と後生はずっと続いている。道が続いている。それが南無阿弥陀仏。

念仏を忘れて自分ということはわからぬ。自分の居る所にいつも仏はいる。仏のいなさる所に自分が居る。そこに生命の尊さを初めて知らされる。口だけでいくら生命の尊さということを世の指導者たちが叫んでも、何で尊いかということがわからなくて、南無阿弥陀仏ということが本当にわからなくて、自分の生命の尊さは出てこない。死を忘れて生のみを愛して、死を嫌い死を忘れようと考えるような今の知識人が、まことに生命の危険にさらされて本当の生命の尊さを知らぬ人だということになるわけである。

（昭和三十七年十月二十四日、東京都杉並区、浄雲寺における講話。聞書　津曲淳三）

釈迦と阿弥陀〈一〉

1

お話の題目は「阿弥陀如来と釈迦如来」ということになっております。

昔の人は阿弥陀と釈迦について疑問も何も持っておらなかったようです。

釈迦は「ただびと」ではない、阿弥陀の化身であると信ぜられて何の疑いもなかった。「正信偈」を拝読しても「如来所以興出世、唯説弥陀本願海、五濁悪時群生海、応信如来如実言」とある。これは朝晩のお勤めで真宗の方なら皆ご承知のことである。

この如来とは釈迦如来のことである。釈迦如来が世に興出したもう、つまりこの世にお出ましになった目的は何処にあるか、ただ一つ、このただ一つの目的は他ではない、ただ弥陀の本願海を説かんとなり――そのため二千五百年前にインドに現われて下されたのであるというのである。

もちろん、ただ現われて下されたということはない。父もあり母もある。浄飯王《じょうぼんのう》を父とし、摩耶《まや》夫人《ぶにん》を母としてこの二人の間に一人の人間として生まれられたのである。

しかし釈尊は八相成道――釈迦の一代を八相成道と申すのであるが、これは八相示現と申すのでほんとは釈尊は本来の仏、本来の仏がわれわれに親しくするために人間の肉体を借りて現われて下された、ほんとは生まれながらにして仏、生まれる前から仏である、とこのように昔の人はただびとでないという、それだけを聞いている。しかし今の人はそれだけでは満足しない。これは今の人だけでなく、ほんとは昔の人も満足していないのであろう。今の人だけではなかろう。昔の人は満足したのであろうと今の人は考えているようであるが、よく考えてみると、今の人と同じように昔の人も満足しておらなかったのであろう。

私も今の人の仲間に入っておるが――八十九歳――明治八年に誕生した、私などは昔の人でもあるし、今の人でもある。今の人間であるとともに昔の人間である。若い人は今のことだけしか知らぬ。亡くなってしまった人のことは知らぬが、ほんとは今の人の満足せぬことは昔の人も満足しなかったのであろう。昔の人はそういうものだとおしつけられるとおとなしく聞いていた。今の人は納得しないと反抗する。昔の人はそうですかと素直に納得したような態度をとった。しかし心の中は納得せぬことは納得せぬ。

昔の人の中にも、釈尊は本来仏というのでは満足しない例がある。

それは三国七祖の中の最高峰である善導大師である。「正信偈」を読むと「善導独明仏正意《ぜんどうどくみょうぶっしょうい》」と途中で調声を上げるところがある。貴方たちもご承知のように「帰命無量寿如来」と調声して道綽《どうしゃく》までは同じ調子であるが、善導のところでお勤めの調声の方が独りで調子を高める。「善導独明仏正意」と調子が変わる。「善導独明仏正意」これはつまり七祖、『大経』の伝統の歴史の中で善導という方が頂点に立っておられることを示すものである。龍樹《りゅうじゅ》とか天親《てんじん》とか、またその次に源信、源空とかおられるが、何といっても善導は一つの峰であろう。

今日も汽車の中で少し曇っているから富士が見ゆるかなと窓を見るとちゃんと見ゆる、また今日のような立派な富士は初めて見た。雲の中に富士は輝いている、白雪をいただいている雲の中の気高い姿、こんな富士は生まれて初めて見た。――善導はそういう地位である。

善導独り仏の正意を明らかにした、親鸞は――善導が、阿弥陀の本願、『大無量寿経』に説く阿弥陀の本願の意義を明らかにした――それが仏教の歴史の上で、ほんとに後にも先にもない輝きである――このような言葉は「正信偈」の中だけにある。もし善導という人がおいでにならぬなら――親鸞は自分自身の浄土真宗の伝統の歴史を七祖の上に見た――仮に七人の高僧の中に善導がおらぬとどうなる。

横川《よかわ》の恵心《えしん》も源空もおらぬであろう。また龍樹とか、天親とか、曇鸞《どんらん》とか、道綽がおっても善導がおらぬと浄土真宗の伝統は消えてしまう。すると日本の浄土真宗は始めからないものとなってしまう。浄土真宗のあるのは善導が出たか、出ぬかで決まる。これを「善導独り仏の正意を明らかにする」とお勤めに高い調声をあげる所以《ゆえん》である。

2

さて今日はあの善導大師のことについて少しお話を申したい。

あの善導のときに、あれより少し前に、何十年か前に三部経の中に『観無量寿経』という経が翻訳された。その前に『大経』とか、『阿弥陀経』とかは既に翻訳されている。しかし『大経』とか『阿弥陀経』とかは支那に翻訳されても支那の国民に大した感銘を与えていない。『大経』は四十八願を説き、『阿弥陀経』は六方恒沙の諸仏の証誠《しょうじょう》護念《ごねん》を説かれている。南無阿弥陀仏の意義を説いているのは実は『阿弥陀経』である。

舎利弗よ、汝が意において云何《いかん》。彼の仏を何が故に阿弥陀と号する。
舎利弗よ。彼の仏の光明は無量にして、十方の国を照して障礙《しょうげ》する所無し、是の故に号して阿弥陀と為す。又――

一体『阿弥陀経』に何が書いてあるかと考えると全くわからぬ。何にも考えずに読んでおると機械のようなもの、『阿弥陀経』は短いので読めば忽《たちま》ち終わって何を書いてあるやら考えても全くわからぬ。よく読むとこれは南無阿弥陀仏の「いわれ」である。南無阿弥陀仏の意義が初めて明らかになっている。『大経』下巻の本願成就の文の「聞其《もんご》名号信心歓喜《みょうごうしんじんかんぎ》」の南無阿弥陀仏の「いわれ」は何処に書いてあるか、――『大経』には無い――これは『阿弥陀経』に書いてある。『大経』に書いてあるかと思うと『阿弥陀経』に書いてある。ところが『阿弥陀経』に書いてある文をもって『観経』を照らすと『観経』に書いてある。『観経』の有名なこれは「光明遍照十方世界、念仏衆生摂取不捨」の文である。あれが『大経』の「いわれ」を書いたもの。かくて三経が一つの意味を持って一貫している、このことを教えてもらっている。

『阿弥陀経』と『大経』は前から翻訳されて支那の国に伝わっておるが、『阿弥陀経』や『大経』には関心を持たぬ。次いで『観経』が翻訳された、すると驚くべき勢いで支那の知識人の関心を集めた。もし『観経』がなかったら『大経』や『阿弥陀経』に支那の人は関心を持たなかった。さすれば日本人も関心を持たぬままに終わったであろう。支那の人に深い関心を与えたので仏教は日本まで渡って来た。もし支那の人が関心を持たぬようなら仏教は支那の国に留まったであろう。『観経』で阿弥陀の本願が盛んになったので朝鮮の人や日本の人に知らせねばならぬとなった。横川《よかわ》の恵心や法然が出て来て、次いで親鸞が出て来たのである。

もののの道理を静かに考えて見る必要があろう。

善導が仏の正意を明らかにしたので今日法然という方に逢うことができた、その法然という人が浄土宗を開いた。これは善導の信仰の力、その力が躍動して日本の国の人間の心を奮い立たせた。それで横川の恵心とか法然とかが、われわれの祖先の中から現われた。かくてわが親鸞が出て来た。だから親鸞は法然の御恩の広大に感激しているのはもちろんだが、法然も善導あっての法然。

善導は『観経』についていろいろの体験、研究を残している。『観経』の講義が残っていて法然はそれを読んで感激した。それはいかなることか、『観経』が支那に翻訳されると支那の国民が非常に感激した、支那の大徳――或いは『法華経』をあがめる大徳もあれば『華厳経』をあがめる大徳、『大般涅槃経《だいはつねはんぎょう》』をあがめる大徳もある。その方々が阿弥陀の法とはそんなものかとみんな『観経』にひきつけられた。

『観経』を読んでみると『観経』には摩伽陀《まかだ》国の頻婆娑羅《びんばしゃら》王、その妃韋提希夫人《いだいけぶにん》、その間に生まれた方が阿闍世《あじゃせ》王、もう一人は釈尊の従弟の提婆《だいば》と役者が揃っている。釈尊はこの頻婆娑羅王の国王舎城《おうしゃじょう》とは隣りあわせ、釈尊の国は血統の正しい国だが小さい国。頻婆娑羅の国は大国であって釈尊が出家して修行なされた場所は頻婆娑羅の領地、そこで頻婆娑羅は隣国の太子が出家してわが領分に来て修行しておるのを聞いて、その名声を聞いて釈尊を訪ねて、貴方《あなた》が法のために身を捧げておられるのはただごとではない、必ず貴方の志願は満足するであろう、貴方が成道されたら私の国に来てさとりの法を弘めて下さいと頻婆娑羅は願い、約束した。釈尊は王様との間の約束を守って自分の国に帰る前に頻婆娑羅を訪ねた。

話が外れて行きますので善導のところに帰って話をすすめますが、『観経』を善導が読まれる前に『法華経』の行者、『般若経』の行者それぞれの宗旨の祖師方が『観経』にひきつけられた。その結果としてのその講義は今日残っておるが、韋提希は「ただびと」でない――韋提希は摩伽陀国の王妃というが「ただびと」でないとされていたのである。仏教に一番深い関係を持つのは女性である。この女性、つまり大乗仏教を生み出したこの女性は「ただびと」でないと決めてしまう、そうなると『観経』は形而上学的な経となってしまう。『法華経』とか、『華厳経』とかと同じようなお経になってしまう。

『観経』で提婆が阿闍世を誘惑した――つまり頻婆娑羅に子がない、占い師に見てもらったら山に仙人がおって三年経てばその人が死んで王子になって生まれてくるという。その三年が待てないのである。王子に生まれるのだから早く死んだらどうだと相談するが「人間が生きている限りこの三年は尊い、たとえ王子に生まれてもこの三年にはかえられぬ」とはねつけた。そこで王は立腹して、そうなら王様はその仙人を殺してしまえと言いつけた。

人間は考える余地がなくなると恐ろしい。仙人は殺されるときに自分が王子に生まれたら必ず復讐するであろうと言い残して死んでいった。さてそうなると恐ろしくなった。懐妊すると今度は殺すことを考えた。出産するときに高いやぐらの上から地上に刀を植えて生み落としたということである。ところが小指が一本怪我しただけで泣き出すので拾い上げて育てあげた。そしてあの悲劇が起こるわけである。そういう逆縁があって阿弥陀の本願のことが『観経』に説かれている。『阿弥陀経』に書いてある通り読んでは受けとれぬ。経では韋提希はただの妃、何も精神的に高貴の人というわけではない、そういう者がいろいろ苦しんで釈尊の救いを求めたときに阿弥陀の他力の救済を説かれたとある。

それを支那の大徳たちは経にはそう書いてあるが本当はそうでない、『法華経』や『華厳経』に出てくる大権《だいごん》の聖者と同じだと決めた、韋提希は本来仏さまだが衆生を救わんために仮に女人の姿を現わした、従って提婆も阿闍世も「ただびと」でないと解釈した。それに対してそういう解釈はもってのほか、ただの衆生、悪逆の提婆、阿闍世も同じだ、何処にも支那の大徳たちが言うようなところはないと、仏の思し召しはひろく凡夫を救うのがほんとだということ、それを善導が明らかにしたのである。もし善導がないなら『観経』は『法華経』と同じになる。もし善導がないなら『大経』や『阿弥陀経』はあっても他力本願の法は全く消えてしまった、他力本願の法は全く善導の功績によって永遠のものとなったというのが「善導独明仏正意」というのである。

そこで問題は善導は昔の人、昔の人であるが韋提希も「ただびと」でないと片づけようとする仏法に、そういうような考え方に承服できぬというのであれば、そうしてみると善導が『観経』

を解釈なさる仕方は今の歳の若い人の、考え方と同じことである。

天台とか、華厳の諸師方があれも「ただびと」でない、これも「ただびと」でないと見る見方は今の古い見方、老人の考え方と同じである。善導の考え方は今の青年の考え方と同じである。今も昔も同じである。今の青年の考え方と同じ考え方の人が昔おって『観経』の見方を改めた。この頃の老人のような考え方をしておるなら浄土教の教は今はない。

善導は今の若い人が釈尊も人間、親鸞も人間というのと同じ考え方をしたのである。「親鸞」という映画もできているそうで、親鸞は恋愛もし結婚もする、ただの凡夫である。老人は親鸞は「ただびと」でないという。今の時代の人は、親鸞は凡夫だという。それと同じように善導は『観経』を解釈した。人間釈迦。恋愛もし結婚もした、そして我等の仲間になって下さって一切の人の救われる道を開かれた。昔の人はただありがたそうな顔をしているのであろう。今の時代は、釈尊も人間、親鸞も人間だという。釈尊という人間が救われた、親鸞という人間が救われた、これは共通である。いろいろと考えてみるが、とにかく釈尊が一体阿弥陀などと仰せられたか仰せられなかったかと、この頃大乗非仏説が出てやかましい。今でも釈尊はわかっても阿弥陀がわからぬという、そのためいろいろの疑問が起こっている。

（昭和三十八年四月四日午前、東京、浅草別院における講話。聞書　藤代聡麿）

釈迦と阿弥陀〈二〉

1

釈尊と阿弥陀如来ということについては、昔は問題も何もなかったのであろう。沢山な仏さまがあって、その宗門宗門には御本尊様というものがあり、宗門によって違っている。その中でも一番目立っているのが、釈尊のほかには阿弥陀如来という仏さまが、これがまあ大体、御本尊というのが——つまり阿弥陀如来さまを御本尊としている宗派と釈迦如来さまを御本尊としているものと、大体こう二つに分かれておろうかと思う。そのほかには大日如来とか薬師如来とか、そういうような仏さまを御本尊にしているものもあるが、大体は釈迦如来さまか阿弥陀如来さまであると思います。

釈迦如来さま。人間の歴史の中においでになる仏さまは、この釈尊お一人である。言ってみれば、一つの戸籍を持っているようなもの。父はどんな方か、母はどんな方か、兄弟は何々で奥さんは何という人、お子さまは何という方であるかと、そういうことがハッキリしている仏さまは釈尊だけでありましょう。われわれが住んでいるこの地上の仏さまといったら、釈尊ただお一人である。

そのほかには釈尊のお弟子や孫弟子が沢山あって、その後、大乗仏教というものが起こって龍樹菩薩とか天親菩薩というような大徳が出た。支那の方へ来ると、天台大師とか華厳の賢首大師《げんじゅだいし》とか、そういうようなお方が沢山おられる。日本に来れば伝教・弘法、鎌倉時代になると法然・親鸞・道元・日蓮。こういうような徳の高い方々が、いろいろな宗旨の祖師というものになっておられる。けれども、誰一人として仏さまというわけにはいかない。

法然上人や親鸞聖人は他力のおみのりを信じている方々であるから、この世において仏さまということはできない。生きているうちは成仏できない。命終わるときに成仏する。命終わってしまってからでない。命終わるときに——命終わらんとするときに仏になる。命終わるときに無上涅槃のさとりを開く。こういうように、親鸞聖人がお教え下されてある。命終わらんとする最後の刹那に成仏する。こうハッキリと教えられているのである。それが明瞭でないために、いろいろな間違いや、非難や誤解を受けたりしている。命終わってしまってからでは意味ない。命終わったら死んでしまう。死んでしまってからではない。命終わらんとするときである。そのときはまだ生きている。だから、この生と続いている。こういうことを、親鸞聖人の『教行信証』を読むと、正しく聖人がご領解を述べておられる。よくわれわれは知らねばならんと思う。

昔から仏教の学問では、釈迦如来は阿弥陀如来の化身《けしん》である。だから本来、仏さまである。しばらく父とか母とか、そういう約束のもとにこの世に生まれてきたが、本当はそうではない。そういうところから釈尊というお方は〝応化身〟のお方だ。或いはまた〝応身〟とか〝化身〟とかいう。そういうふうに昔から言われてきた。これはまあ、阿弥陀如来は釈尊の本地仏という。本仏とか本地仏とか……。

その阿弥陀仏の本願を衆生に教えて、迷える人々に阿弥陀仏の本願というものを知らしめよう。知らんから皆が迷っているが、阿弥陀仏の本願を知ることができたら……〝知る〟とは信ずる。仏法では知るということを〝信知〟という。信ずるとは知ることである。信ずることによって、われわれは本当に知ることができる。今日の科学的知識というようなものは、決して完全な知でなくして、ああいう知というものは極めて不正確なものであるということを知らなければならんと思う。

蓮如上人の『御文《おふみ》』の中に、

それ、八万の法蔵を知るというとも後世《ごせ》を知らざる人を愚者とす。たとい一文不知《いちもんふち》の尼入《あまにゅう》道《どう》なりというとも後世を知るを智者とすと言えり。

こう、智者と愚者とを決めてある。こういうことをハッキリ蓮如上人が、これは『御文』の五帖目第二通にございます。

『歎異抄』の第二章は、

おのおの十余箇国の境を越えて身命を顧《かえり》みずして尋《たず》ね来《きた》らしめたまう御こゝろざし、ひとえに往生極楽の道を問い聞かんがためなり。然《しか》るに、念仏より他《ほか》に往生の道をも存知《ぞんち》し、また法文《ほうもん》等をも知りたるらんと、こゝろにくゝ思召《おぼしめ》して在《おわ》しましてはんべらんは、大きなる誤《あやまり》なり。もし然《しか》らば南都北嶺にもゆゝしき学生《がくしょう》たち多く座《おわ》せられて候うなれば、彼《か》の人々にも会いたてまつりて往生の要よくよく聞かるべきなり。親鸞におきては、たゞ念仏して弥陀にたすけられまいらすべしと、よきひとの仰《おおせ》を被《こうぶ》りて信ずるほかに別の子細なきなり。

ここに「信ずる」という言葉がある。「たゞ念仏して」ということは、ただ口を動かしているのが「たゞ念仏して」ではないのでしょう。「たゞ」という言葉は「念仏」に続いているが、しかしずっと読んでゆくと「よきひとの仰を被りて信ずるほかに別の子細なきなり」。つまり「念仏」に連続しているがそれだけでなく、「信ずる」という所にも続いているということを明らかにせねばならん。ただ信ずる――「念仏して弥陀にたすけられまいらすべし」ということをただ信ずる。こういうふうにも続いているということがわかる。だから、一概に「たゞ念仏」とだけ考えることは、正しくこの言葉を読んでいるとはいえない。

次に、

念仏はまことに浄土に生るゝたねにてやはんべるらん、また地獄に堕《お》つべき業《ごう》にてやはんべるらん、総じてもて存知《ぞんち》せざるなり。

「存知」という言葉がある。信知のほかに存知。信知と存知と区別してある。存知とは、信に関係なくして知るのでしょう。つまり分別の――人間の理屈、すじみちでもって物事を考える。そしてそれを了承してゆく。それを「存知」というのは、ふつうに言う知るということである。しかし、仏法で知るということは信知するということである。信仰という言葉がある。信仰という言葉も別に悪いというのではないが、しかし親鸞聖人とか善導大師とかの思し召しをみると信知する。信仰と言わずに信心。信ずる心。心を信ずる意味でなくて、信ずる心ということである。信心ということは、やはり信知という意味を持つ。信ずることは、知るということである。

仏さまに対して、仏さまを信ずるというときには、或いは仏教以外の宗教などにおいては、信仰といってもよいわけであるけれども、しかし仏教の阿弥陀仏を信ずるというときには、阿弥陀仏を信ずるだけでなく自分自身を信ずる。仏さまと自分自身と……仏さまを信ずるには、まず自分自身を前提しなければならん。自分自身を信ずるには、また仏さまを前提にしなければ信ぜられない。

自身とはわが身。ただ自己というと抽象的なものになるが、もっと具体的なもの、誰でもわかる言葉でいえば肉体。しかしこの、肉体というものと精神というものとは、肉体を離れて精神なく、精神を離れて肉体を考えることはできない。牛肉とか馬肉とかいうのはただの肉だが、自分自身ということになれば生きている肉であろう。

人間というものは「わが身」という。身——からだと心とは一つのもの。しかしただ一つというわけにはゆかん。二つのものに違いない。しかし二つを離して考えることはできない。われを離れて身を考えることはできぬし、また身を離れてわれを考えることはできない。

私自身というもの、或いは、そう言わんでもただ「私」といってもよいが、それでは意味がハッキリせぬから……。或いはただ「自身」といっても意味がわかる。しかし、人と話するときは「私は……」と一応言うが、責任を感ずるときは、やはり「私自身……」と言って意味をハッキリさす。そうでないと、ただ「私……」では責任がハッキリしない。「私自身」というと、そこに責任――全責任というものを、自分は担《にな》っているのであるということをあらわす。そういう言葉であると思うのであります。

わが身とか自身とか表現する、その、わが身を知るということ、これは如来によってわが身を知るのでありましょうが、また、わが身というものによって初めて如来を知るのである。

こういうことを親鸞聖人が――親鸞聖人の前には善導大師が、自分が仏を信ずるということについては、まず自己を信ずる。信ずるとは、知るということである。従って、如来を信ずるということは、また如来を知るということである。本当に知るとは、信ずること以外にない。こういうことを明らかにして下された。

これは『歎異抄』を読みますと、信知と存知と二つの言葉というものを明らかにされているということは、前にお話しした通りであります。「存知」という言葉は第二条にあるが、また第十九条を読んでいきますと「善悪の二つ総じてもて存知せざるなり」、ここにも存知という言葉がある。

善悪の二つ総じてもて存知せざるなり。その故は、如来の御心《おんこころ》に善しと思召《おぼしめ》すほどに知り徹《とお》したらばこそ善きを知りたるにてもあらめ、如来の悪しと思召すほどに知り徹したらばこそ悪しきを知りたるにてもあらめど、煩悩具足の凡夫・火宅無常の世界は万《よろず》の事みなもてそらごと・たわごと、真実《まこと》あることなきに、ただ念仏のみぞまことにて在《おわ》します。

よく、『歎異抄』を読む人の中に、善悪はないものだ、そう書いてあると思っている人があるが、『歎異抄』に善悪がないとは言っていない。如来は、本当に善悪をしろしめす。本当に知る方が如来である。如来以外の人は、善悪を本当に知ることはできないのである。

2

『大無量寿経』下巻の東方偈《とうぼうげ》、あれは長い偈文《げもん》だが、読んでいくと二つの偈文が混同している。歴史の長い間に、二つの偈文が混同したということがわかる。始めの偈文は、諸仏がその国の菩薩衆にすすめて、

「諸君が本当に成仏の願いをまっとうしようとするならば、阿弥陀の御国《みくに》に往生しなさい。阿弥陀の国に往生しなければ、成仏することはできない」

こう、阿弥陀の浄土に往生することをすすめている。これは釈尊が衆生にすすめるように、諸仏はその国の菩薩にすすめておられる。その言葉が出ている。

其の仏の本願力　名《みな》を聞いて往生せんと欲《ねが》えば　皆悉《ことごと》く彼の国に到り　自《おのずか》ら不退転に致らん。

あの言葉に従って、それぞれの国の菩薩衆は阿弥陀の国に往生して、不退転の位に至って、そうして、成仏することを急がずして、その方々はそれぞれの本願を持っていて、ほかの国に遊んで菩薩の行を修し、そしてまた、ときどき阿弥陀の国にもどってくる。それが「還到安養国（還《かえ》りて安養国に到る）」そこまでが、つまり第二十二願のお心を述べた偈文であろうと思う。それから次に、

若《も》し人善本《ぜんぽん》無くんば　此の経を聞くことを得ず。

から、また一つの偈文になっている。これを読むと、全体として大体、二十の願というものを述べているが、読んでゆくと、また第十七願のことをも述べておるようである。それからまあ、十七願を述べているが、また二十の願になっていると、こういう具合である。それは、

如来の智慧海は深く広くして涯《きわ》と底と無し　二乗の測《はか》る所に非ず　唯《ただ》仏のみ独り明了にす。

この言葉は、『教行信証』を読みますと、第十七願を述べてある「行巻」に、このお言葉を引用してある。

そこに「如来の智慧海は深く広くして、はてしもない。二乗の測るところにあらず」とある。その「二乗」ということ――つまり、仏が一切の衆生の機根を教化し、また救済して下さるのであるが、その仏の教化をうける衆生の根機というものに五つ通りある。それを〝五乗〟という。この〝乗〟という字は、法をあらわし、また人をあらわす。二つの意味を持つが、いま二乗・五乗というときは人をあらわす。人とは仏の教えをうける人、それを機、或いは機根という。仏の教えの光に浴することのできる人を乗という、つまり機根をあらわす。

浄土真宗では、阿弥陀仏の本願のおみのりは「五乗斉入」である。これは「正信偈」には「凡《ぼん》聖逆謗斉《しょうぎゃくほうさい》廻《え》入《にゅう》」と仰せられている。〝五乗〟とは人・天・声聞《しょうもん》・独覚・菩薩。〝二乗〟というのは、華厳とか法華とかでは、声聞・独覚を二乗という。これは小乗の教えについて菩提心を発《お》こして修行し、阿羅漢のさとりを開いた。つまり、小乗仏教を行ずる人が声聞・独覚である。ところが『大無量寿経』の二乗とは、声聞・独覚でなく、声聞・菩薩の二乗である。菩薩というのは、自分だけ迷いを晴らしたらそれでよいというものでない。一切衆生とともに生死を解脱しようという。だから、そういう菩薩の修行道を教えるのを大乗教といい、声聞・独覚の道は小乗教である。

『大経』の二乗は、声聞・菩薩の二乗である。如来の智慧海は、声聞・独覚の二乗が測ることができないのはもちろんだが、大乗道の菩薩でさえも測ることができないのである。たとえ菩薩といえども、仏智或いは仏の本願、或いはお念仏、それを測ることはできない。だから本願念仏のおみのりは誓願の不思議である。誓願の不思議は、声聞・独覚はもちろん大乗の菩薩といえども、自分の力をもってこれを測ることはできない。だから「唯仏のみ独り明了にす」という。

それをあらわしているのが、第十七諸仏称名の願、

設《たと》い我《われ》仏を得《え》たらんに、十方世界の無量の諸仏、悉《ことごと》く咨嗟《ししゃ》して我が名を称せずんば正覚《しょうがく》を取らじ。

本願の南無阿弥陀仏というのは、それは南無阿弥陀仏の不思議、名号の不思議、誓願の不思議、仏智の不思議、そういうものはただ諸仏のみがこれを讃嘆し、これを衆生に教えて下さる。これは、諸仏菩薩称名の願ということはありません。菩薩称名の願というものはない、そういうことを知らんけりゃならんのであります。

だから考えるに、仏さま同士には言葉は要《い》らんのでしょう。言葉は要らんから言葉はない。必要ないところに言葉はない。そういうことは、坐禅の法というのがある。ただすわる。何も言葉はない。だから仏さま同士には言葉は要らんし、従って言葉はないのである。してみると、阿弥陀仏の浄土には言葉はない。言葉は要らんでしょう。

しかし、人間には言葉が要る。人間同士には言葉が要る。言葉を通して心を伝える。言葉がな

ければ心が通じない。だから人間には、言葉は必要である。迷える人間は、言葉によって心と心と相通《あいつう》ずるのであろう。人間が家庭生活を営む。結婚して子供を育てる——そういう家庭とは、人によっては消費の場所というが、家庭は最も重要な生産の場所でありましょう。そういう人間と人間とが交通し、交際をしてゆく。そのためには言葉が必要である。心を通ずる一つの道具である。

ところが仏さまに言葉はないから、お浄土に言葉は要らん。お浄土は静かな所で、議論などする必要がない。親鸞聖人は、『大経』の中で浄土の模様を、「七宝荘厳《しっぽうしょうごん》の高楼に菩薩が集って論議がある、或いは仏の説法を聞く」と書いてあるのは、これは方便化土《ほうべんけど》であると言っている。真実報土はそんなことは要らん。しゃべらんでも心が通ずる。しゃべる必要がない。さびしいだろうというが、さびしくない。なんにもしゃべらんでも、ほがらかな顔をしている。しゃべる必要がない。

われわれは、しゃべってにぎやかと思う。みんな仏さまだけいる阿弥陀仏の真実報土になると、何を話しなくてもにぎやかである。あまりにぎやかであって話する必要がない。それが仏さまの世界である。そういうようなことが、『大経』を読むと了解されるのである。

3

第十七願において、「十方世界の無量の諸仏がことごとくほめたたえて、わが名を称えないならば、自分は正覚を取らない」と、なんでそういうことを言うのか。要《い》らんことを言っているのでないか。

私は、よく考えてみると、ははあ、これは迷えるわれら衆生に聞かせるために、わが名を称揚讃嘆させようという思《おぼ》し召《め》しである。迷うている人間に、諸仏が阿弥陀の名号を讃嘆して広く教えて下さるようにと、第十七願に願い、それを受けて第十八願がある。そこで初めて「十方衆生」と言う。

設《たと》い我《われ》仏を得《え》たらんに、十方の衆生、至心に信楽《しんぎょう》して我が国に生まれんと欲《おも》うて、乃至《ないし》十念せん。若《も》し生まれずば正覚《しょうがく》を取らじ。唯、五逆と正法《しょうぼう》を誹謗《ひほう》するとをば除く。

諸仏の讃嘆によって、阿弥陀仏の本願名号が広く十方世界にひろまり、そこで十方衆生に救いを求める心が起こり、大菩提心に当たる求道の心があるならば、諸仏のお言葉を私どもは聞くことができるのである。そういうように、第十七願に続けて第十八願があるのだと思う。

人間世界に最も尊《たっと》い言葉はお念仏、「南無阿弥陀仏」である。念仏を体《たい》として本願がある。本願とは念仏のいいわれ、意義というものを、本願というものによってあらわした。

それを、諸仏・善知識の教えを聞くことによって、われわれは、

聞其名号《もんごみょうごう》　信心歓喜《しんじんかんぎ》　乃至一念《ないしいちねん》

「其の名号を聞いて信心歓喜せんこと乃至一念せん」ということができるのである。こういうように、教えて下されてある。

二乗が測られぬものを測るということは、仏さまならばできるが、仏でないものは測ることができない。菩薩や声聞は相対有限である。そういう相対有限のものが、絶対無限の如来の智慧を知ろうとしても、知ることができない。それを知ろうとするのは、相対有限であるという自分の分限を知らぬからである。

そこに第二十の願の思し召しというものが述べられている。またこの、『大経』の終わりの方には〝胎生《たいしょう》・化生《けしょう》〟ということが出ている。化生なんというのもおかしいことだが、真実報土の往生、往生というけれども成仏である。胎生は往生だが、成仏しない。

親鸞聖人は、第二十の願というものを一方に見出し、それに対し、他方には第十七願というものを発見された。法然上人は、専ら第十八願だけを重んじておいでになり、十七とか二十願の意

味ははなはだ明瞭をかいていた。親鸞聖人にくると、法においては第十七願、機においては第二十願というものの、大事な意味が明らかにされたのである。

お念仏とは、どういうものだろう？　お念仏とは、ただ一仏の御名を称えるというが、一仏の御名を称えることが、すなわち十方世界の無量の諸仏の御名を称えることである。そういう意味を持っている。そういうお念仏――如来の本願の念仏の、尊い意味――普遍性というものを、明らかに教えて下さってある。

お念仏は、ただ称えるのでない。南無阿弥陀仏は、ただ称えるもの――称名念仏だというけれども、お念仏にはまず名号のいわれ、念仏のいわれというもの、それはつまり本願でしょう。如来が本願を起こされた。その思し召しは、どういうところにあるかということを、われわれは教えていただかなければならんのである。こういうことを、親鸞聖人が教えて下されてあるのである。

「ただ」というと、早合点して「ただ称える」というが、「ただ」という言葉には、「称える」というところにつく「ただ」と、「信ずる」というところにつく「ただ」と、二つの意味をふくんでいる。その「信ずる」ということが大切である。

仏さまの本願について、私どもは信心。信心とは自分自身ということ。親鸞聖人は、善導大師の教えがあるが、特におのれを知るということが大事である。

仏さまの本願とは、まずわれわれ、自分自身を前提して、仏さまの本願というものが成立しているのでしょう。自分自身と仏の本願とは、互いに相俟《あいま》っている。だから仏の本願は、地上の機というものを前提して、仏の本願がある。また、われわれ自分自身というものは、仏の本願によって初めて、いかなるものかが明らかになる。

だから自分と仏さまとは、機と法。信ずる機と、それを助けたもう本願。これは一方だけでは成り立たん。

私は、仏さまに信ぜられておる。仏さまは私を信じておる。どんなに罪が深くとも、どのように脱線しどんなに堕落しても、仏さまは私を信じていなさる。

仏さまが、われわれを信じないで本願を起こすということは、意味ないことである。仏さまが、われわれを信じて下さるということがまずあって、本願を起こされた。まず仏さまが、われわれを無条件に、絶対信というものをもって私どもをみそなわし、そこに仏さまの本願というものが出て来た。

だからわれわれは、なかなか仏さまの本願が信じられない。けれども、しかし、仏さまがわれわれを信じたもう力、それが具体化して本願というものになり、念仏というものになり、そうしてわれわれを呼んでいたもう。

そういう仏の念力によって、われわれは必ず、初めて如来を知り、また自己を知る。また、仏を信じ、自己を信ずることができる。それは、もともと、仏さまがわれわれを信ずるということ、つまり本願によるのである。だから、われわれが、どんなに絶望し自暴自棄しても、仏さまはそれを見捨てないで、われわれを信じて下さる。その仏さまの信が、本願というものになっている。ただ衆生が気の毒だというだけではない。やはり、われわれを信ずるということがあるわけである。信ずるのはわれら衆生というが、もとは仏さまがわれわれを信ずるところにあるのである。

私というものを無条件に、どんなに自分が自信を失おうとしても、仏さまに信じられている。仏さまは、私を信じて捨てない。そういうことに私どもは目ざまさしてもらい、仏さまを信ぜずにおれない。こういうところに、真実信心というものが初めて成り立つ。仏さまの本願には、仏さまの信、まこと、仏の真実というものがあって、どこまでもどこまでも、私どもを信じて下さっているわけであります。

4

私は、『歎異抄』を読みますというと「悪をもおそるべからず」と書いてあるが、しかし、悪をおそれないということについては、悪を悲しむということがあって、初めておそれないという意味が成り立つと思う。悪をおそれないといっても、悪を悲しむことなく、悪をほこったりするなら、これは邪見というものである。悪を悲しむ。慈悲の「悲」という字は〝あわれむ〟とも読

むが、しかし私は〝かなしむ〟ということがある。『歎異抄』の第四条をみると、

慈悲に聖道・浄土のかわりめあり。聖道の慈悲というは、ものをあわれみ悲しみはぐくむなり。

「もの」とは、われら衆生のこと、人間のことをいわれるのでしょう。人間を「もの」といっても何も驚くことはないので、たとえば〝人物〟という。また、あの男はなかなかの〝器《うつわ》〟だとか、器が大きいとか小さいとか、大器晩成とかいう言葉もある。

慈悲は、「あわれみ、悲しみ、はぐくむ」とあるから、悲という字は〝あわれむ〟と〝かなしむ〟と、両方の意味を持つように思う。仏さまは、ただわれわれをあわれむだけでなく、われわれを悲しみたもう。

私どもは、悪人をあわれむが、同時に悪人を悲しむ。悪を悲しむ。悲しみがある。だから私どもは、自分の罪悪とか宿業について、やはり深い悲しみを持つ。どうすることもできないというのは、悲しみなのでしょう。苦しみでもあるし、また悲しみでもある。けれども、しかし、悪はおそるべからざるものである。こういうふうに教えて下さるのであると思う。ただ悪をおそれぬ。おそれないで、何をしてもよい、というのではない。悪は、おそるべからざることであるけれど

も、しかしそれは悲しいのである。

人生においては、なかなか思う通りにならん。善いことだとわかっていても、それをしようと思ってもなかなかできないし、反対に、悪いことだとわかっていても、やめることができない。だんだんおしつめていくと、最後には、どうすることもできない悲しみというものに突き当たる。そこに〝宿業《しゅくごう》〟が成り立つ。宿業の自覚は悲しみでしょう。悲しみのないところに現実の人生はない。悲しみがあるから、本願あり、救いあり。悲しみがあるから、本願を信ぜざるを得ない。善悪などないというのは、つまり、善を否定したり悪を否定したりするのは、仏教ではない。

しかし、どうすることもならんという悲しみ、その悲しみが仏さまと通ずるのでしょう。仏さまとわれわれと、何が通ずるかと言えば、悲しみが通ずるのでしょう。われわれの悲しみが仏さまに通じ、仏さまの悲しみがわれわれに通ずるのである。それが極まったところに、「悪をもおそるべからず」という仏さまの本願というものが、私どもに感ぜられるわけでありましょう。

『歎異抄』の第一条を読むと、
弥陀の誓願不思議にたすけられまいらせて往生をば遂《と》ぐるなりと信じて、念仏もうさんとおもいたつこころの発《おこ》るとき、すなわち摂取不捨の利益《りやく》にあずけしめたまうなり。

これは、仏祖の伝統というものがある。それを親鸞聖人が述べられたと思う。法然上人からいただいた伝統は、このようである。

そこに「とき」とある。「思ひたつ」とは願いでしょう。思うとは、願いをあらわしたに違いない。念仏申さんという願い。思い立つ。初めて思い立つ。信の一念のとき思い立つ。思い立つ心。願心の発るとき、すなわち摂取不捨にあずかるのである。

これは『歎異抄』だけにある言葉であって、ほかにああいう言葉はない。伝統の教えをかかげられて、次に、その伝統の教えについて御自身の領解を――むろん、伝統そのものがすなわち領解であろうが、さらに伝統についての己証《こしょう》というものでしょう。その己証の言葉が、次の、

弥陀の本願には、老少善悪の人をえらばれず、ただ信心を要とすと知るべし。その故は、罪《ざい》悪深重煩悩熾盛《あくじんじゅうぼんのうしじょう》の衆生をたすけんがための願にてまします。

信心ということが必要である。〝信心〟とは、ただ仏さまを信ずるというだけでなしに、信ぜざるを得ない、信ぜずにおれない、信じないではいられない。また、その仏さまは、阿弥陀如来さま以外には信ずべき仏さまはない。阿弥陀仏のみが、信ずることのできる唯一の仏さまである。こういうことである。

また、人間の中に、この人ならば絶対に信ずることができるというような人があるわけでない。私どもは、ただ、弥陀の誓願不思議に助けられる。そこに本当の信心というものがある。

弥陀の本願が信じられない前に、何を信ずることができるか。また、弥陀の本願を信じなければ、本当に自分を信ずることができない。自分を信ずることができなければ、私どもは懐疑論者――人生というものについて虚無論者とならなければならぬ。人間が、そういうところにとどまっていることはできない。

人間は、何か〝信〟というものがあって、初めて私どもは生きてゆくことができる。信がなければ、生きることもできなければ、死ぬこともできない。「生きることができないから、死ぬことができる」と言うが、本当は、生きることができなければ死ぬこともできないのである。

弥陀の本願あるがゆえに、私どもに信ということが成立する。そして、自分が生きてゆく上に、また死んでゆく上に、信というものがあって、自分はいま死んでいってもよいし、またいつまで生きていてもよい。そういうことのできるのが信というものである。阿弥陀仏の本願がなければ、「罪悪深重・煩悩熾盛」のわれわれは自暴自棄しなければならん。本願あるゆえに、信を持って生きてゆくことができる。そういう人は、いつ死んでもよい。いつ死ぬこともできるし、またいつまでも生きてゆくことができる。

しかれば本願を信ぜんには他の善も要にあらず、念仏にまさるべき善なき故に。悪をもおそるべからず、弥陀の本願をさまたぐるほどの悪なきが故に。

これは私は〝現生正定聚《げんしょうしょうじょうじゅ》〟——現生正定聚とは何でしょう? 現生正定聚とは一つの心境、自覚的な心境。真実信心によって新たに開けてくるところの、一つの絶対の心境。そういうものが現生正定聚である。

何か現生正定聚というものが、『教行信証』を拝読しても、ほかのお聖教《しょうぎょう》を読んでもよくわからない。『御文《おふみ》』などでは、往生間違いないのが現生正定聚と、それだけを言うが、それはどのような心境であろうかはっきりしない。ただこの『歎異抄』第一条だけに、現生正定聚とは、絶対満足の心境というものが開けてくるのである、それをいうのであると明らかに示されてある。

私どもは、その人その人によって、また同じ人でもその時その時によって、環境はいろいろ変わる。環境がどのように変わっても、変わらないところの絶対満足の一つの心境、心の世界、精神世界、そういうものが開けてくる。こういうことを明らかにしているのが、『歎異抄』第一条のこのお言葉である。

悪人正機《あくにんしょうき》の本願であるということを、ただ公式的に受け取るが、これは公式でも何でもない。やはり自分自身というものを深くかえりみて、罪悪深重・煩悩熾盛の衆生を、それを本として発《おこ》したもう本願である。それが信心。二種深信。

その信心というものがいただけるならば、その信心によって環境から独立して、超越して、しかも環境に応じて、どのような環境にも一貫して応ずることのできる、絶対の心境が開けてくる。それが、信心によって現生に開けてくる利益《りやく》である。利益といっても、自分の心境である。心境が、本当の意味の利益でありましょう。

環境と心境。環境はどのように変わっても、心境は、その環境によってこわされたり、影響を受けたりしない。完全に独立・超越し、どのような環境にも応ずることができる。それが〝正定聚不退転〟ということである。

このように、善悪について、『歎異抄』はねんごろに教えて下さるのであります。


（昭和三十八年四月四日午後、東京、浅草別院大谷ホールにおける講話。聞書　柳林良）

釈迦と阿弥陀〈三〉

1

釈迦如来さまというお方は、『観無量寿経』というお経を拝読しますというと、善導大師には『観経』をご覧になるところの一つの見方というものがある。そういうものが、『観経』の主人公になっている韋提希夫人《いだいけぶにん》について、この方は実業《じつごう》の凡夫であるかまたは仏菩薩の化身であるかという問題をめぐって、聖道門の祖師方の意見と善導大師の意見とが正面衝突しておる。

韋提希夫人という方は、なるほどこれは、一人の人間の中の女性である。人間の中の女性となれば、むろん実業の凡夫である。〝業《ごう》〟というのは、つまり、われわれの迷いの業である。『歎異抄』を拝読すると、「宿業」ということがある。つまり、前世の業。

前世に業を作ると、その業は命終わっても尽きない。業が生きている。肉体が死んでも、業は死なないものである。その業がさらに次のからだを作ってゆく。生みだしてゆく。過去にしたところの、善なら善、悪なら悪、善でも悪でも――その過去の善悪の業が、からだの命尽きても業は尽きない。そうして、業を果たすために、新たなるからだができてゆく。

われわれ人間は、過去の業と現在の生活との間に、何も記憶のつながりがない。だから、過去生との連続というものはない。はっきりしたものは自分にないが、私どもにはちゃんと宿業というものがあって、次の生を受けることになれば、前の生と現在の生との間に連続というものがある。こういうようにして、〝三世の因果〟ということを教えて下されてあるわけであります。これは、われわれにはわからんものであって、これを教えて下さるお方は仏さまである。だから、われわれの宿業、一人一人の宿業、それをハッキリ知っているお方を仏さまと申す。仏さま以外の方は、それを知ることはできないのである。

三世因果は、こういうようにして、仏の教えである。こういうことは、ただ仏教だけで教えて下さるのであって、他の宗教ではこういうことを教えないのであります。

私どもは、仏の教えによって、われわれというものは宿業の結果として、いろいろの苦しみを受けるのである。のみならず、また宿業の結果として、前生と同じような業を作ってゆく。こういうように、『歎異抄』に、親鸞聖人が教えていられる。これは『歎異抄』の第十三条に、聖人とお弟子の唯円房《ゆいえんぼう》、お二人の間に問答して、宿業ということについて後世のわれわれに教えて下されてある。

ふつう宿業というと、過去の業によって今生に業の報《むく》いを受ける。これがふつうの宿業説。過去の業のたねは、過去の命が終わっても、その業が終わらないで、こんどは新たなるからだができて、過去の業の報いを受ける。悪いことをしたら悪い報いを受け、善いことをしたら善い報いを受けるのである。

しかしながら、善も悪もいずれも迷いの中にあるのである。悪が迷いの中にあるのはもちろんだが、善いことをしたからといって、結局迷いの中にあるのである。私どもは、善い業を作っても悪い業を作っても、やっぱり生死の迷いというものを繰り返し、連続して尽きることがない。

これは、私どもはそういうことがわからん。しかし教えを受けると、なるほどそうである。仏陀の正しい、善因善果・悪因悪果の正しい教えを受けると、私どもは現在、どうすることもできない。悪をやめようと思ってもやめられない。善をしようと思っても、することができない。確かに、そういうことが現在あるものだから、三世因果のお話を静かに承わり、静かに自分の身に聴聞すると、「なるほどそうだ」、これを〝信知〟という。

つまり、善知識の教えを受ける。善知識とは師匠でありましょう。しかし、必ずしもそういう身分の高い人というわけでもなく、自分の友でもよく、また親が子に教えられるということもあるだろう。或いはまた、先生がその弟子に教えられるということも、あるのでないかと思う。してみれば、善知識といって、必ずしも地位の高い人と決まっているわけではない。

とにかく私どもは、自分が無能無知である、有限である、そういうことにぶち当たる。しじゅうあることである。そのときに正しい教えを受け、或いは正しい教えを前に聞いておったことがあって、それを思い出すということがある。私どもには宿業ということがある。

宿業とは——私どもは、平常は、意志の自由というようなことを思っているのでありましょうが、どうすることもできないことにぶち当たる。やめようとしても、やめられないし、行なわんとしても、行なえない。こういうことにしばしば、或いは絶えず、こういう事がらにぶち当たることがある。そこに私どもは、きびしい現実ということを——現実の自分ということを、教えによって知ることができるのである。

そういう私どもに対して、仏さまということになると——釈迦牟尼如来というお方が仏さまでおいでになるが、釈迦牟尼如来というような、地上に人間として生まれてきて、そうして仏道修行なされさとりを開かれた、そういうお方を仏さまというけれども、そういうお方の後ろ——背景に、全く地上の足あとというようなものの無い、本来仏さま——そういう本来仏さまというお方が、私どもにどうしても要望されるわけである。そのお方が、つまり、阿弥陀如来と、こう申し上げるのである。

釈迦如来さまは、あの『観経』を読むと——韋提希夫人が自分の子である阿闍世《あじゃせ》太子に殺されようとしたのであるが、そのときに、耆婆《ぎば》大臣・月光《がっこう》大臣という二人の正しい家来がおって阿闍世王をいさめて、そこでついに阿闍世王も剣《つるぎ》を捨てて後悔して、母親を殺すということは自分の間違いであるとわかり、宮殿の中におしこめた。韋提希夫人は、初めて、自分の親子・兄弟・夫婦というものでも、何もたよりにならぬということがわかってきて、「どうか釈迦如来さまの教えをいただきたい」、こういう願いを持っていた。しかし、このようなあさましい自分の姿では、まことにおはずかしい。お釈迦さまをご招待することはできない。「どうか阿難尊者《あなんそんじゃ》を御名代《ごみょうだい》にしておつかわしになり、私のためにおみのりを教えていただきたい」、こう、はるかに耆闍崛山《ぎしゃくっせん》に向かってお願いした。

すると釈尊は、これは韋提希夫人の心のうちの本当の願いは、仏を招待したいのであるとおわかりになり、忽然《こつねん》として夫人のおる所へおいでになった。そのときに夫人は、かつは驚き、かつは恥じいって、五体を地に投げた。そうして、かんむりを静かにとくことができないで、パァッと手でひもを断ち切ってしまった。そういうように、平常のたしなみを忘れてしまって、そうして号泣――泣きさけんで、釈迦牟尼世尊に申した言葉が、

世尊、我《われ》、宿《むかし》何の罪ありてか此の悪子を生ぜる。世尊、復何等《またなんら》の因縁有りてか提婆達多《だいばだった》と共に眷属為《けんぞくた》る。

これは、つまり、実業《じつごう》の凡夫ということである。天台大師や浄影大師《じょうようだいし》というような聖道門の祖師たちが、相前後して『観経』を解釈して、『観経』の中に出ているいろいろな人は〝権化《ごんけ》の聖者〟だと見た。聖道門の人は、そう見るのでしょう。

聖道門の人は、一切の人は仏性を持っている。本来仏である。仏であるが、ただ迷える衆生をあわれみ、それを救わんがために人間に生を受けて、様々の人生の悲劇を迷えるわれらに見せて下さる。言ってみれば、芝居をしておる。『観経』とはつまり、仏菩薩がいろいろの役者になって、そうして互いに他を苦しめあっている。これはまあ、現実の人生の姿は、あさましく、悲しむべきことであることを教えて、そうして、本当に自分自身のあさましい姿を知らしめて下さるのである。そうして、そこに如来の救済——われわれが生死の悩みから解脱するには、自分の力ではどうすることもできない。絶対無限の、如来の本願の力によらなければならぬということを、知らしめて下さるのである。

こういうわけで、聖道門の祖師方の見方は、『観経』に書いてある方々は、みな単なる宿業の凡夫のように書いてあるが、そういうものではない。つまり人間は、どのように迷っておっても本来は仏さまである。だから、結局は悟れる。一応、仏さまの力によるけれども、本当は、最後は、自分自身にそういう力を持っているのである。こういうのが、聖道門のお方の解釈でありましょう。

しかし、善導大師の見方は、聖道門の方々の見方と全く違う。

これは、釈尊をおむかえして、韋提希夫人が何から申し上げたかというと、自分の不幸――自分は何の罪もないのに、このように不幸になった。こういうことから話を始めた。自分の宿業というのは、わからんのでしょう。しかし、前から釈尊の教えは聞いているのでしょう。聞いているが、いよいよ自分が本当に不幸になると、仏の教えというものを否定してくる。そこで、

「自分は前生にどんな罪があって、こんな悪い子を生んだのだろう。そんな罪があるとは思えない」

そういう、宿業を否定するようなことを言う。そうして、自分のことだけではない。釈尊にうらみを持って、自分の宿業を否定しているのであろうと思う。だから、

世尊、復何等の因縁有りてか提婆達多と共に眷属為《た》る。

「自分の子は、もともと親孝行。親に反逆する心を起こしたのは、提婆が有ること無いこと言って、誘惑した。それに誘惑されて悪い子になった。その提婆は、ほかならぬ釈尊のいとこではないか。釈迦如来さま、あなたは何の因縁あって提婆のようないとこになり、

そのうえ提婆は如来のお弟子になった。それであっても、あなたは、その提婆をよく教えて下さることができなかった。そのために悪性あらためられず、私の子を誘惑した。だから、私が今日、このような不幸におちてきたのは、だんだんおしてゆくと、あなたに由来するのでないか」

こう、うらみを述べた。こうなると、釈尊とは仏陀でしょう。仏陀と申しても、結局は凡夫である。どんなに凡夫たるものが、すぐれて智恵・才能を持ち天分高くとも、仏さまと申し上げても、この世界をどうすることもできないではないか。こういうように、韋提希夫人が釈尊にうらみを申した。

『観経』で見ますというと、釈尊というお方は仏さまでましますというけれども、それが、絶対無限の智恵・力・慈悲をそなえておるお方とは、どうも思えない。こういうのが韋提希夫人の考えであります。

大体そういうように、仏さまもわれわれと同じ仲間でないか。そういうところから、阿弥陀如来――本当の、純粋な仏さま、真実の、絶対無限の如来というお方がなければ、われわれはそれを信ずることができない。

一体、われわれの人生におきまして、何が大切かと申しますと、われわれには信心というものが、人生において何よりも大切なことである。信をうるということ。信心を成就する。信を立てる。〝信を立てる〟ということは、つまり、まずもって、自分――学問を必要とするとか、道徳を必要とするとか、そういうのでなくして、自分に一つの信念を持つ。自己とは、何がなくとも、どんなに自分が悪いものであろうとも、自分自身に一つの信念というものがある。それが信というものである。信念がなければ、自分自身が成り立たん。いつでも自分自身――私自身というものを見失わないということが、人生において何よりも大切なことであろう。

自分を見失うとは、人生においで最もおそろしいことであろう。どのような場合でも、自分自身を見失わないことが必要であろう。私どもは、人生において生きるためには、自分を見失わぬことである。これが、大切なことでありましょう。自分を見失わぬということは、自分自身を信ずるということでなければならんと思う。自分自身とは――自分で自分を信ずると、そういうような自分であるとなると、自分とは、そのような力のあるものでない。

力が有ろうが無かろうが、自分を見失ってはならん。人生の一番の危機とは、自分を見失うことであろう。おそろしいことでありましょう。自分を見失わないためには、自分自身の――われわれの一切のことについて、責任を引き受けてくれる、そういうお方がなければならんと思う。

自分の一切の責任を代わって引き受けて下さるお方、それが自分を救って下さるお方でありましょう。そのお方はすなわち、絶対無限の慈悲、絶対無限の智恵、絶対無限の力というものを具足して、かけ目なく円満成就しておいでになる、そういうお方がおいでにならなければならん。

そういうお方がおいでにならんと、私どもは自分自身を見失う。何か事件が起こる――人間の環境が時々刻々に変わると、環境の激変というものに押し倒されて、自分自身を見失う。

自分自身の環境がどのように変わっても、私どもの一切の責任を引き受けて下さるところの、絶対無限の仏さまというものがあって、初めて私どもは、人生においてどのようなことにあっても自分自身を見失わんで、そこに初めて、本当の安心とか、本当の満足とかが成立するのである。

2

清澤（満之）先生は「一体、如来とは、どういうお方であるか」、こう問いを出されている。

如来とは、私どもの信ずることのできるお方である。如来以外に、われわれの本当に信ずることのできるお方はない。われわれの周囲には、われわれを取りまいて多くの人がいるが、それは相対有限のものであって、われわれに接するどのような人であっても皆、相対有限である。だからもしこの世に絶対無限の仏か如来がおいでにならなかったなら、自分は安心して一切をそれに託すると、そういうことのできるお方がない、ということになる。だから、その仏さまが、おいでになるかならんかということによって、私どもが本当に、信ずる――信というものが、成り立つか立たんかという、二つの分かれ目というところに自分が立たしめられておる。

もし、如来ましまさずば、人生に私どもの信が成り立たぬ。しからば、人生には懐疑――疑いしかない。そこには不安しかない。懐疑をつきつめていけば虚無論、そういうところは私どもの帰るところではありません。虚無論者といっても、生きている限りは、とにかく何かにすがって一時的にでもいるに違いない。「おぼれるものは、わらをもつかむ」ということがある。徹底的な虚無論者はないものであろう。とにかく、人間は何かに依りどころを求めている。しかし、本当の依りどころ、畢竟《ひっきょう》の依りどころを得なければ信を立てることができない。絶対無限の如来は、私どもが自分の生死をかけて、そうして自分の運命を託することのできるお方である。

　だから、如来は、信ずることができるお方である。そういう唯一のお方であるのみならず、それからさらに、信ぜざるを得ないお方である。こういうことが、清澤先生の「わが信念」を見ると書いてある。信ぜざるを得ないお方であるということは、われわれが如来を信じない、或いは信ずべき如来が無いとすると――つまり、如来を否定する、この人生に如来はおらん、如来は不要である、そういうことを仮に考えるとどうなるかというと、われわれは、生きるということもできなければ死ぬということもできない。生を続けることもできなければ、死んでゆくこともできない。如来ましますということを信ずることによって、自分は安心して死ぬこともでき、また安心して生きてゆくこともできるのである。

　『歎異抄』第九条に、

念仏もうし候えども踊躍歓喜《ゆやくかんぎ》の心疎《おろそか》に候うこと又いそぎ浄土へ参りたき心の候わぬは如何にと候うべきことにて候うやらん、と申しいれて候いしかば、親鸞もこの不審ありつるに唯円房おなじ心にてありけり。

「念仏もうし候へども」ということは、仏さまを信じておる——「如来ましますということを唯円は信じております」ということ。しかしながら、それについて、自分は踊躍歓喜の心がおろそかである。これは、仏さまは生きる力にならんということでしょう。仏さまによって自分は生きがいを感じて、そうして生きてゆくと、そういうことができない。自分の生について自信がないと、こういうことである。

念仏とは、つまり、仏を信ずるということでしょう。自分は、仏ましますということを疑わない。そして常に念仏申している。そう、仏を信じているが、自分は人生において、踊躍歓喜する人生の喜びというものが無い。そうしてまた「いそぎ浄土へ参りたき心」が無い。ほがらかな心を持って死んでゆく。今でもほがらかに死んでゆける、それが「いそぎ浄土へ参りたき心」。だから、仏を信ずることによって、初めて、われわれは人生において満足し、いつまでも生きてゆくことができる。また、宿業というものがあるから、いつ死ぬかも知らん。いつ仏に召されるかも知らんけれども、いつ召されても、そのお召しに応ずることができる。だから、仏を信ずることによって、生きてゆくこともできるし、また死んでゆくこともできる。

唯円は、仏を信じておっても、一向に仏を信ずる信が身につかぬ。

「私は別に、仏を疑い、また本願のお助けを疑っているわけではないが、仏が本当に自分の力になって下さらない。これは、どういうことでありましょうか。自分の信仰が本当のものでないのでしょうか。仏さまが私の人生の力にならんといって、仏さまを疑うわけではないが、信心に何か一つ、力がないのであります」

そこに、一つの不審を持っておたずねした。すると、

親鸞もこの不審ありつるに唯円房おなじ心にてありけり。

その一つの不審というものは、何も信仰をこわしたり、仏の存在を否定したりするものではない。われわれに、そういう一つの不審が起きたということは、これ如来のご催促というものである。

よく〳〵案じみれば天に踊り地に躍《おど》るほどに喜ぶべきことを喜ばぬにて、いよ〳〵往生は一《いち》定《じょう》と思いたまうべきなり。よろこぶべき心を抑《おさ》えてよろこばせざるは煩悩の所為《しょい》なり。しか

るに仏かねて知ろしめして、煩悩具足の凡夫と仰せられたることなれば、他力の悲願は此《かく》の如きのわれらがためなりけりと知られて、いよ〳〵頼《たの》もしくおぼゆるなり。

この第九条のお言葉を、第十九条のお言葉に照らしてみると、

弥陀の五劫思惟《ごこうしゆい》の願をよく〳〵案ずれば、ひとえに親鸞一人《いちにん》が為なりけり。さればそくばくの業をもちける身にてありけるを、助けんと思召したちける本願のかたじけなさよ。

「親鸞一人がため」というときには、聖人の〝自信〟をあらわしている。第九条では、自信が〝教人信《きょうにんしん》〟というものになってきた。「親鸞一人がため」が、「此の如きのわれらがため」、とわれ、らとなっている。これすなわち複数――複数であらわすのは、すなわち教人信でしょう。だから、十九条のお言葉で九条を照らすと、ここに〝自信教人信〟と出てくる。十九条は、唯円房が聖人のつねのお言葉をかかげながら、「聖人の自信を、自分はかねて聞いておる。そこで『今また案ずるに』、聖人の自信というものが、すなわち教人信である」ということを、それから述べて、聖人の教人信について、そこにまた唯円が自信を得ているということを述べておられる。つまり、聖人の教えを自分がいただいた。それを、自分一人だけのところにしまっておかないで、他の人

に述べていこうと。

今また案ずるに、善導の、自身はこれ現に罪悪生死の凡夫、曠劫《こうごう》よりこのかた常に没み常に流転して、出離の縁あることなき身と知れ、という金言にすこしも違《たが》わせおわしまさず。されば辱《かたじけな》くわが御身《おんみ》にひきかけて、我らが身の罪悪の深きほどをも知らず、如来の御恩の高きことをも知らずして迷えるを、思い知らせんが為にて候いけり。

こう、唯円房が、聖人の自信教人信の御心《おん》を感得して、述べてあるわけであります。

第九条の「よく〳〵案じみれば」とは、十九条に照らしてみると、「弥陀の五劫思惟の願をよく〳〵案じみれば」ということである。「天に踊り地に躍るほどに喜ぶべきことを喜ばぬ」のは、これは自分の罪業のため、自分が無知のため。その罪深き者のために、如来は南無阿弥陀仏をもって、われわれを招喚したもうのである。

こういうようにして、いつでも後念《ごねん》を、一念にかえる。われわれを、常に〝信の一念〟にかえして下さる。だから、信の一念は、いつでもいつでも生きている。

最初の信の一念は、われわれにはわかりません。しかし私どもは、信の一念はいつでも生きている。だから後念相続というものは、いつでも信の一念にかえることが、後念相続というものである。信の一念にかえらずして、後念相続がすらすら続いていくというものでない。だから私どもは、喜べない――喜べないというところに、信の一念に立ちかえらしていただく。私どもは、教えというものによって信の一念に――信の一念、いつでも信の一念が出て来る。そこに後念相続というものが、間違いなく成立してくるものであるということを、教えて下さるのであります。

私どもは、純粋な仏さま、本当の仏さま――釈迦如来さまというお方は、やはり、絶対無限の仏さまというわけにはゆかんと思う。だから釈迦如来さまも、また、御心の中に、やはり阿弥陀如来という――釈尊のさとりを超えて――さとりを超えたところに、阿弥陀如来というお方がおいでになる。単に釈尊のさとりの中に、と言うてはならんと思う。

釈尊のさとりとは、一応は、阿含《あごん》などでみると阿羅漢のさとりでしょう。ところが仏陀のさとりは、それだけでなくて、もう一つそのさとりを超えて、大きなさとりがある。その、さとりを超えた、さらに大きなさとりが、つまり阿弥陀如来。だから阿弥陀如来は、一面は釈尊の中においでになる。だが、一面にはまた釈尊を超えておいでになる。

だから『法華経』には、釈尊は、初めから〝久遠実成《くおんじつじょう》〟とある。『大無量寿経』は、久遠実成の仏とは、すなわち阿弥陀如来であります。『法華経』では釈尊とあるが、『大経』ではそれは阿弥陀如来である。だから、阿弥陀如来は釈尊のさとりの中にあるけれども、釈尊のさとりを超越したさとりである。すなわち、釈尊のさとりというわけにはゆかん。

阿弥陀如来には四十八願というものがある。だから釈尊は、阿弥陀如来というお方に対し——つまり、第十七願というものが……釈尊のさとりは、一応は阿羅漢であるが、その、限りあるさとりを超えて広大無限のさとりがある。そのさとりは、すなわち、一切衆生を救おうという本願。その本願が釈尊のさとりの本《もと》になって、釈尊のさとりというものが、ふつうの阿羅漢のさとりというものと同じものでない、ということを明らかにしているのでありましょう。

如来の智慧海は　深く広くして涯《きわ》と底と無し。

とにかく、われわれは、「南無釈迦牟尼仏」ということも、私どもにはわかるけれども——私どもは、釈迦牟尼仏を超えて、阿弥陀仏を念ずる。その中に、釈迦牟尼仏を知ることができるわけである。だから私どもは、阿弥陀仏の中に釈迦牟尼仏というものがおいでになる。こういうことがわかる。阿弥陀仏は、釈迦牟尼仏より、もっと大なるものでしょう。阿弥陀仏は釈迦牟尼仏より、もっと大なる仏。それがなければ、釈迦牟尼仏を信ずることもできない。

弥陀の本願まことにおわしまさば、釈尊の説教虚言《きょごん》なるべからず。

こう言う。「釈尊の説教まことにおわしまさば……」とは言わぬ。「弥陀の本願まことにおわしまさば……」と言う。こう、親鸞聖人は信じておられる。だから、釈尊の教えを信ずるということは、根本に弥陀の本願がある。その本願を信ずることによって、釈尊の教えまことと信ずることができるのである。天親菩薩は「世尊我一心……」と言って、釈迦・弥陀の順になっている。ところが親鸞聖人は、まず阿弥陀如来、それから釈迦の順になっている。「正信偈」は、始めから、

帰命無量寿如来　南無不可思議光

釈尊を通さんで、初めから阿弥陀如来。それが一応すんでから「如来所以興出世………

如来世に興出したまう所以《ゆえ》は　唯《ただ》弥陀の本願海を説かんとなり
五濁悪時《ごじょくあくじ》の群生海《ぐんじょうかい》　応《まさ》に如来如実の言《みこと》を信ずべし

こういうように、阿弥陀の本願を信ずるということを前提して、それから釈尊の言葉を信ずることができる。こう、しるされてある。これが『大無量寿経』の教えというもの。『大経』は阿

弥陀の本願というものがあって、釈尊はその阿弥陀の第十七願から――第十七願に報《むく》いてこの世にお出になって、釈迦牟尼如来というお方になって、阿弥陀の本願を私どもに教えて下さるお方である。こうなる。一応は〝釈尊があるから阿弥陀の本願〟という形になるが、『大経』では、阿弥陀の本願があるから、その阿弥陀の本願のまことなることを証明せんがために、釈尊がこの世に現われたもうたのであると、『大経』によって、こう、親鸞聖人は御自分の信心というものを立てておられるのであります。

（昭和三十八年四月五日、東京、浅草別院大谷ホールにおける講話。聞書　柳林良）

釈迦と阿弥陀〈四〉

1

『御文』の一帖目第一通には、

親鸞は弟子一人も持たず

とある。その理由を次に、

その故は、如来の教法《きょうぼう》を十方衆生に説き聞かしむる時は、ただ如来の御代官《おんだいかん》を申しつるばかりなり。更に親鸞珍らしき法をも弘めず、如来の教法をわれも信じ人にも教え聞かしむるばかりなり。その他は何を教えて弟子といわんぞ、と仰せられつるなり。されば、とも同行《どうぎょう》なるべきものなり。これによりて聖人は、御同朋《おんどうぼう》・御同行《おんどうぎょう》とこそかしずきて仰せられけり。

こう仰せられている。『口伝鈔《くでんしょう》』や『改邪鈔《がいじゃしょう》』にも出ているお言葉であるが、『歎異抄』にも親鸞聖人の御《おん》物語として第六条にしるされてある。

これは私思いまするに、これは親鸞聖人だけでなしに、一体、仏法というものは、すなわち、こういうわけのものでなかろうかと、私は思う。つまり言ってみれば、「更に親鸞珍らしき法をも弘めず」それから「親鸞は弟子一人も持たず」「如来の教法をわれも信じ、人にも教え聞かしむるばかりなり」というお言葉であるが、これは仏法の教主――教祖と言ってもよいが、釈尊を教主と言って教祖と言わぬ――教主釈迦牟尼如来の思《おぼ》し召《め》しというものは、やはり、「私は弟子一人も持たぬものである。すべて御同朋・御同行である。また、珍らしき法を弘めぬ。如来の教法を、われも信じ人にも教えて知らしめるばかりである」

釈尊も、この通りでなかろうかと思うのであります。

こういうことは、『大経』下巻の東方偈のあとの方の偈文をよく読むと、

法を聞いて能《よ》く忘れず、見て敬い得て大いに慶《よろこ》ばば、則ち我が善き親しき友なり。是の故に

当《まさ》に意《こころ》を発《おこ》すべし。

（設《たと》い大千世界に大火がみちみちても、それをこぎ分けて教法のおみのりを善く聞いてゆくなら、必ずその人は生死の迷いを越えて、さとりの岸に至ることができるであろう）

そう書いてある。これは『正像末和讃《しょうぞうまつわさん》』に、

他力の信心うるひとを　うやまいおおきによろこべば
すなわちわが親友《しんぬ》ぞと　教主世尊はほめたまう

これは、お経の言葉と多少ちがっているようだが、お経の言葉の意味をとって仰せられた。他力の信心うる人を、それをば「わが親しき友だちである」と釈尊がおほめ下された。こうあります。

他力の信心ということは、すなわち阿弥陀如来の御本願を聴聞する。ただ聴聞するではないので、御本願を、自分の全身を投げ出して聴聞するのである。そして、そこに「聞其名号、信心歓喜、乃至一念」という自覚の信心がそこに発起《ほっき》しているのである。如来を信ずる信心とは、すなわち、如来よりたまわるところの、如来ご廻向の信心をば、他力の信心と仰せられたのである。他力の

信心を得た人は、「わが善き親しき友だちだ」。すなわち釈尊は、御同朋・御同行の思し召しで、「俺は師匠だ、お前は弟子だ」、そういう、師匠だとか弟子だとかというへだたり、そういうものを心に持っていなさらん。これは私は、非常に尊いお言葉と思う。

釈尊のさとりという。さとりということを申すが、このさとりとは何も、私には特別のさとりというものがあるのでない。やはりこれは、根本の——自分にはも一つ根本の仏さまがおいでになる。その根本の如来の教法を、それを自分は信じ、それを教えているものである。だから、決して特殊なさとりというものが仏法にあるわけでない。こういうことを、『大経』の偈文の中にお示しになっているものであると、私は了解するものであります。

2

釈尊と、親鸞。一方は、国を捨て家を捨て沙門となり、修行してさとりを開かれた。一方は、一時は出家せられたが、出家発心《ほっしん》の道というものは、自分には本当にはできない。おのれをあがめて、形だけ出家を維持してゆくことだけなら、できないこともないが、しかしそれはおのれを欺《あざむ》き人を欺く。そういうことはできない。自分は、現在に生きている人間である。人間であるとは、凡夫であるということである。人間とは肉体を持っている。肉体を持っているとは、人間は単なる心だけではなく、心とからだの二つであって——二つに違いないが、その二つは合して一つになっている。それを引き離してみることはできない。

そういうところに、私どもは〝宿業〟というものがある。宿業とは――私どもは、心というものから離すことのできないからだを持っている。この、からだを持っているということが、宿業ということでしょう。もし、からだというものがなかったら――心だけなら、心は自由。心は自由だが、からだが心と一つになっているところに、私どもは、どうすることもできない悲しみというものが――寝てもさめても、いかんともすることができない悲しみ――自分が何をしようと思っても、容易に自分の思う通りにいかぬ。だから宿業――からだを持っているというところに、力の限界がある。もし心だけなら何でもできるかもしらんが、からだがあるから、何かやろうとしても、すぐ、それができないという一つの限界というものを自覚しなければならん。そこに、私どもにはいつでも、どうすることもならんという、さびしい、悲しいことがある。それを〝機《き》の深信《じんしん》〟という。

「機の深信・法の深信」ということを、善導大師はお述べなさいまして、そうして「自分は凡夫だ」ということは「人間だ」ということ。凡夫と人間ということは同じこと。凡夫であれば、あらゆる煩悩というものは、人間である限りは――人間には善人・悪人ありますけれども、人間である限りは、あらゆる煩悩がかけ目なく具足している――持っておるものである。煩悩にかけ目がない。

煩悩を持っていても、善い心が起こることもある。また悪い心が起こることもある。すべてどのような心が起こってきても、私どもには、起こるべき因というものがあって起こってくる。善い心は、善い心の起こるべき因があって善い心が起こり、悪い心は、悪い心の起こるべき因があって悪い心が起こる。だから、因があれば、いつ悪い心が起こるかも知らんし、また善い心が起こってくるかも知らん。善い心が起こってくれば、私どもは、自分は善人だと思っている。また悪い心が起これば、悪人かも知れんと思う。しかし善い心の起こるのも悪い心の起こるのも、すべて宿業によって起こるならば、善い心が起こったからといって、いつまでも善い心というわけにはゆかん。突然として悪い心が、いつ起こるかもわからん。

これは『歎異抄』第十三条を見ると、親鸞聖人と唯円房とが一問一答しておられる。これは昔のお話だが、私どもが読んでみると、昔のことと思えぬ。自分が——自分の心の性《しょう》が、善いのだということはない。縁に随って、善い心が起こったり、或いは悪い心が起こる。善い心が起こったから、自分の心そのものが善いとは言えず、また悪い心が起こったからといって、自分の心そのものが悪いと、決めるわけにもゆかぬ。すべて、われわれにはわからぬが、結局はどうすることもゆかぬ。こう述べてある。

機の深信の言葉というものは……『大経』を読むと、釈迦如来さまは、御自身のあとをつぐべき弥勒菩薩に向かって、

「あなたは、無始の昔からして、迷いによって五道六道に流転輪廻してきた。大変な生死の苦しみを、つぶさになめ、今日初めてあなたは仏さまに――釈迦如来にあうことができた」こういうことを、釈迦如来が弥勒菩薩に向かって、仰せられている。弥勒といったら仏のすぐ次の位。それに対して「お前は昔から長い間、生死の苦しみを受けてきた」と、こう仰せられる。「お前は長い間、仏道を修行してきた」と、おほめ下さるかと思うと、そうでない。これは、弥勒というお方もわれわれと同様に生死勤苦《しょうじごんく》の苦しみを受けてきたお方に違いないと、述べられている。あのお言葉をもとにして、機の深信のお言葉が出ているると思う。

親鸞聖人が、

弥陀の五劫思惟の願をよく〳〵案ずれば、ひとえに親鸞一人がためなりけり。さればそくばくの業をもちける身にてありけるを、助けんと思召したちける本願のかたじけなさよ。

とご述懐された。これは、聖人が本願に対して自分自身というものを――親鸞一人がために阿弥陀さまがご苦労下された。親鸞一人がためだ。「願をよく〳〵案ずれば、ひとえに親鸞一人がためなりけり」、これは、〝懺悔〟である。「さればそくばくの業をもちける身にてありけるを、助けんと思召したちける本願のかたじけなさよ」、これは〝感謝〟。懺悔と感謝。懺悔とは、仏の御本願について——仏のご苦労について、自分自身の罪の深きことを懺悔された。五体を地に投げて、そうして懺悔された。その懺悔というものは、他の宗教或いは仏教でも聖道門の行者ならば、懺悔はただ懺悔というだけのものである。ところが、阿弥陀の本願をいただく身になると、その懺悔が転じて——懺悔がそのまま方向を転じて、全身の喜び全身の感謝になる。

「さればそくばくの……」数えることのできない、そくばくの業を持っているわが身である。それをば助けようと「思召したちける本願のかたじけなさよ」、こう、懺悔がそのまま感謝となっている。これは私は、これが本当の〝仏智の不思議〟というものであろうと思う。ただ懺悔するなら、いくら懺悔してもたらん。感謝もただ感謝するなら、いくら感謝してもたらん。懺悔するときは懺悔する、また感謝するときは感謝する、こうバラバラなのは、仏教以外の宗教によって教えられ、そこから開けてくる境地であろう。

しかるに、阿弥陀の本願を念ずる行者にありては、懺悔が本当の懺悔。だから懺悔が、自分がするのでなく懺悔せしめられる。懺悔せしめられるのであるから、せしめられるところに、懺悔がそのまま感謝になる。自分が罪をおそれて懺悔するのでなくて、如来の御本願に照らされて、自分の罪深きことを知らしめていただいたとき——如来の本願が無かったら、自分はいつも高あがり——高慢、邪見・憍慢で、罪の深きことを知ることがない。それが、如来の御本願のお照らしによって、本当に自分の罪深きことを知らしめていただいた。これひとえに如来のご廻向である。だから、宿業を知らしめていただいたということが救いである。

如来の本願によって——自分では罪の深きことなどは、夢にも知ることのできないあさましいもの——その、本当にあさましいものを知らせられた。

私どもは、いつでも自力のはからいを用いている。罪の深いことを知らぬというも、自力のはからいをしているからである。だから、罪の深いことを知らしめられたというのは、雑行雑《ぞうぎょうざっ》修《しゅ》・自力の心を捨てしめられて知らしめられた。だから懺悔が、懺悔せしめられて、それが喜びとなってくる。これが〝二種深信〟。「親鸞一人がためなりけり」とは機の深信。「さればそくばくの業をもちける身にてありけるを、助けんと思召したちける本願のかたじけなさよ」が法の深信。機の深信がそのまま、法の深信になる。機の深信と法の深信とは、二つのもので一つということを、教えて下さる。聖人が、身をもって阿弥陀の本願を証明して下された。これがすなわち自信教人信であると、教えられているわけである。

自分を本当に、一文不知の凡夫であると——自分とは何ものか、さっぱりわからん。その、あてにならんものということが、それが如来の——弥陀の五劫思惟の願をよくよく案ずるところに、そこに「親鸞一人がためなりけり」と、いうところに、そこに機の深信がある。

わが身は現にこれ罪悪生死の凡夫、曠劫よりこのかた常に没《しず》み常に流転して、出離の縁あることなし。

これが一つの悲しみというものでしょう。この〝悲しみ〟ということと、〝恐れ〟とは違う。他の宗教では、罪ということを自覚し、それによって罪を懺悔することは、罪を恐れている。懺悔は、罪の恐れがあって懺悔する。

仏法の機の深信は、罪を悲しむのである。恐れるのでない。悲しみと恐れとは区別しなくてはならん。

「無有出離之縁（出離の縁あること無し）」とは悲しみでしょう。この悲しみとは、われわれだけにあるのでなく、これは仏さまにある。仏さまの御本願の上に、悲しみというものがあるのでしょう。

第十八願のお言葉を見ると「唯除五逆誹謗正法」とある。

設《も》し我仏《われぶつ》を得たらんに、十方の衆生、心を至し信楽《しんぎょう》して我が国に生まれんと欲《おも》うて乃至《ないし》十念せん、若《も》し生まれずば正覚を取らじ。唯五逆と正法を誹謗《ひほう》するとをば除く。

「唯除五逆誹謗正法」これは仏さまの悲しみでしょう。本当に、五逆・誹謗正法の衆生、それがすなわち凡夫である。衆生が罪をおかす。それを助けようという仏の本願には、限りなきあわれみ――深いあわれみと悲しみがある。大慈悲の〝悲〟という字である。悲とは、ただ〝あわれむ〟でなしに、〝かなしむ〟ということがある。仏は、私どもが罪をおかして苦しむのをあわれみ、さらに深いところに、悲しむというお心がある。

私どもは「悪人正機」だから、仏さまは、われわれが悪いこととしても悲しむことはなかろう。そんなことはない。仏さまは、一つ一つ、御自身の身に引き受けて悲しむ。だから、私どもが罪を悲しむ心が仏さまと一つになる。罪を恐れる心は、仏さまと離れる心である。悲しむ心は、仏さまの心と一つになる。罪を恐れる人は、仏の本願を疑っている。自分の罪を悲しむ人は、仏と心が通じておる。だから私どもは、罪を恐れず――「悪をもおそるべからず」ということは、悪を恐れず悪を悲しみ、罪を恐れず罪を悲しむというところに、仏さまと私どもとは――私の心と仏の心、機と法とが通じて、感応道交《かんのうどうこう》する。感応道交するとは、悲しむということ。悲しむというところに、また〝つつしむ〟ということがある。

だから私は「仏の大悲は無縁の慈悲である」というが、「無縁」ということは、くわしく言えば無有出離之縁である。無有出離之縁とは悲しみでしょう。全く、どうすることもならん。私どもが宿業というものによって苦しんでいるそれを、どうすることもならん。仏さまでも、どうすることもならん。仏さまが私どもの苦しみに同感して、そこで、私どもと仏さまの心と本当に一つになる。本当に仏さまの心と私の心が一つになるのは、機の深信の「無有出離之縁」のところでしょう。

無有出離之縁とは、どうすることもできない。生死を解脱したいが、生死を解脱できない。生死を解脱できなければ、仏も衆生を助けねばならん――衆生が生死に迷って苦しむ。衆生が地獄に落ちて苦しむならば如来もまた地獄に落ちて苦しみをともにしよう。これが「無有出離之縁」。無有出離之縁が本当に仏さまを動かし、そうして仏さまの本願というものが……その本願に助けられて、私どもが往生をうるようになってきた。

機の深信が懺悔。懺悔がそのまま喜びとなり、また感謝となってくる。これは、善導大師についての和讃を読むと、

釈迦・弥陀は慈悲の父母《ぶも》　種々に善巧《ぜんぎょう》方便し
われらが無上の信心を　発起《ほっき》せしめたまいけり

真心徹到《しんしんてっとう》するひとは　金剛心なりければ
三品《さんぼん》の懺悔するひとと　ひとしと宗師《しゅうし》はのべたまう

五濁悪世《ごじょくあくせ》のわれらこそ　金剛の信心ばかりにて
ながく生死《しょうじ》をすてはてて　自然《じねん》の浄土にいたるなれ

金剛堅固の信心の　さだまるときをまちえてぞ
弥陀の心光摂護《しょうご》して　ながく生死をへだてける

「釈迦・弥陀は慈悲の父母」とあるが、善導大師のお書きになった『般舟讃《はんじゅさん》』に照らすと、「弥陀」は無く、

釈迦如来は実に是れ慈悲の父母なり。

これは、善導大師は、『観経』によって阿弥陀如来の本願をいただいたから、特別に釈迦の御恩を感謝しておるのであろう。その言葉の前に、

大きに須《すべか》らく慚愧《ざんき》すべし、釈迦如来は実に是れ慈悲の父母なり。

「大いに慚愧すべし」とあるのは、香月院《こうがついん》の講釈を読むと「慚愧せよとは、大いにありがたいことだ。大いに感謝すべし。大いに歓喜すべしということである」、こういうようにあることを、私はズッと昔に講録を読んで記憶している。

本当の慚愧は、ただ慚愧して罪を恐れているようなものでない。本当の慚愧は、慚愧がそのまま感謝になる。慚愧が大きければ大きいほど、深ければ深いほど、感謝も大きく深い。慚愧も感謝も、みな如来よりたまわる真実信心である。慚愧は機の深信、感謝は法の深信。こう、一つであるところに、機法二種深信というものがある。一念帰命の信心の上に、そういう慚愧と感謝というものが、一つになって現われてくる。単なる感謝というものは、足が大地から離れている。

如来大悲の恩徳《おんどく》は　身を粉《こ》にしても報ずべし
師主知識の恩徳も　骨をくだきても謝すべし

「身を粉にしても、骨をくだきても」という、あの恩徳讃の言葉は、単なる報恩感謝ではない。やはり、慚愧懺悔と一つになって現われていることを、それを「身を粉にしても、骨をくだきても」と――それは如来の御恩の広大なることを感ずるのであるが、それを「身を粉にしても、骨をくだきても」と仰せられるのは、すなわち懺悔をあらわしている。ただ御恩が広大だということとでなしに、やはり懺悔の姿でありましょう。恩徳讃というが、全体が一つの懺悔の言葉。懺悔の言葉であって、それがそのまま報恩感謝の言葉。本当の報恩感謝というものは、本当の懺悔である。恩徳を感謝せよという、そういう御和讃だというが、私どもがあの御和讃を読むと、単なる感謝でなしに「身を粉にしても報ずべし、骨をくだきても謝すべし」そこに、慚愧懺悔というものを突きつめて、報恩感謝を表明しておるということを拝するのである。

親鸞聖人の言葉は、常に懺悔と感謝が一つになっているのであって、そこに浄土真宗の信心というもの——広大無辺の真実信心というものを示されているものと思うものであります。

（昭和三十八年四月五日、東京、浅草別院大谷ホールにおける講話。聞書　柳林良）

法蔵菩薩〈一〉

1

お話したいと思います題目は「法蔵菩薩」という題になっていると承《うけたまわ》っておるのであります。『歎異抄』の第一条を拝読すると「弥陀の本願には老少善悪の人をえらばれず、ただ信心を要《よう》とすと知るべし」――「ただ信心を要とすと知るべし」、こうあります。これは蓮如さまが「信心を本とする」とこう仰せられてある、あのお言葉の依りどころというものになると思うのでございます。そしてその信心を要とするということによって、この阿弥陀の御本願というものは、悪人正機《あくにんしょうき》、罪悪深重《ざいあくじんじゅう》・煩悩熾盛《ぼんのうしじょう》の衆生を助けんがための願にてましますものである。こういうことによって、「しかれば本願を信ぜんには他の善も要にあらず、念仏にまさるべき善なきゆえに、悪をもおそるべからず、弥陀の本願をさまたぐるほどの悪なきがゆえにと」、こういうように、善悪というものに対する一つの、はっきりした見極めというものをつけていくことができる。そこにわれわれは、自分の生活というものについての惑《まど》いというものがなくなる。こういうことによって、われわれはこの現生《げんしょう》に正定聚《しょうじょうじゅ》不退《ふたい》の智慧をいただくことができるのである。

こういうように、現生正定聚ということはどういうことであるか。現生正定聚ということは、われわれのこの日々の生活の上において一切惑いがない。大体、惑いというものは、善悪ということに関係するものに違いない。この善悪の惑いのないということは、畢竟《ひっきょう》ずるに、自分は一文《いちもん》不知《ふち》、一文不知の愚か者であるということに――いわゆる凡夫であるということに徹底することである。それが現生正定聚ということの意義である、そういうことを『歎異抄』第一条において明らかに教えて下されたのである。

このような教えは、どういうわけか知らぬけれども、蓮如さまにはない。これはどうしたことかと私は思う。蓮如さまは、安心《あんじん》のこと、人生のことについて、ずいぶんご苦労下されたお方に違いない。わが浄土真宗においてはご再興の上人であらせられ、既に蓮如上人のご在生のときからも崇められておいでになるお方であるのに、現生正定聚ということについては、蓮如上人の教えが明瞭でない。明瞭でないということが、その後浄土真宗の教えがいつの間にか未来安心の状態となった。これは、現生正定聚ということについて、どういうところに親鸞聖人のご生活の根拠があったか、こういうことが、蓮如上人の教えの上には多少明瞭を欠くということがないわけでもなかろうと思う。これはおそらくは蓮如上人の時代というものも影響しておるのであろうと思うのでございます。

蓮如さまの『御文《おふみ》』をよく拝読してゆきますと、現生正定聚ということが蓮如上人の教えであるということは……『御文』を静かに拝読するというと、上人の願いというものは現生正定聚である。

たとえば、一帖目の第四通、いわゆる自問自答の御文――「そもそも親鸞聖人の一流においては、平生業成《へいぜいごうじょう》の儀にして、来迎《らいこう》をも執せられそうらわぬよし、うけたまわりおよびそうろうは、いかがはんべるべきや」

それから「不来迎なんどの儀をも、さらに存知せず、くわしく聴聞つかまつりたくそうろう」と、この平生業成ということと不来迎ということを教えていただきたいと、こう問題を提出してあります。それからまた今度は、正定聚という言葉が出て来て、それから「平生業成」と「不来迎」と「正定聚」という三つの言葉が、わが浄土真宗のみのりをあらわすところの言葉である、合言葉である、こういうように教えて下されてある。

ところで、そのところに、「正定聚と滅度とは一益《いちやく》と心得べきや、また二益《にやく》と心得べきや」、と問いを起こしていなさる。それまでは現生正定聚のことだけをお示しになってあるのであります。

この生は、たとえ現生に正定聚に住しても、この命がいつまでも続くというわけでもない。生死無常のものであるならば、命がいつ尽きるかわからない、ただ正定聚だけではどうも安心ができない――こういうように、問う人が問題を持っておりまして、滅度ということを聴聞しておるのであるが、この正定聚と滅度というものは一体どういうように関係しているのだろうと。

同じことであるか、また違うものであるか。同体であるか別体であるか。どういうような関係を持っておるのであるか。われらは命が終わってもやはり正定聚であるのか。現生も正定聚であるし、未来もまた正定聚というものに続いてくるのであろうかと、こういうような問題でありましょう。

浄土宗の方々は法然さまの教えを受けておるのでございますが、法然さまには現生正定聚という教えはない。法然さまはむしろ彼土正定聚。命が終わって浄土へ往生して初めて正定聚不退の位に至るものである。であるから「処不退」、処というのは場所でありましょう。浄土という場所、これはすなわち不退のところ、不退の場所である。不退の場所であるから、浄土へ往生すれば別に不退など求めなくても、浄土へ往生すれば自然法爾《じねんほうに》に正定聚不退の位になるのであると、こういうように法然上人は教えておいでになったのであります。現生正定聚などは法然さまの教えにはない。

だから、この現生に正定聚を得るということを仰せられるが、未来ならばその正定聚がずっと続いておるのでありますかと、そういうような問題があるので、それで正定聚と滅度とは一益と心得べきや、また二益と心得べきやと、そういう問いがある。ところが、その問いだけに、みんなは引かれておるわけであります。

で、浄土真宗は、正定聚と滅度と、現生と未来生と、こういうように違うのであって、浄土真宗の教えは、現生と未来とにおいて、正定聚とそれに対する滅度という二つの違った御利益というものがある。これが浄土真宗の正しいおみのりである。こういうように、昔から、蓮如さまの教えを理解し、そうしてこの二益ということは、現当二世の二益ということは、浄土真宗の正しい教えである、ということから、正定聚ということと滅度ということは全く別もののように考えるのである。まあ別もののように考えるということによって、この現生正定聚ということは、おそなえもののようになってきている。やっぱり本当の利益は、未来において、浄土において、滅度のさとりをいただくということが、それが目的である、正定聚というのはこれは本当の目的ではない、こういうように理解するようなことになってきました。

2

これは蓮如上人以前は、親鸞聖人の教えなどというものは誰もわからなかったので、大体、浄土宗の教えを標準にして教えておったわけだと思われるのであります。

ただ、覚如上人の『口伝鈔』とか、それからまた『改邪鈔』とか、そういうような所では、いろいろ教えというものがありまするけれども、あれは、浄土宗に対抗するというようなそういうような意味を持っておるのであるというようになって、覚如さまの教えなどというもの、存覚上人の教えなどというものは、あれは一つの教理というものであろうと、そういうものは神棚に祭りあげられておくというような状態で、この浄土真宗という名前も昔の人は知らないで、ただ一向宗というものだろう——われらの宗旨は一向宗というものであるならば、要するにただお念仏を称えておるということが一向宗であろう。こういうように蓮如さままではそういうような教えになっておったのであります。

そういう状態でありましたが、これを蓮如上人がご出世になってみんなの人に、阿弥陀仏を一心一向にたのむと、阿弥陀仏をたのめ、阿弥陀仏後生助けたまえとたのめと、こういうように一般の通俗の言葉で——一般の通俗の言葉と申しまするけれども、これも浄土宗の教えであります。——浄土宗の人が、弥陀をたのむということ、後世を助けたまえと弥陀をたのむということを教えておったのである。そうしてまあ法然上人の教えを正しく教えておるのが浄土宗の鎮西派の教えである。こういうようになって浄土宗は盛んに広まっておったのでありましょう。それで蓮如さまは、この浄土宗の教えは、確かにこれは、法然上人の教えに違いない。それで法然上人の教えというものを、それをば、親鸞聖人の教えというものに照らして、そうして一念帰命ということをば、蓮如さまが教えて下されたのであります。

一心帰命ということは、これは天親菩薩の『浄土論』の中にあるお言葉でありまして、一念帰命という言葉は、これは覚如上人のお言葉の中にあるようでございまして、御開山聖人のお言葉としては、一念帰命という言葉はないようであります。御開山様はやはり一心帰命と仰せられてあるようでございます。で、覚如さまに来たって一念帰命という言葉が出来上がったのでございます。

とにかく蓮如さまに来たって、わが浄土真宗の教えが誰にでもいただけるように教えて下されたということは、これは大いに、蓮如上人に感謝しなければならぬことでございます。けれども、ついに現生正定聚ということは蓮如上人によって明らかにしていただくということはできなかった。それで、その後の浄土真宗の状態は、現生正定聚というようなことなどを別に教えなくても、未来浄土へ往くということさえ教えてもらえば、それでまあみな安心して、この世はどんなに難儀苦労をしても、この世は夢幻のような短い命であれば、未来に極楽浄土へ往生するならば、この世の苦労などというものはものの数にも入らない。まあこういうことが平生業成ということであろう。これが現生正定聚ということである。こういうように教えられた。

これはまあ、それ以上のことを言うても、なかなか、一般の人は了解しないと思うんでありま す。一般庶民というものは全く奴隷の待遇を受けておったのであります。明治以前は庶民は奴隷であリました。奴隷というのは、つまり自由がないということでしょう。自由がないのが奴隷でありましょう。何の自由もない。自由というもの、そういうものは与えられない。けれどもですね、たった一つの自由だけ、これは奪うことができない。与えるというよりも奪うことのできない自由というもの、その自由というものはすなわち宗教を信ずる自由でありましょう。これは別に与えるものではなくて、奪うことのできないものでしょう。これは、明治以前、徳川時代もそうでありましょうが、徳川以前もそうであります。この宗教を信ずるということだけは、これは、これだけは、これはもう早や無条件にこれは自由なんであります。これは奪うことができない。これはいかに、いかに、徳川家康といえども織田信長といえども、これは奪うことはできない。信長はことによると信教の自由を奪ったと、まあ一般庶民はそういうふうに感じたと。そういうので、その信長は、ああいう不幸な最期を遂げたと考えられる。とにかく、宗教を信ずる自由というものは、これは別に政治家から与えてもらうのではないので、それは、人間は生まれながらにして、信教の自由ということは与えられておるものである。何人もこれを奪うことはできない。だから、宗教を信ずる以外は、どんなに奴隷として扱われても、宗教を信ずるということ一つあれば、ほかのことはみんな忍耐することができる。だからこのたった一つの自由だけは、これは奪うことができない。

そういうことを法然上人も、親鸞聖人も、また蓮如さまもみんな知っていなさる。知っていなさるから、それは、未来安心であろうが何であろうが、とにかく宗教を信ずる自由というもの、そういうものが与えられたのである。では、その宗教というのはどういう宗教であるかというならば、これは仏教の中では、御開山様の仰せられるように、いわゆる正信念仏《しょうしんねんぶつ》ということでございましょう。これは唯一の宗教であります。庶民の宗教としては唯一の、正しい宗教であります。だからたとえ未来安心だというても、自ずから、この現生において、満足しておるのである。今日一日一日満足しておるのである。それで、自ずから、そこに現生不退というおみのり、そういうものをば、自ずから会得できるわけだとこう思われる。それでまあ世の中が平和に治まってきたと考えられるわけであります。心の平安、満足、安心というものがあるから、だからこの国なり社会なりが平和というものを保ってきたことはこれは間違いのないことだと思う。

大体、蓮如上人の思《おぼ》し召しというものも、そういうところにあったように思う。思うけれども、それは今日はですね、様々の自由を与えられておるんです、今日は……。言論の自由とか信教の自由なんというものは、何といいますか、桁はずれといいますか、いわば〝過ぎたるはなお及ばざるが如し〟というような状態になっております。あまりに自由過ぎるといいますか、あまり自由過ぎたので、人さまの迷惑を何とも思っておらない。皇太子妃殿下の指図までしている。いや髪の結い方がちょっと古くさいとか、いやこの服はどうであるとか、いや姿勢がどうであるとか、化粧の仕方がちょっと古くさいとか。（笑）そうしてまあ、そういうようなことまでもいろいろ雑誌などに書いてある。そうして小説の材料にまでする。まあ自由というものはそういう人の私生活までも侵していくと、そういうことも自由であると、侵す方は自由かしらぬけれども、侵される方は全く迷惑至極です。（笑）やはり自分の自由を侵されては自分が迷惑するから、そういうことがわかったならば、他人の自由を侵害しないようにするということが、これはお互いに感応道交すればわかることだと、こう思うのであります。

3

現生正定聚ということはどういうことであるかということを御開山様が『歎異抄』の第一章において、

しかれば本願を信ぜんには、他の善も要にあらず、念仏にまさるべき善なき故に、悪をもおそるべからず、弥陀の本願をさまたぐるほどの悪なきが故に。

このお言葉を拝読するというと、現生不退ということはどういうことかということを、極めて明瞭に、惑いのないように教えてある。

まあ『歎異抄』というもの、第一条などはこれは読まぬそうで、何でも『歎異抄』は第二条に限ると、こういうように思って、第一条を飛んでそれを読まぬ人がありますね。「あれはちょっとめんどうくさい」と、「弥陀の誓願不思議にたすけられまいらせて、往生をば遂ぐるなり……」。「あれはめんどうくさい」と。ただ「念仏申さんとおもいたつこころのおこるとき、すなわち摂取不捨の利益にあずけしめたまう」あれだけあればいいので、あの前の半分はない方がいいと。こういうように考えている。それから、「信心を要とすと知るべし」なんというのは要らぬことだと。こういうように考えて、そうして第一条を飛んでしもうて、そうして、第二条の「親鸞におきては、ただ念仏して、弥陀にたすけられまいらすべしと、よき人の仰せをこうむりて、信ずるほかに別の子細はなきなり」と、それもただ「ただ念仏」それだけに覚えておって、後の「よき人の仰せをこうむりて」というようなことはちっとも何も言わぬです。「ただ念仏」は、これは、よき人の仰せをこうむらぬでもいいと……何でよき人の仰せをこうむるんだろうと……。何でよき人の仰せをこうむるということが必要であろうかと。

よき人の仰せをこうむらなければ、それならば、あの『一枚起請文《いちまいきしょうもん》』があれば沢山である。『一枚起請文』は「よき人の仰せをこうむって」と書いてない。そうでしょう。この『歎異抄』と『一枚起請文』というものと、『歎異抄』は「親鸞におきては、ただ念仏して弥陀にたすけられまいらすべしと、よき人の仰せをこうむりて信ずるほかに別の子細なきなり」。この「よき人の仰せをこうむって」というところから、この「信ずるほかに別の子細なきなり」これは読まぬですね。あの前の半分だけ読んでおる。それだから、第一条なんというのは読みたがらぬ。まあこういうようになってくるということは、とにかく、よき人の仰せをこうむる、よき人の仰せをこうむって、そこに信ずる。それから、それを受けて、「念仏はまことに浄土に生まるる種にてやはんべるらん、また地獄におつる業にてやはんべるらん。総じてもて存知せざるなり」。

何と思い切ったことか。まことに邪見といいますか、全くもうはや、あの言葉なんというのをとってみるというと、もう念仏はどっかへ飛んでしまう。「念仏はまことに浄土に生まるる種にてやはんべるらん、また地獄におつる業にてやはんべるらん、総じてもて存知せざるなり」――本当にそういうものだろうか。あれは、大胆不敵というものだろう。ああいうことは何とまあ思い切ったことか。あんなことは、いまだかつてどこの聖教にも書いてない、あんなことは……。思い切ったことを言っておると、こう思うのですね。

それは何であいうことができたんだろうというと、やはりよき人の仰せをこうむって、自分は、よき人の仰せを信知しておる。

この知るということには存知するということと信知するということがある。「八万の法蔵を知る」ということは「存知」するということである。「後世を知らざる」の、あの後世を知る、知らぬという、あの知るということは、あれは「信知」する。存知ということと信知ということとは違うものだ。学問でいうならば、存知は解学《げがく》というものである。信知は行学《ぎょうがく》というものである。それを存知、信知という言葉であらわしている。

別に『歎異抄』の第二条には、信知という言葉はないけれども、しかし存知という言葉があるならば、それに対して、信知するという言葉があるに違いない。で、この「愚身が信心におきては、かくのごとし」。あれはすなわち純粋な信知でありましょう。愚身が信心においてはかくの如し。自分はこの通り、自分は信知しておる。自分の信、この信知というものは正しい。で、この信知ということが純粋であれば、存知もまた純粋になる。信知が不純粋であれば、存知もまた不純粋になる、ということを知らなければならぬ。存知だけが純粋だと――信知などということは必要ないから、信知のことは知らぬが、私は存知だけは公明正大――と。けれども信知のない人は、存知がまた不純粋である。こういうことを知らなければならぬ。存知には一つの限界があるでしょう。限界というものがあるのが存知でありましょう。

信知はこれは限界がないんです。無限である、信知は……。存知は、これは限界がある。ところが、信知のない人は、その存知に限界がない。そうでしょう。まあ少しばかり知っていると、何でも知っているように思う。(笑)そうですよ。それはまあ学者というものは、大部分の学者は、自分の限界を知らない。限界を知っておるのが本当の学者だ。限界を知らぬのは偽学者というものである。新聞だのを見るというと、大概新聞記者というのは、まあ何でも知っているように思っているらしい。だから新聞を読むというと、いつの間にやら何でも知っているように思う。あれも知っておる、これも知っておると。まあ新聞記者というものは、何でも知っておるように思わぬと新聞記者になれないわけです。(笑) そういう新聞記者にだまされて新聞を読むというと、いつの間にやら、もの知りになって、何でも知っているような気持になる。だから、この頃は新聞や雑誌を読んでいる人は、何でも知っておるように思うておる。

この人間の知識というものには限界があります。この限界を知っておる人が本当に学者である。それを本当の科学者というんであります。そうでありましょう。ところが、科学者と名乗っておっても、知識の限界を無視しておる科学者は沢山おる。新聞記者みたいな気持の学者が沢山おる。これは行学というものがないからである。解学だけあって、行学がない。行学というものがあれば、正しい解学というものも、正しい知識というものも、初めて成立するのではなかろうか。こういうように私は思うのでございまするが、どういうものであるか。まあこういうようなことをいろいろ私思うのであります。

それで『歎異抄』の第二条を読んでいくと、「よき人の仰せをこうむって、信ずるほかに……」というところから、さらに、根本に遡って、「弥陀の本願まことにおわしまさば、釈尊の説教虚言《きょごん》なるべからず、仏説まことにおわしまさば、善導の御釈《おんしゃく》虚言したまうべからず、善導の御釈まことならば、法然の仰せそらごとならんや、法然の仰せまことならば、親鸞が申すむね、またもってむなしかるべからず候か。詮ずるところ愚身が信心におきてはかくのごとし」。こうありますね。

あれはやはり、この行学ということでありましょう。いわゆるよき人の仰せをこうむって信ずるところの、いわゆる正信念仏というもので、正信念仏というこの境地をば、それをば、表明なされたことであろうと思うのであります。

親鸞が申すむね、またもってむなしかるべからず候か。詮ずるところ愚身が信心におきてはかくのごとし。

まことに公明正大、俯仰天地《ふぎょうてんち》に恥じず。いわゆる浩然《こうぜん》の気が一天四海に溢《あふ》れるというような、広大無辺な一つの心境というものをお述べなされてあるように思うのであります。

（昭和三十八年五月十六日、久留米市、大谷派教務所における講話）

法蔵菩薩〈二〉

1

一体、信心ということ、いわゆる正信《しょうしん》ということは、これはだんだん遡ってみるというと……一体、阿弥陀如来さまというお方は、超世の本願を起こしたということは、これは阿弥陀如来は、つまりこのわれわれを、自分のようなものの数に入らない者を、それに対して、絶対の信というものを持っておられるのである、われわれに対して。つまりわれわれは、如来からして絶対の信を受けているということが、これが超世の本願の一つの前提というものでありましょう。

いわゆる「親鸞一人がためなり」というものは、これ如来に、絶対の信を受けておる、如来から信じられておるということでありましょう。

如来が、われわれを信じないで本願を起こすということはありますまい。つまり如来が本願を起こして下されたということは、われわれを信じて本願を起こして下された。そうでありましょう。

われわれはただ如来の広大の本願だけを讃嘆しておりまするが、その如来の本願というものには、如来がわれわれを無条件に信じておいでになる。われわれは無条件に如来から信じられておる。こういうことでしょう。そうでありませんかね。だからわれわれがどんなにどんなに堕落しても、そしてあらゆる仏さまからもう見捨てられたと――今まではいろいろとお前のことを信じておったけれども、もうここまできてはもうとてもお前を信じられない、というのは、これは見捨てた――ところが阿弥陀如来さまは、それを見捨てない。それを見捨てずして、しかもこの阿弥陀如来は、罪悪深重、煩悩熾盛の衆生を助けんがために、この超世の本願を起こして下された。

これはこの信心というものは、これは、阿弥陀如来の本願のもとでしょう。そうでありませんかね。大体この信心というものはどういうものであるか。いやそれは阿弥陀如来さまに助けてもらうためには信心が要る、と。助けてもらうために信心が要るということは、どういうことか。

一体この、助けるとか助けないとかということは、これは、信ずるということがもとでしょう。そうでありませんかね。信ずるということがもとでしょう。だから、つまり、如来とわれわれとの間には、信というものが通うていたならば、それはお助けいただけるでしょう。それ以外にお念仏だの何のというのは何にも用事もないものである。如来とわれわれとの間に信心という、疑《ぎ》蓋無雑《がいむぞう》の一心というものが、ずっと両方に通じておったから、それで本願が成就した。それ以外に本願成就ということはないでしょう。こういうことが根本でしょう。

そういうわけで、本願ばかり言うて、本願の不思議である、いや本願の不思議に助けられた……と。それはこの信というものが根本になるに違いない。

それで「弥陀の本願には老少善悪の人をえらばれず、ただ信心を要とすとしるべし。その故は、罪悪深重、煩悩熾盛の衆生をたすけんがための願にてまします」。

あれは、どんなに私どもが、如来に背き、背こうとしても、如来は決して私どもを見捨てることはない。どこまでも信じている。その信が深いから、その深い信心から、超世無上の大誓願というものが起こって来、そしてまた、その信心というものによって、信心が本願によって、如来の信、如来の信心、仏の信心がわれわれに感応した。それがお助けである。そうでありませんかね。

如来様には本願だし、われわれには信心だ。こんなふうに、向こうが本願を起こしてくれれば、こちらは信心でこう……。そんなふうに巧みに説教するというと、人は感心するけれども、私は、そんな剣術使いみたいなものと違うと思うのであります。如来の本願をどういうふうに受け取るか。向こうはパッと上段に……こっちはどういうふうにそれを受け取るか……こういうようなものは何か剣術使いみたいなようであります。けれども、私は、これは、信というものがその本願のもとにある。根本である。そうでしょう。絶対信。その信というものはまこと、と、言うことができる。真実と言うこともできる。

「弥陀の本願には、老少善悪の人をえらばれず、ただ信心を要とすと知るべし」。これは、このわれわれだけに信心が肝要ということはありません。「信心を要とする」ということは、仏さまとわれわれとを一貫しておるんです、これは。そういうんでしょう。あれは……。『歎異抄』の意味は……。

私どもはそれを間違うて、阿弥陀如来さまは本願だと。そうすればわれわれは信心だと。こういうように、法は本願だ、機は信心だと。こんなふうに機と法とを対立したり、機と法の立場を区別したり、そういうようにするのが安心というものであり、またそういうのが教学というものである。こんなふうに考えておる。教学というたら、そういうものであろう、そういうことを頭に置いて、そうしてまあ様々の、細工は流々と……（笑）それは私もその一人でありまするが、本山の研修というようなものも、やっぱりそういうようなことになったら、まことに意味のないことではないかと私は思う。

それはこのわれわれも信心は必要であるし、阿弥陀如来も信心が要である。信心の要であるということは、仏と衆生と両方を一貫しておるものである、ということを教えたに違いない。そうでしょう。だから「そのゆえは、罪悪深重、煩悩熾盛の衆生をたすけんがための願にてましますと」。

その願というものを貫いておるものが信というものである。衆生と仏とを貫いておるものが信というものである。信が一貫しておるものである。仏さまは本願を起こして下されたから、それに対してわれわれが信心を起こさねばならぬと……。われわれは信心を起こさんでは仏さまに対して負けてしもう、仏さまに負けられるものかと、(笑) やはりこう、対抗意識というものがどっかに置いてある。そういうものではないと私は思う。

つまりこの、仏さまとわれわれとを貫くものは、信というものが仏さまとわれわれとを貫いておるものである、というのが、親鸞聖人の教えというものであろう。それがつまりこの『歎異抄』というものであろう。信なくして本願をいただくことができないのみならず、信なくして本願というものは考えられない。まあ仏さまのことまでも世話をやいては悪いけれどもですね……。(笑)

とにかく、仏さまは信というものがあって初めて本願を起こされた。だからして、その仏さまの信が衆生に通じた。ついに仏さまの信が衆生の方へ開通した。信心の汽車が開通した。その信心の汽車が衆生の世界までもずうっと開通した。開通したことをば本願成就というのである。こう親鸞聖人は領解せられた。そうですね。

親鸞聖人が「聞其名号、信心歓喜、乃至一念」というところで、こう切ってしまった。ここで、如来の大信心の汽車がついにここまで開通した。これがすなわち本願成就である。こういうようにこの本願成就の文をお読みなされた。それだからして、私はあの「弥陀の本願まことにおわしまさば、釈尊の説教虚言なるべからず。仏説まことにおわしまさば、善導の御釈虚言したまうべからず。善導の御釈まことならば、法然の仰せそらごとならんや、法然の仰せまことならば、親鸞が申すむね、またもてむなしかるべからず候か」。

御開山様は、滅多に自分のことをおっしゃらんですよ。「善導の御釈まことならば、法然の仰せそらごとならんや」と、それでやめておきそうなものである。それなのに、あそこの所へ来るというと、「法然の仰せまことならば、親鸞が申すむね、またもてむなしかるべからず候か」。あそこに自分のことを言うて、あそこに、「候べし」とか、「候なり」とか、何とかまあ、ありそうなところであるのに、「候か」と、「歟《か》」という字をつけてありますね。「か」というのは、疑問、疑問詞です。疑問詞というよりも問題詞である。一つの問題詞。問題として、「どうか？　あなた方どう思うか」ということをおっしゃった。それをまあ唯円房が聞いておったというならば、親鸞の仰せまことならば、唯円が申すむね、またもってむなしかるべからず候かと。唯円房は、そうなずいたか、うなずかぬかということにあるんでしょうが、――どうだ、私はここまでこう言うて、それをお前は……。私は法然上人の前にうなずいた。お前は、この親鸞の言葉の前に、お前は、私が法然の仰せをうなずいたと同じように、お前はまた親鸞の言う言葉の前にお前はうなずくものか、うなずかないものか――と。

これはもう、御開山様は、必ずうなずくと、必ずうなずくであろうと、うなずかんでおれぬであろうと、こうちゃんと信じておった。そこで「愚身が信心におきてはかくのごとし」「この上は、念仏をとりて信じたてまつらんとも、またすてんとも、面々の御はからいなり」と――軽く、ぱっと、軽く仰せられた。あれはきびしいお言葉ではなくて、あそこのところは、ごく軽く、また朗かな言葉であると、私はこういうように読んでいくんですよ。

或いは、重苦しい、きびしいお言葉であると読む人もあるかもしれませんけれども、あそこはもう力を抜いて、本当にもう、どうだ、お前はどうだ、どう思う。ここまで来れば、念仏を信じようが信じまいが諸君の自由だ、と。ここまで来れば、なにも諸君の行動や諸君の安心というものに対して、私は何の干渉もしない。諸君はもう絶対自由だ、と。あそこでは、親鸞聖人がこう即便微笑《そくべん》して仰せられた。ほほえみをもって、「信じたてまつらんとも、またすてんとも、面々の御はからいなりと云々《うんぬん》」と。あの時には、御開山様のお顔は光顔巍々《こうげんぎぎ》としておいでになったということを私は思う。

あのときに御開山様が顔をしかめて、何かこう言い渡したと、裁判して、判事が被告に対して何か言い渡したと、こういうことであるならば、おそらくは、あのときにおたずねした人たちは、もうみんな反抗して、そうしてもう退散してしもうたのではないかと思うのです。あそこのところで、あのところで、みんな歓喜信受して礼をなして去る。

「歓喜信受作礼而去《かんぎしんじゅさらいにこ》」という言葉が——この「云々」という字を、言葉を直せば「歓喜信受作礼而去」ということが「云々」ということでなかろうかと、そう思うのですよ。

それあるが故に、今日、浄土真宗がある。あの「云々」とは何であるか。「歓喜信受作礼而去」ということである。それだから今日、浄土真宗も生きているわけである。あのときにもう「何だ、いまいましいおやじだ」と、「何とまあ木で鼻をくったような顔をしておる」と、「こんなおやじは、もののわからぬおやじだから、封建的な、もののわからぬおやじだから、もうこんなものは相手にならぬ。早速もう帰ろう」と、そう言って腹を立てて帰ったならば、そのときに浄土真宗は滅亡したのです。そうでしょう。浄土真宗が滅亡すれば、『歎異抄』もない。滅亡しないから『歎異抄』がある。『歎異抄』が今日生きておるのである。そうでしょう。

聖人のあのお言葉というものは——『大無量寿経』の仏仏相念、「今の仏も諸仏を念じたまうことなきを得んや」——そうでしょう。あれはちゃんと阿弥陀如来、大聖釈尊、善導大師、法然上人、この四人のお方をあげて、そうして「去来現《こらいげん》の仏《ぶつ》、仏と仏と相《あい》念じたまう。今の仏も、諸仏を念じたまうことなきを得んや。何がゆえぞ、威神《いじん》の光光たる、いまししかるや」。

これは、あのことを思い出すような光景が、あそこに現われておるに違いない。そうでありますよ。それが今日、浄土真宗が存在しておるゆえんでもあり、また従って『歎異抄』が今日まで生きておる理由であるということを私は知ることができるのであります。

2

本願には信というものが前提して、信あって初めて本願を起こす。法は機を信ずるということ、衆生を信ずるとこういうことが本願に前提されてある。

『教行信証』総序の御文、「ひそかにおもんみれば、難思の弘誓《ぐぜい》は難度海を度する大船、無礙《むげ》の光明は無明の闇を破する慧日《えにち》なり」という、それを受けて、「円融至徳の嘉号は、悪を転じ徳を成すの正智《しょうち》」。

衆生の悪を転じて、如来の徳を成就せしめて下さる。悪を転じて、一切衆生の宿業の悪を転じ、如来の本願の功徳を、それをこのわれら衆生に成就せしめていただくところの正智、如来の正しい智恵である。すなわち如来の仏智の不思議というものである。

「難信金剛の信楽《しんぎょう》は、疑を除き、証《さとり》をえしむる真理」である。疑いを除き、さとりをえしむるところの真理であるというのは、私はやはり、この信というものが既にこの如来の本願に前提さるる根本の真理である。本願をして本願たらしめる、本願を必ず成就せしめるところの真理である。こういう意味をあらわすものであろう。如来に関係せずして、ただわれら衆生だけについて信心というものを成立せしめようということは、これは不可能のことである。こういうように私は領解しておるところのものであります。

私どもは、いわゆる仏という一つの概念というものを持っております。大体、仏弟子たちは、阿羅漢のさとりということをば目指しておるものであります。阿羅漢たちは煩悩というものを非常に恐れておるものでしょう。煩悩を恐れて、そうしてまた生死を恐れておる。煩悩と生死とを恐れるものでありましょう。生死の果を恐れ、またその恐るべき生死の、生死を生ずるところの因であるところの煩悩を深く恐れておるものであります。煩悩と生死について深い恐れを抱いておる人々が得るところのさとりを、それを阿羅漢のさとりと申すのであります。それ故にこの阿羅漢がさとりを得ると、その得たさとりをば、それをば金科玉条視して、それを守ることに努めておるものであります。

しかるにこの仏陀如来はそれと違うと思うのであります。仏陀如来も、さとりを得たもうたということにおいては、いわゆる阿羅漢である。仏陀また阿羅漢である。仏陀も阿羅漢であるということにおいては、多くの仏弟子と共通しておるものであります。けれども仏陀のさとりはそれだけにとどまらぬのでありまして、仏陀のさとりはいわゆる「無住処涅槃」である。住処が無い。「無住涅槃」というものである。だからして、いわゆる「随処主となる」。この主となるというのは、つまり生死にも住せず、涅槃にも住せざるところが、いわゆる「随処主となる」ゆえんであると、こう領解するものでございます。

仏陀の仏陀たるところは、その得たところのさとりというそういうものに遠ざかる。そこに執着しない。さとりを開くというと、そのさとりからして直ちに従果向因する。従果向因して、因に向かってはたらく。それがすなわち、いわゆる還相《げんそう》、還相廻向となっておるものであります。だからこの往相も還相も阿弥陀如来の清浄願心より廻向成就せしめて下さるものである。

若《も》しは往、若しは還、一事として阿弥陀如来の清浄願心の廻向成就にあらずということあることなし。

と、こう『教行信証』においてお示しになっておりますことは、これは、阿弥陀如来という仏さまはいつでもいつでも因位に立場を置いておいでになる。

もし阿弥陀如来の本願がなかったならば、また他の諸仏如来と申しまするのも、やっぱり無住涅槃と申すけれども、無住涅槃という、そういう一つの涅槃の一種の境地、そういう境地にとどまる、ということになる。その無住をさらに超越して、そうして阿弥陀如来はいつでも常に常に、因位のところに立場を置いておいでになる。こういうところに阿弥陀如来という仏さまの本願がある。いつでも信という立場に立っておいでになるというのが阿弥陀如来にてましますす。こういうように申すべきものでないかと思うのであります。

3

で、この第十七願において、阿弥陀仏は「たとい我《われ》仏を得たらんに、十方世界の無量の諸仏、ことごとく咨嗟《ししゃ》して我が名を称せずんば正覚を取らじ」。

これはある人が、こういう点をつけて読んだということを私は人から聞いた。「たといわれ、仏を得たらんに、十方無量の諸仏、ことごとく、わが名を称するものを咨嗟せずんば、正覚を取らじ」――こういう点をつけて読んだということを私は聞いた。私も非常に感心したけれども、しかし「不悉咨嗟、称我名者」、この「称我名者」の「者」という字を、あれを「もの」とか「ひと」とか、そういうように読むということは、これはほかの願をそれに対して見るとなると、あの「者」の字は「もの」と読まないというのが、他の四十七願をみな通じておる。

「若し生まれずんば」、「若不生者」という「者」の字は「もの」と読みません。「若し生まれざる者あらば」と、「有る」という字はないけれども、まあ「あらば」という字をつけて、「至心信楽して、我が国に生まれんと欲わんに、乃至十念せんに、若し生まれざる者あらば、正覚を取らじ」と、まあそういう工合に点をつけて読んでも差し支えないけれども、やはり「若し生まれずんば」と、こう読んでいる。

もし生まれずんば、というのは、ほかの願には「若不爾者」と書いてある。「若し爾《しか》らずんば」

と書いてある。何かそこにこう、一つの願の内容というもの、一々の願にいわゆる願事というものがあって、それに対して、願の成就というものがあって、その願成就の誓いの言葉は、「若し爾《しか》らずんば正覚を取らじ」。〝もししか〟〝しか〟という、〝もししかあらずんば〟ですね。もししかあらずんば正覚を取らじ。それが「若不爾者　不取正覚」であります。だからあの「者」の字は〝そうでないならば〟とそういうような読み方でございます。

で、あの下巻の初めの十一願成就の御文《ごもん》というものがある。やっぱりその「若不爾者　不取正覚」というあの読み方を持ってくるとなれば、「それ衆生あって彼の国に生ずれば……皆悉く正定の聚に住せん」というふうに読むのがいいと、こう思って読んでいたのを、親鸞聖人は「者」の字を「もの」と、こういうように読んだ。或いは者という字を虚字として読むか、実字として読むか。虚という字はうそという字でありまするし、実はまことという字であります。まことの字として読むか、うその字として読むか。こういうので、者の字というのは漢文ではそういうように二通りの読み方がある。

それで、もし、「それ衆生あって彼の国に生まるれば」と読むときは、者の字はうそになる。「もしそれ衆生があって彼の国に生まるるものは」と、こう読むときになれば、者の字を実字として読む。親鸞聖人は者の字を実字としてこう読む……。こう読むということによって、あの「生彼国者」というのは、今現在生きておる人。現在この世界に呼吸をして、そうして生きる権利をとにかく主張している人、それをば生彼国者と、そう読むのである。現在生きておる、生彼国者ということは……。

それを「彼の国に生まれれば」というときになるというと、その生きておるという生存権を放棄したものである。あれは生存権を放棄した人をあげてあるんだと。こういうのがまあ従来の読み方である。

それで親鸞聖人は、そうではなしに、あれは生存権を持っており、生存権をやっぱり自覚し、生存権を主張しておるところの人を「生彼国者」と言うんである。こういうように言うんでありますよ。だからあの「者」の字を「人」と読むか「そうすれば」と読むかということでもって、今現に生きておるか、生きておらぬかと。また現に生きておる限りは、生存権を主張しておるんだということは決まっておる。それで、既に生きておらぬと、生を放棄したと、生というものを放棄し、生存権を既に放棄したと、そういうように「生彼国者」を読むか、その生存権を主張しておるということをいうものであるか。こういうように見るか。そういう二通りの見方があるのでありましょう。

それを親鸞聖人は、現に生存し、現に生存権を主張しておるところのものである。こういうように親鸞聖人は、自分自身がいま生きており、自分自身が生きておるから、お聖教を読む。また生きておるから願生する。いま現在生きておるから、願生心というものを起こす。また自分はこの現在において生存を主張しておるのである、という見方をしておる人ですよ。これはそういうように親鸞聖人が読んで、そうして現生正定聚ということを親鸞聖人がここに発見した。それだから、この「生彼国者」の生の字の上に願とか欲とかいう字をちゃんと、つまり文字はないけれども、ちゃんと読んでおるんですよ。いわゆる無字、無の字。無い字をちゃんと親鸞聖人は読んでいた。だから「安楽国を願うひと　正定聚にこそ住すなれ　邪定《じゃじょう》不《ふ》定聚《じょうじゅ》国になし　諸仏讃嘆したまえり」。

4

それでこの阿弥陀仏の浄土というものは諸仏の浄土と一応は違うと、こういうように考えなければならぬ。けれども阿弥陀仏の浄土は諸仏の浄土を包んでおる。阿弥陀仏の浄土、阿弥陀の本願は、諸仏の浄土までもずっと到達しておると、親鸞聖人はそういうように領解されたわけなんでありましょう。

これは善導大師が「本国他方また無二なり……悉《ことごと》くこれ法王の家なり」（『般舟讃《はんじゅさん》』）。

本国というのは阿弥陀の本国、つまり安楽浄土であります。他方というのは十方諸仏の浄土であります。で、阿弥陀の本国と他方諸仏の本国とは、本来不二のものだと。二でない。本来不二。不二であり、唯一のものである。また平等のものである。本来はそういうものである。だから

「悉くこれ法王の家」。法王というのは阿弥陀仏。本師法王の阿弥陀仏の家であると。その阿弥陀仏の家の中にしばらく諸仏の浄土と、そういうものを、認めておる。諸仏の浄土を認めておるけれども、本来は諸仏の浄土もまた阿弥陀仏のお国である。それはつまりこの阿弥陀仏の本願というものを読めばすぐわかります。

十方衆生、至心に信楽して我国に生まれんと欲うて、乃至十念せん、もし生まれずんば正覚を取らじ。

十方無量の諸仏、我が名を称せずんば正覚を取らじ。

まあいうてみれば、諸仏の権利までも阿弥陀仏が支配しておる、そういうことをこの第十七願があらわしておる。

悉《ことごと》く咨嗟《ししゃ》して我が名を称せずんば、正覚を取らじ。

諸仏は初めは、これは私の領分だ。私の国だ。こう思っておったけれども、耳をすましておるというと、阿弥陀仏の本願が自分の国に聞こえてくる。それでこれは不思議だと。はてな、と。

もしこの国が自分だけに属しておる国ならば、この国は阿弥陀仏の本願の声が聞こえないはずだ。阿弥陀仏の本願の声がふっと聞こえてくる。これはただ事でないと。やっぱりここは、ここはやっぱり、阿弥陀仏の支配を受けておるものに違いない。こういうので、諸仏は今さらに驚いて、この阿弥陀仏の御名を称揚讃嘆されたのであろう。そうでなければ第十七願は成就しないと思うんです。だから「本国他方亦無二なり……悉くこれ法王の家なり」。こう善導大師は阿弥陀仏の本願のお徳を讃嘆なされたわけであります。

それで、その諸仏の管下に属しておるところの十方衆生、つまりまあいうてみれば、日本の国ならば日本の国というのは、まあみんな閉鎖社会。それが閉鎖社会になっておらずに、みな開放的である。こういうふうに阿弥陀仏の浄土というものを、閉鎖浄土と見るべきものであるか、阿弥陀仏の浄土は四面開放の浄土と見るべきものであるかと。この阿弥陀仏の浄土をば閉鎖浄土と見るのが、すなわち阿弥陀仏の浄土を方便化土というものにしてしまう。阿弥陀仏の浄土を、四面開放の浄土であるというように見ること、そういう眼を開くものは、すなわち阿弥陀仏の浄土、阿弥陀仏の真実報土を信ずる人であります。そういうように、阿弥陀仏の浄土は閉鎖的であるか、開放的であるかということが、真実報土と方便化土の区別であるわけであります。だから真実信心を獲る人は、阿弥陀仏の浄土は開放的であると見る。われらは開放的な浄土を願生《がんしょう》しておるんでありましょう。

それだから、善導大師が「本国他方また無二なり」というのは、つまり阿弥陀仏の浄土は開放的であるということ。無条件に開放的である。だからその阿弥陀仏の浄土は無条件に開放的であるということを知って初めて諸仏はまた自分の国も開放的であるということを知ったんでしょう。そうでしょう。もしそうでないならば、阿弥陀仏の十七願というものが成り立たぬならば、諸仏は永遠に閉鎖的の世界においでになるでしょう。閉鎖的の世界、すなわち諸仏のさとりは閉鎖的のさとりである。十七願によって初めて諸仏は、開放的なそのさとりを成就したのでしょう。阿弥陀仏の十七願がなかったら、諸仏は永遠に閉鎖的なさとりに満足しておいでになった。だからこの阿弥陀仏がまた諸仏を救うたんでありましょう。諸仏は阿弥陀によって救われて初めて四面開放のさとりを得て、そうして阿弥陀仏に、阿弥陀仏の第十七願というものに協力した。承認し、また協力したんでしょう。

だから阿弥陀仏の十七願がなかったならば、諸仏は永遠に、これは、阿羅漢でしょう。名前は仏だけれども、さとりは阿羅漢のさとりで、閉鎖的のさとりでしかない。

しかるに今日、浄土真宗の人が願生するところのお浄土が果たして開放的であるか閉鎖的であるかということ、そういうことを各自各自が反省しなければならぬ。

これは、つまり言ってみれば、私どもが他の人に対し、或いは他の宗教に対して、われわれは開放的であるか閉鎖的であるか。つまりあの日蓮上人が折伏を振り回わすのは、日蓮上人の浄土は閉鎖的であるか開放的であるかということを批判せられるでありましょう。日蓮上人の折伏というのは、日蓮上人の求めておるところの浄土というものは閉鎖的であるか開放的であるかということをわれわれは確かめていけばいいことではないかと、こう思うのであります。で、親鸞聖人の浄土と日蓮上人の浄土というものを、いずれの浄土は開放的であり、いずれの浄土は閉鎖的であるかということを見てくるならばよくわかることだと思うのであります。

で、親鸞聖人は、「信順を因とし、疑謗を縁とする」と仰せられてあります。信順疑謗ともに縁となるというのが、これが仏説である。仏の御心は信順疑謗ともに縁とする。これはすなわち四面開放の浄土を持っておるということを証明しておるのでありましょう。

あの「難信金剛の信楽《しんぎょう》は除疑獲証の真理」（『教行信証』総序）。あれなどはつまり、開放浄土、四面開放の浄土というものをわれらは願生しておるか、四面が閉鎖されてある浄土を願生しておるものであるかと。だから浄土を願生するというても、その浄土が四面開放であるか、四面閉鎖であるかということを自己批判をすべきものでないかと、こう思うのであります。

人に向かって折伏を振り回わして、そうして「一天四海皆帰妙法」と叫んだと。一天四海皆帰妙法ということを、それを成就せんがためには、やはり折伏の剣《つるぎ》を持って闘わなければならない。他人を征服しなければならぬ。征服すべきは他人でなくて、自分自身でないか。そうでありましょう。折伏すべきは自分自身でありましょう。親鸞聖人の三願転入ということは、自分自身を折伏しなければならぬ。人を折伏すべきものではない。自分自身の閉鎖浄土を折伏していけばよいのでしょう。他人が閉鎖浄土を願うておったからというて、そういうものを折伏する、そういうものは私どもはむしろ、それをあわれんで、本当に親切の心から一人一人たりとも眼を開くように、大慈大悲心をもって、それらの人々が一日も早くその浄土を開放するようにしてほしいということを願うなら、一番間違っておるものは自分自身。人のことを、人のあらを見るのは、自分自身にそれと同じあらを持っておるので、隣りの家は障子が破れているというのは、自分の家の障子が破れておるものだから、そこからのぞいて、そうして隣りの家を非難する。自分の家の障子の破れておる所から隣りをのぞき見したわけであります。そういうところに眼を開かなけりゃならぬというのが親鸞聖人である。日蓮上人は手前の障子が破れておることを除けて、そういうことを知らんで、ただ隣りの人を折伏しておるんでありましょう。

　そういうところに、われわれは、ああいう人々に、何も恐れをなす必要はないと思うんですよ。彼らは自分が恐れをなしておるから、その恐れをごまかすために、折伏するんですよ。自分を恐れないものならば、折伏なんかしなくてもいいと思うんですよ。

　けれども、やはり彼らに反省をうながすということは、それは差し支えないですよ。反省をうながすということは何も人を責めるんじゃないんです。反省をうながすということは、やはりその人をあわれむから、反省をうながすんでしょう。あわれむということは、やっぱりその人を信ずるから、またその人を尊敬するから、反省をうながすんでありましょう。反省をうながすということはそういう意味を持っているのである。

存覚上人の『法華問答』というのがありますが、あの『法華問答』が果たして完全なものであるか不完全なものであるか、それは私はよく知りませんが、あの『法華問答』というものをもっと研究して、そうしてまたよく考える必要があると思うのでございます。

一昨日、福岡へ行って車に乗りましたれば、その車の運転手が創価学会の信者でありました。そして、ちょっとした何かの拍子でもって、まあ信仰問題みたいなことになったれば、彼は喋々《ちょうちょう》として、自分は創価学会だ。浄土真宗の人などは西方十万億土の浄土を信じ、その浄土を願生しておる。あんなのは方便である。こう言うてから、自分たちの信仰には、第一には文証、第二には理証、第三には現証と、文証、理証、現証というこの三つがあると……。わずかの時間でありますけれども、堂々として論陣を張っておりました。長谷川さんは辟易《へきえき》して、もう沈黙しておりました。（笑）もっともそんな人を相手にしておっては、車がどっかへ間違いを起こすということもあるから、黙っておる方が安全なんでしょう。（笑）まあこっちが黙っておれば、まあ自分だけ述べておれば、まだそれは得意になっているけれども、今度こっちと議論でもしようものならば、今度は向こうはのぼってしもうて、どんな間違いが起こるかもわからない。（笑）だからまあ長谷川さんは賢いものだから、（笑）まあ沈黙して、沈黙じゃなくて、向こうの話を感心したようにして聞いておった。（笑）向こうは喜んで、まあ得意になって、わずかの時間でありますが、得意になって、文証、理証、現証というものがある。第三は現証というものである。文証、理証のほかに、もう一つの第三の現証というものがある。事実の証明があると、こう言うんですね。事実の証明というのは、ちゃんと御利益がある、こう言うておったのであります。

けれどもまあ、文証とか理証とか言うてみたところが、結局『法華経』の中に、こういう文証ということが出たり理証が出たり、要するに『法華経』以外のことは何にも言わない。そして何か言うと、日蓮大上人と言う。一体、大上人と言うたならば、小上人が……。（笑）それはまあ、自分たちの仲間だけで大上人と言うて崇めておるのはいいけれども、ほかの人に対しては、大上人を振り回わすということは、これは非常に愚かなことでないかとこう思う。

で、私はかつてこういうことを考えた。ほかの宗旨の祖師に対しては敬意を表して上人と言う。日蓮上人とか、或いは栄西禅師とか、そう言うて、みんなこう敬意を表している。しかしこの自分の祖師様には上人と言わないで、私は自分の御開山様には親鸞、親鸞と言うてもいいと思う。世の中の人は、自分の御開山様だけに親鸞聖人。そして、よその祖師たちには、日蓮だとか、いや栄西、道元とか……。私はそれに反対して、自分の祖師は親鸞と。聖人と言わんでただ親鸞。他宗の祖師に対しては上人とか禅師とか言うて敬称号をつけて言うのはこれは礼儀であるということを、私は、これは今でなくて、大正の初めから、私は大体まあそういう方針であったのであります。聖人と言わば親鸞と言わず。親鸞と言わば聖人と言わず……。

親鸞というときは、聖人と言わない。ただ親鸞と。聖人というときは、親鸞と言わないで、ただ聖人。わが聖人、わが聖人と言う。「親鸞聖人」とくっつけて、親鸞聖人という言葉は自分は言わないと。そういう方針を決めておったんです。けれどもまあ、そう一概に、そうまた決めるというと、やっぱり都合の悪いこともあるもんであるからして、（笑）私はそれからまあ少し寛大になって、（笑）まあ「親鸞聖人」というときもあるし、ただ「親鸞」というときもある。で、私は還暦のときの講演には、私は、講演の題目を「親鸞の仏教史観」という題目を掲げたれば、ある人が私の所へ来て、「一体御開山様のことを呼びつけにして、親鸞とはどういうわけだ」と横槍を入れた人がございました。とにかくまあ私は正々堂々として、「親鸞の仏教史観」と、ほかの人ならば「親鸞聖人の仏教史観」とこう言うべきところを「親鸞の仏教史観」と、こう言うたというので、礼儀を失しているというて非難した人があります。けれども、この頃になったら、いつの間にやら、みんな「親鸞、親鸞」と呼び捨てにしておる。（笑）こうなれば、自分は先見の明があった。（爆笑）ほかの人よりも、三十年も四十年も前から……だからまあ先見の明があったと。この頃は誰も、親鸞聖人と言わない。みんな親鸞、親鸞であります。誰もそれを疑いを起こさず、おそれもなさんで、みんな安心して、（笑）親鸞、親鸞と。私はまあ、何十年前はおそれをなして言うておったかといえば、それはまあ多少のおそれをなしているわけでありますけれども、（笑）勇気を鼓舞して、ただ親鸞、親鸞と、こう言うておった。この頃は「親鸞」という戯曲ができたり、映画などもできて、そして誰でもみんなが、親鸞、親鸞、と言うておるんですね。やはりまあそういう時代になってきたんだが、まあ、そういう時代を迎えるだけの準備をわれわれがしておったということをここに披露しても差し支えないと思う。（笑）

（昭和三十八年五月十六日、久留米市、大谷派教務所における講話）

法蔵菩薩〈三〉

1

話がどうなってこういうところへ来たのかよくわからんけれども、もとへ戻ってみれば、とにかく阿弥陀如来さまというお方は常に因位のところに下って、さとりを因位の信という中に包んで、さとりを信という形であらわして、さとりを信に包んでおるというところから、阿弥陀如来の本願というものが出て来るのでしょう。とにかく、この阿弥陀如来によって初めて、さとりが信で包まれているということを明らかにした。それで親鸞聖人は、特にこの信心ということを重んぜられる思《おぼ》し召《め》しというものは、如来廻向ということの根源を明らかにした。ただ如来廻向だということでなしに、その如来廻向ということはどういうことかともう一つ突っ込んでいく必要はないだろうか。

「弥陀の本願には老少善悪のひとをえらばれず、ただ信心を要とすと知るべし、その故は、罪悪深重、煩悩熾盛の衆生をたすけんがための願にてまします」。それを信じて、それを愛する。それを愛するということは、それを信ずるから、それを愛するんでしょう。信じなければ、本当に愛するということはないわけでしょう。従って本願を起こし、それを救おうというような大誓願というものを発起《ほっき》なさるということは、信によって、その誓願を起こされたのであるということを思うのであります。

そういうところが私どもが明らかにすべきものであると思うのです。親鸞聖人が「信巻」というものを開き、三心一心の問答をなされた、あのお言葉などをよく拝読すべきものと思うのであります。

「涅槃の真因は唯信心をもってす」ということを仰せられてあります。これは法然上人の教えによるということを、それをあらわすために、「正信偈」には、

還来生死輪転家《げんらいしょうじりんでんげ》、決以疑情為所止《けっちぎじょういしょし》、速入寂静無為楽《そくにゅうじゃくじょうむいらく》、必以信心為能入《ひっちしんじんいのうにゅう》。

その依りどころは法然上人の「まさに知るべし、生死の家には疑いをもって所止とし、涅槃の城《みやこ》には信をもって能入とす」あれが依りどころでしょう。「涅槃の真因は唯信心をもってす」と。

これは「信巻」の三心一心の問答の初めの所に、

愚鈍の衆生をして、解了《げりょう》し易《やす》からしめんがために、弥陀如来は三心をおこしたまうといえども、涅槃の真因はただ信心をもってす、この故に論主、三を合《がっ》して一としたまうか、と。

これは『浄土文類聚鈔』には、そのことは略して書いてありませんが、『教行信証』の「信巻」の初めの問答の、あの答えの所には、涅槃の真因、涅槃の真実の因は、ただ信心をもってすと……。これは「涅槃の城には信をもって能入とす」という法然上人の教えを、常に親鸞聖人は念じておいでになったに違いはないと思うのであります。

2

で、「信巻」を読みますというと「無上の妙果の成じ難きにはあらず、真実の信楽実《しんぎょうまこと》に獲ることかたし」こう仰せられてありますね。無上の妙果成じがたきにはあらず、真実の信楽まことに獲ることかたし。これは、親鸞聖人のお言葉だけれども、おそらくは、法蔵菩薩の本願を起こしたもうたところの御心を感得せられたものでありましょう。

あの「十方の衆生、至心に信楽して、我国に生まれんと欲うて乃至十念せん。若し生まれずといえば正覚を取らじ。ただし五逆と誹謗正法とを除く」。

あの本願の思し召しというものを見るというと、やはり法蔵菩薩の思し召しというものが、無上妙果は成じがたきにはあらず、真実の信楽まことに獲ることかたし、と。涅槃の妙果はみんな誰でも、この涅槃の妙果を目指している。誰でもが、ただ涅槃の妙果だけを目指している。涅槃の妙果に対して、真実信心の因というものを目指す人はない。その妙果を目指すよりも真実信心の因というものが一番大切なものであろう。

その真実信心の因を、そういうものを無視して、ただ涅槃の妙果だけを目指す。これは誰でもそうです。で、この阿弥陀如来の因位法蔵菩薩は、やはりややもするというと、自分は涅槃の妙果を目指しておりはしないか。本当にこの涅槃の真因、真実の因であるところの真実信心というものが無上妙果の焦点である。無上妙果の焦点になるものはこの信心である。こういうのが法蔵菩薩の御心であり、またもう一つ言うならば、別の言葉で言うならば、法蔵菩薩の誓願でもあり、また法蔵菩薩のさとり、そういうものでしょう。

この真実信心というこの焦点が無上妙果の中にないならば、無上妙果ということはできないでしょう。この真実信心を焦点としておるというところに、無上妙果というものが初めて成立するのであるということを、阿弥陀如来があらわしておるんでしょう。だから弥陀の妙果を無上涅槃という。無上涅槃というのは阿弥陀如来の妙果である。こう善導大師は言うておられます。

その阿弥陀如来の妙果が、阿弥陀如来のおさとりが、後にも先にもない無上妙果であり無上涅槃であるということは、それはこの妙果の中に、妙果の中心が、妙果の焦点であり、妙果の中心というものが真実信心というものである。それがあるが故に、阿弥陀如来のさとりが尊いのであり、また従って、その阿弥陀如来の本願が尊いのであるということを親鸞聖人は発見した。発見し、またそれを感得なされたのである。こういうことが非常に尊いことでなかろうかと思うのであります。

3

この頃は大乗非仏説というようなものが学界の定説になっておるように聞いておるのでございます。そしてまたこの頃は、阿弥陀如来の信仰というものがインドにないというんです。インドの国をどう探しても、昔から阿弥陀如来を信仰したような古跡がどこにもない、いろいろの古跡は残っているけれども阿弥陀信仰の古跡はないと。

天台大師のお言葉だというて「諸教讃ずる所多く弥陀に在り、この故に西方を以て一准《いちじゅん》とす」そういうお言葉がある。

親鸞聖人の『高僧和讃』龍樹和讃の第一首に「本師龍樹菩薩は　智度十住毘婆娑等　つくりておおく西をほめ　すすめて念仏せしめたり」。

つくりて多く西をほめる。西というのはつまり阿弥陀如来の西方浄土のお徳、阿弥陀如来のお浄土のこと。その西にも無量無数の浄土があるということは『阿弥陀経』の六方段を見るというと「舎利弗、西方には恒河沙《ごうがしゃ》の諸仏がまします、恒河沙の諸仏があれば、おのおのその国に、一体一体の諸仏がみんな浄土を持っていなさる……」。それだから恒河沙の諸仏があれば恒河沙の浄土がある。それなのにただ、西と言うと阿弥陀のお浄土だと。これは「諸教所讃多在弥陀」である。阿弥陀如来はそれだけ徳を持っていなさる。阿弥陀如来のお浄土には特別な尊いお徳がある。だから西方と言えばもう阿弥陀如来のことに決まっておる。この頃は、西方と言わんで、ただ浄土と言うが、そう言えばもう阿弥陀如来のことに決まっておる。浄土門と言うたら阿弥陀如来のことを言う。

この頃の人は、研究、研究と言いますね。もっとも、あの研究は西洋人が研究してるんです。日本人は研究しておらぬですよ、ちっとも。ただ西洋人の言うておることを何でも金科玉条視して、それを振り回わしておるだけだ。そして人をおどかしておる。インドの仏跡を調べれば阿弥陀信仰の古跡というものがありそうなものだ。ところがインドの仏跡を廻わっても、阿弥陀如来を信仰した仏跡というものは一向ないそうであります。そうすると、インドには阿弥陀信仰というものはないものである。こういうことを、この頃『大法輪』という雑誌を見るというと、ある人が書いておる。もっともあの人はそういうことを研究したんではなくて、人の研究を紹介しておるだけなんでありましょう。あの人だけでなくて、日本人は何も研究しておらんので、外国人は研究しておる。外国人は何も損も得もないから、あからさまに何でもものを言うし、また研究も真面目にしておるもんだろうと、私は思うのであります。

こうなるというと、やっぱり清澤先生はありがたい。清澤先生の「我が信念」なんかを見ると、仏説であろうがあるまいが問題でない。最後は仏説であろうがあるまいが、人間には、宗教というものが、人間の最も深いところに要望がある。だから、このほかのことは何にも自由がなくとも、宗教、信仰の自由というものさえ与えられれば、人間は満足であり、また人間の心は平和である。そういうものがなければ、人間の平和もなければ何にもない。ほかの方でどんなに圧迫しても、ただ信仰の自由一つ与えられれば、人間は何の不平も不満もない。そこまで眼を開いた。清澤満之師は――。「牢獄甘んずべし、誹謗擯斥許多の凌辱あに意に介すべきものあらんや」。何も意に介するものがない。絶対無限に乗托する――絶対無限というのは、すなわち宗教でしょう。宗教が絶対無限である。だから既に絶対無限という宗教というものをば発見されたならば、その宗教というものは絶対無限のものである。だからして、もうどのような迫害があったからというて、そういうものは妨げすることができない。こう言うておるんですからね。

歴史を依りどころにして自分が信仰してみたり、また自分がこわしてみたり、作ったり、こわしたりする。子供がおもちゃを喜んで見ておるかと思うと、少したつと、こわしてしもう。あれも子供の研究心というものである。（笑）これではいくら自分が仏説と信じたって、仏説であるかないかわかりません。その人が仏説であると固く信じても、仏説であるという証拠があげられなければ、信じたと言うてみたところが、やっぱりその心の底には、こわしてみたいと思うようなそういうものが動いておりはしないか。

そうすれば、これはもう、そういうもの一切を捨てて、わが信念を立てるというところへ帰着するのでなかろうかと、こう思うのであります。わが信ずるものは、仏説であろうとあるまいと、どちらでもいいと……わが信念を仏説と言うべきものである。わが信ぜざるものは、仏説であっても何の値打ちもない。われの信じ得ることを説いたから、その仏さまを敬い、その仏さまも信ずるのである。そこまで腹を決めなければならんだろう。そこまで押して言わなければならぬ。

それはやはり大乗非仏説なんということは清澤先生は知っておられるんでしょう。そういうことで今の人が問題を起こして困っておるんであろうが、清澤満之師だっても、やっぱり、それらの人々よりも、もっともっと様々の疑惑を起こし、様々の悩みを起こしておられたに違いないんですよ。で、最後は結局、わが信念だというところに帰着した。釈尊が説いたか説かんかと、そういうところに信仰の焦点を置くというようなことをしても駄目だということを明らかにしておるもんでないかと、こう思うのであります。

とにかく自分が生きるか死ぬかと……。この生死《しょうじ》の世界において、われわれは本当に生死を超えて、そうしてこのような生死無常の世界におきましては、私どもはむしろ生死に支配されるということなしに、むしろ私どもが自覚して、生死の世界に、本当に生き、また本当に死ぬと……。生死の世界において、本当に生きたり死んだりすると。生死の自由というものを、保留しておくと。こういうことがすなわち宗教というものであろうと。そういう一つの特権をわれわれはみな与えられておるんだろうと。生死などにおどかされてはならぬ。生死などを恐れてもならぬ。生死の世界であるならば、むしろそういう生死の世界にどうしたならば、われわれは自由に生き、自由に死ぬことができるかということを教えるのがすなわち正しい宗教というものであるということを、清澤満之先生は「我が信念」の中に記しておられるのであります。

　こういうことが非常に大切なことでないかと思うのであります。仏説であるか仏説でないかなんというようなことなどは、それは仏説であれば、その方が気持がいい。どちらかといえば気持がいい。（笑）気持がいいけれども、しかしそういうのは絶対的なものではない。仏説でなくとも、釈尊が説こうが説くまいが、諸仏の本意はどこにあるかと、如来出世の正意はどこにあるかと、釈尊は果たして如来であるかないかと——だから釈尊のさとりという言葉などにこだわらんで、釈尊の信念はどうか、ということを押していけばいいと思うのであります。釈尊のさとりというものは結局釈尊の信念でしょう。清澤満之は、わが信念だと——。要するに信念というものが本当のさとりであって、信念でないさとりというものはあるはずがない。だから、さとりというもの、さとりということを、それを「信念」という言葉であらわしておる。さとりという言葉は何か古くさい。古くさいさとりなんという言葉を使わないで、むしろ信念という言葉で言う方が本当でないかと。こういうので、わが信念という言葉であらわしておる。

だから清澤満之師は、別に自分は未来を待たず、現在、既に自分は信念を確立している。未来のことは自分は経験しないから、自分は言うことはできない。そう言うて、未来のことは何も言わぬ。来世のことは言わぬ。こういうようにはっきりと決めて、そうしてこの信念という限りは、これは、現在に、それを確立するものである。こういうように表明しておられる。やっぱり私どもはそこまで、最後のところはそこまで考えなければならんだろうと、こう思うのであります。

4

純粋なる欲生、それを明らかにするために、「至心信楽して我が国に生まれんと欲え」。その欲生から十九の願、二十の願が出て来る。だから十九願、二十願というのは何か別のものであるとわれわれは思うけれども、そうではない。十九、二十願というのは、十八願の「至心信楽欲生我国」というあの「欲生我国」というところから十九の願が出て来る。また二十の願が出て来る。第十八願に「欲生我国」ということを言わないというと、十九の願や二十の願が出て来ない。

法蔵菩薩というのは、あの「欲生我国」というところに法蔵菩薩がある。法蔵菩薩自体は欲生我国でしょう。或いは、本当は、法蔵菩薩というのはおらぬのです。法蔵菩薩というのは十八願の中におるんですよ。至心信楽だけでは法蔵菩薩の名乗りというものは出て来ない。「欲生我国」というところでもって法蔵菩薩が名乗りを上げた。みずからを名乗り上げ、また衆生を招喚する。それが至心信楽欲生我国。

こんなことを言うと、お前がそんなことを言うと、御開山様はどうかしらと。……そんなことを遠慮しておってはしようがない。だから、もうこうなれば眼中親鸞聖人なしと。やっぱり最後はそれくらいのことはなければならない。その上で今度は親鸞聖人を崇めるんですよ。何も一概に親鸞を崇める――それではまた奴隷と同じになってしまう。これはもう本当の自覚でありまして、別にこれは親鸞聖人の教えなど聞かんでも、これは決まっているんです。決まっている。その上に、今度はつまり親鸞聖人の教え、そういうものを聴聞する必要がある。

聴聞するには、聴聞する自分というものがおらぬというと、聴聞してみようがない。だから法蔵菩薩が自分自身というものを名乗り上げ、そうして、それとともに十方衆生を招喚した。その名乗りは純粋であり、また招喚が純粋である。こういうのが至心信楽欲生我国の如来の三心、いわゆる三心の誓いである。それのわからぬ人があるもんだから、だからそのために、その純粋な欲生からさらに十九の願、二十の願というものを起こす。或いはもう一つ言うならば、この第十八願をさらに完全にするために、十九の願とか二十の願というものができてきた。こう言ってもいい。

完全にするために、十九の願、二十の願、――こういうのは法然流の考え。

親鸞流の考えは、この十八願がわからぬ者にわからせるようにと、方便誘引して、十九の願や二十の願をもって方便して、第十八願に如来の大誓願に帰入せしめたもう。こういうように解釈しているのが親鸞流。第十八願だけでは、ただ往生するだけ。十九の願、二十の願というものがあって、そうして今度は第十八願をさらに内容を充実していこう。こういうように見ているのが法然流。法然上人と親鸞聖人とそういうように解釈の仕方が反対になっておるというようなことも、これまた時代というものである。法然上人は聖道門の人を相手にした。とにかく法然上人の教えというものが日本全国へ広まった。だからして親鸞聖人は、法然上人の教えが日本全国に一応広まっておるそこに出発点を置いて、そうして十八、十九、二十の三願の出発点というものについて新しい一つの見方をなさった、そういうのであると思うのであります。

だから暁烏《あけがらす》（敏《はや》）さんもそう言うておったが、十八願で浄土へ往生するのは、あれは一番位の悪い浄土へ往生する――暁烏さんに言わせれば。十九の願というのは、それからもっといい浄土へ進んで行こうと、こういうので三輩往生ということがある。十八願は下輩を、まあとにかく浄土へ往きさえすればいいと、どんな下等でも何でもいいと、とにかくこの世界よりはましだ、浄土はましだ、だからとにかく聞其名号信心歓喜乃至一念するならば浄土へ往生する。とにかく唯除五逆誹謗正法と書いてあるんだから、とにかくこれは浄土の中で一番位の悪いものだろう。それから十九の願に来ると、今度は三輩往生といって、今度はそのもう一つ一段上に上がる、こういうふうにして、だんだん上の方へ上がってくる。言うてみれば、第十八願は、たとえていうと、三階の家であるというと、一階の所へ入った。それから十九の願というものによって、今度は二階へ上がったり三階へ上がったりすると。そういうもんだろうと、そういうように暁烏さんは書いてある。

暁烏さんは素人流の考えをしたのであると言うけれども、素人考えというものはまた貴いもんですよ。私はやっぱり素人考えというものは非常に貴いもんだと思っている。真宗学をやるというと玄人になってしまう。玄人というものはまたいいこともあるけれども、しかしやはり全体をつかむということになるというと、素人考えの方がむしろすぐれておる。だからこの頃は真宗学などをやらんでも、むしろ素人の方が……。清澤先生の「我が信念」なんというのは、あれは素人考え。（笑）そうですよ。だから、やっぱり、とにかく人の講録など読まんで、まずもって素人考えでもって経典にぶつかっていく。そういうことが今日の時代には歓迎されておる。そういう時代になったんです。指図を受けるということは、まずもって素人考えで読むだけの眼を開いた上で指図を受けるんであって、初めから指図を受けるというと、全く自分の純粋な見方、純粋な智慧、そういうものを妨げられる。この頃はずいぶん勝手に『大無量寿経』を読んだり『教行信証』なども勝手に読んでいる人があります。『歎異抄』などはずいぶん勝手に読んでいるのでありますが、つまり『歎異抄』なんというのは、むしろ勝手に読ませるために『歎異抄』ができた。(笑)何も講録なんぞ読まないそういう人から、むしろ専門家はいろいろヒントを受けることが大切でないかと思う。けれども一概にそう決めても……。(笑)けれども、人から教えを受けるについては、やっぱり教えを受けるだけの、少なくともそれだけの準備というものが必要だ。準備もしないで人の教えなどを受けるというと、純粋に聖典の中に書いてある本当の思し召しを見てゆこうという、そういう眼がふさがれるということがないとは言えないと私は思います。まあ、法蔵菩薩の話しようと思うけれども、これはみんな法蔵菩薩の話であります。(笑)

5

因位法蔵菩薩はわが身の内にある。わが内にある。今日の果上の阿弥陀如来さまは、わが外に、われわれを包んで、そしてあまねく十方に遍満しておいでになる。阿弥陀如来さまは十方に遍満している。法蔵菩薩はわれらの心の深いところにおいでになります。

浄土は西にあるということは、これは阿弥陀如来さまがそうおっしゃったわけでもない。これは釈迦如来さまがわれわれに教える一つの教えであります。だからして、これは方便と言ってもいい。方便なんて言われちゃ大変だ、宗旨はこわれてしまうなどと言って恐れる人がいますけれども、西方が真実なんて言うたら、創価学会にたたかれてしまう。これは釈迦の方便というもんでしょう。阿弥陀如来さまの本願から見れば、何も西方にあるということは言う必要はない。

阿弥陀如来さまは十方に遍満していなさる。帰命尽十方無碍光如来と申し上げる。南無阿弥陀仏ということは帰命尽十方無碍光如来。南無阿弥陀仏と称えることがいやだったら、帰命尽十方無碍光如来と称えればいい。帰命尽十方無碍光如来と言うたら意味がわかる。南無阿弥陀仏と言っても意味がわからぬ。説明を加えないとわからぬ。帰命尽十方無碍光如来は説明を要しない。だから南無阿弥陀仏が嫌いだったら、帰命尽十方無碍光如来と称えても差し支えない。差し支えないのだが、しかし、やっぱり、帰命尽十方無碍光如来というのも結局は南無阿弥陀仏。つまり南無阿弥陀仏のいわれでしょう。南無阿弥陀仏では何か呪文みたいなものです。南無阿弥陀仏なんと称えているのは呪文を唱えていることと同じことです。南無阿弥陀仏というものは呪文みたいなものだと、この頃もそういうように批評する人があるわけです。

山家《さんげ》の伝教大師は　国土人民《にんみん》をあわれみて
七難消滅の誦文《じゅもん》には　南無阿弥陀仏をとなうべし

ちゃんと「現世利益和讃」の初めにそう書いてある。

一切の功徳にすぐれたる　南無阿弥陀仏をとなうれば
三世《さんぜ》の重障みなながら　かならず転じて軽微《きょうみ》なり

これなんか「現世利益和讃」を読むというと、南無阿弥陀仏はあれは一つの呪文でしょう。あなた方、どう思って読んでいるか知らぬけれども、あれは呪文になっているんですね。

南無阿弥陀仏をとなうれば　四天大王もろともに
よるひるつねにまもりつつ　よろずの悪鬼を近づけず

南無阿弥陀仏をとなうれば　観音勢至はもろともに
恒沙塵数《ごうじゃじんじゅ》の菩薩と　かげのごとくに身にそえり

あれは呪文でしょうね。いや、呪文だというと面白くないと言う人があるけれども、しかし「現世利益和讃」にあらわれている南無阿弥陀仏は、あれは呪文ですよ。それを呪文でないと言ったってね。読めばすぐわかりますからね。あれはやっぱり、薬一ぷく飲むというようなこと同じようなことをあらわしている。真宗の人は何か言うけれども、結局いろいろのことを言うことは、呪文である証拠ですよ。

だから呪文化するのがいやであるならば……つまり南無阿弥陀仏をいやだということは、呪文化しておるからいやなのでしょう。だから呪文化することがいやであれば、帰命尽十方無碍光如来と言った方がさっぱりする。だから一応、南無阿弥陀仏がいやだったら、帰命尽十方無碍光如来と称えてみるがいい。そしてだんだんそうしているうちに、やっぱし南無阿弥陀仏の方が、やっぱり、その方がいいようだということがわかる。そうしたらまた南無阿弥陀仏に帰っていけばいいのではないかと。つまりいうてみれば、「聞其名号」ということは、南無阿弥陀仏のいわれを聞く。南無阿弥陀仏のいわれというのは何であるか、すなわち十二光仏の名前がすなわち南無阿弥陀仏のいわれでしょう。

このゆえに無量寿仏をば、無量光仏、無辺光仏、無碍光仏《むげこうぶつ》、無対光仏《むたいこうぶつ》、燄王光仏《えんのうこうぶつ》、清浄光仏、歓喜光仏、智慧光仏、不断光仏、難思光仏《なんしこうぶつ》、無称光仏、超日月光仏《ちょうにちがっこうぶつ》と申したてまつる。

それからその次の所に十二光の名前のいわれを書いてある。そのいわれを書いてあるということは、これは『讃阿弥陀仏偈《さんあみだぶつげ》』(曇鸞の作。略して讃阿弥陀偈、讃弥陀偈ともいう)を読んでもいいが、

「讃阿弥陀仏偈和讃」に十二光のいわれが一々記されてある。「弥陀成仏のこのかたは」という所から始まって、

光明月日《つきひ》に勝過《しょうが》して　超日月光となづけたり
釈迦嘆じてなおつきず　無等等《むとうどう》を帰命《きみょう》せよ

それからずっと、浄土の国土荘厳《しょうごん》、阿弥陀仏の荘厳をいろいろお述べなされて、そして四十八首の御和讃というものがある。四十八首の和讃は四十八願に型どってご制作になったものであるということはもちろんのことでございます。

これはみな南無阿弥陀仏のいわれでしょう。だから、この南無阿弥陀仏一つで退屈するならば、無量光仏、無辺光仏、無対光仏、燄王光仏、清浄光仏、歓喜光仏、あれ一つ一つに、みんな「南無」をつけて、南無無量光仏、南無無辺光仏、南無無対光仏、南無無碍光仏、南無燄王光仏、南無清浄光仏、南無歓喜光仏、南無智慧光仏、南無不断光仏、南無難思光仏、南無無称光仏、南無超日月光仏と、こういうように十二光を称えるというと、十二光を間違わぬように十二光仏を称える。(笑)それは非常に私はいいことだと思うんですよ。だからそういうふうに、一つ、本山に……ここに本山を代表して、ここに教務所長がおられる。(笑)本山というと教務所長がすなわち本

山……。だからやはり南無阿弥陀仏をもっと賑やかにするには十二光を称えればどういうもんであろうかと。それをもう少し要約すれば、帰命尽十方無碍光如来ということでもよくありはしないかと。これはすなわち南無阿弥陀仏のいわれということでしょう。つまり光明の徳、光明無量の徳。光明というのはどういう意味を持っておるんであろうか、とただ光明というと、阿弥陀如来さまは偉いもんだと。それだけではないんでありまして、その光明というのは何の意味を持ち、どういう目的を持っておるんであるかということは、この十二光仏の御名を念ずればいいことではないかと思うのであります。南無阿弥陀仏と——われを念ぜよと、一番簡単でありまするけれども、ことによると、呪文のようになりはしないかと。で、呪文化を防ぐには、やはり私は十二光仏の名を称えれば呪文化を防ぐことができはしないかと、こうも思うのであります。これは御本山へ提案するのであります。（笑）

6

さて、われわれには意識というものがありますね。意識というものは、つまり心に分別をする。分別をする働きを、それを意識とこういうふうにいうのであります。分別という言葉は、仏教では「了別」ともいいます。「リョウ」という字は、明了、明らかにする、了はものの区別を明らかにしていく、それを「了別」といいます。分別するのは意識のはたらきでありますが、その意識のもっと深いはたらきがあるんでしょう。

『成唯識論《じょうゆいしきろん》』とか『摂大乗論《しょうだいじょうろん》』とか、そういうものを読みますというと、これは末那識《まなしき》といいます。マナというのは梵語でありまして、やはり意でありますが、やっぱり意識であります。第六識も意識であるし第七識も意識であります。けれども第六識は意識と、こういいますが、第七識はただ意といいます。意と意識と、こういうようにいうても差し支えないのであります。それから、その末那識をもう一つ全体を総括しているものが、前七識を総括しているものが第八識というのでありまして、それをば阿頼耶識《あらやしき》と『成唯識論』ではいうております。けれども、これは真諦三蔵の翻訳した『大乗起信論』（支那梁の真諦の訳）などを読みますと、「アリヤシキ」と、こういうように発音しております。それにはいろいろな議論があったり、様々なことがあるんですけれども、まあ「アリヤシキ」も「アラヤシキ」も同じものだと、そう考えておいて差し支えなかろうと、こう思うのであります。

『大乗起信論』、これは馬鳴《めみょう》菩薩という人が書いた。（註　中インド摩掲陀の人。仏滅後六百年頃の人と伝える）馬鳴菩薩という人はいつ頃、出た人であるかというと、昔の人は、馬鳴という人は龍樹より百年も前に生まれた人だと、こういうふうに昔の人は伝えておった。この頃は何でも古いものにけちつけたりなんかするのが新しい学問というんでありましょう。それで今では、馬鳴菩薩なんというのは、龍樹よりおそいことはもちろん、ことによれば無着、世親よりももっとおそいもんだろうと。或いは、馬鳴という人は、音楽などにたけている馬鳴という人は何人もおったんだと。馬鳴という人は沢山おった。一人や二人でない。この『大乗起信論』を作った人が馬鳴、そういう馬鳴がおるといいうけれども、とにかく、『大乗起信論』という書物は、内容から見るというと、龍樹よりも、それから無着、世親よりももっともっと後の人らしい。だんだんそういうように考えておると、しまいには、あれはインドの人が書いたのではなくて、あれは支那人がこしらえたもんだろうと。支那の人間が馬鳴という名前を借りて、ああいうのを作ったんだろうと。本当は馬鳴が書いたのでも何でもないと。馬鳴という人はインドにおったのだろうけれども、いわゆる馬鳴という人の名前を借りて、そうしてああいう書物を誰かが作ったんだろう。その作った人は支那人らしい。まあ、そういうことを言うと、『観経』を作ったのも支那人らしいと……。そういうことを言うんですね。この頃はそういうことを言うて、支那・中国ではなくて、インドと支那の間ぐらいの所に、いろいろの国がありますね。ベトナム。あの辺の所でありましょう。あれは支那でいえば、一つの夷《えびす》でありましょう。中国の周辺にある夷である。日本もやはり一つの夷なんでしょう。支那・中国の方からすれば、東の海の所にも一つの夷が住んでおると。そうしてこの支那の国、中国にいろいろの迷惑をかけておると。それがまあ日本人というものである。まあこういうように言う。

とにかくその交趾支那《コーチシナ》とか何とかいうて、あのインドと支那との間にいろいろの国が沢山ある。

そういうような所に『観無量寿経』なんというのができてきたんである。まあそういうことを言うておる人がある。『観無量寿経』は梵本がない。『大無量寿経』や『阿弥陀経』は、今でもちゃんと梵本がある。『観経』はないものだから、『観経』は、あれは支那人が支那の国民にあうように『観経』を作った。それで『観経』はやはり支那人に大いに歓迎された。歓迎されて、そうして浄影慧遠《じょうようえおん》（支那隋代の学匠。その著『無量寿経疏』及び『観無量寿経疏』各二巻は浄土教において重んぜられる）とか、天台大師（智顗《ちぎ》。支那隋代の高僧。天台宗の教理の大成者）とか、そういうような人たちがみんなそれを用いた。そうしてその聖道門の思想は経典に書いてある人、たとえば韋提希夫人《いだいけぶにん》だとか、或いは提婆達多《だいばだった》であるとか、或いは阿闍世王《あじゃせおう》であるとか、そういう経文に書いてあるような人は、ただ人でないと。こういうように見るのが聖道門です。

言うてみれば、聖道門では、本当に極重悪人というのはいないものとしているんです。浄土門の人は何かいうと極重悪人と。こういうようにして、その極重悪人が阿弥陀仏の本願というものによって南無阿弥陀仏と称える。そうして、それによって、往生し成仏するのである。これはもう、浄土の本願というものである。こう言うて感激しておりますけれども、聖道門の人から言わせれば、大体そんな悪人というものはいるものではない。いないものだと。みんなこれ本来仏さまだと。禅宗の人に言わせれば、本来仏さまだ。何かの縁に遇うて、そうして罪をおかすことはある。罪をおかすというようなことも、人間世界では、あれは罪が重いと言って責めるけれども、仏さまの眼をもって見れば、そんなものは何でもないものである。こういうように聖道門の人は考える。そういう一つの人生観とか世界観とかいうものを持っておるのが仏教の聖道門である。だから言うてみれば、浄土門の人は馬鹿正直に、王舎城の悲劇なんというものを、重大事件のように思って、そうして馬鹿正直に恐れを抱いて、そうして阿弥陀仏の本願というものは貴い本願で、十方三世の諸仏に見放された者が、阿弥陀仏の本願によってのみ救われると。……そんなものじゃない。一人で、一人でもって坐禅すればみな成仏する。提婆達多であろうが阿闍世王であろうが、皆そういうものであると……。だからそういう眼でもって『法華経』を読む。そういう眼でもって『涅槃経』を読む。そういう眼でもって『観無量寿経』を読む。

そうすれば、『観無量寿経』であろうが『法華経』であろうが、みんな大体そういうように一切空である。一切空であれば善人も悪人もみんな一切皆帰だ。みんな平等である。何も別に大した善人というものもないし、誇るべき善人もないし、また恐るべき悪人もない。みな平等である。これがすなわち仏知見というものである。人間は愚かだから、ああ悪いやつだ、恐ろしいやつだ。あれは近づくというと危ない。君子危うきに近寄らず……。この頃はそうでしょう。汽車に乗るというと、ずいぶん悪いやつがおって、ひどいことをする。それはみんなほかの人は黙って、見て見ないふりをしている。あれは君子というもんでしょう。（笑）君子危うきに近寄らず。日本人はみな君子。（笑）たまに君子をやめて、ちょっと、とがめるものなら、ひどい目にあわされる。

それでまあ君子危うきに近寄らず。孔子さまの教えを守っておる。（笑）

とにかく聖道門は、少なくとも経典にあらわれておるところの人々は、皆ただ人でない。それから推してきて、経典にあらわれておらぬ人でもただ人ではない。ただ人なんてどこにもおらぬ。こういうのが聖道門でいういわゆる大乗仏教というものでしょう。それに対して、浄土門のわれらは、阿弥陀仏の本願というものからして初めて凡愚ということを、それをさらにいえば実業《じつごう》の凡夫というのであります。

（昭和三十八年五月十七日、久留米市、大谷派教務所における講話）

法蔵菩薩〈四〉

1

仏さまというたら、大体昔から男性ということになっております。観音さまは女人をモデルにして絵に描いたりしておるけれども、しかし観音さまは、女人というわけでもない。聖徳太子さまは観音さまの御化身だと言うている。何も女の人だけが観音さまの御化身だというわけではない。だから御開山様の奥方の恵信尼公《えしんにこう》が御開山様をば観音さまの御化身だと、こういうように言うておられたということもある。また御開山様の「行者宿報」の御偈文《ごげもん》、あれは観音さまのお告げでありましょう。あれを見るというと、御開山様の奥方が観音さまの御化身である。で観音さまは男になったり女になったりなさるのでありまして、観音さま御自体は男性であるか女性であるか、或いは中性であるか、別に性別というものは仏さまにはないものであります。仏さまには性別はないんだけれども、しかし仏さまは男性だということに大体昔から決められてあるのであります。

こういうところから、あの三十五の願というのがあるわけでしょう。つまり第十八願というものは、十方衆生だから男性も女性も含めておるけれども、大体は男性というものを主にして本願というものはできておる。こういうので第三十五の願というものがあって、特に女人の名前を掲げて、そうして第三十五の願というものができておった。変成男子《へんじょうなんし》などということを言うと、昔の女性は喜んだけれども、今の女性は侮辱を感ずるということを聞いておるのであります。

これは、諸仏の本願はみな男性のみが成仏する。そこで阿弥陀如来が、二百一十億の諸仏の浄土について、諸仏の本願というものを一々、検査をした。比較研究した。そうして、五劫のあいだ思惟して、そうして特にこの第三十五の願というものを起こされた。だから変成男子というそういう言葉をもって、女人成仏を——男性も女性も平等に成仏する。諸仏の本願では女性というものは成仏しないとこういうものであるから、その中で阿弥陀仏の本願を起こされて、男性も女性も平等であるということを、そういうことを言うても、表からそういうことを言うことはできない。だから変成男子というそういう言葉で、男性も女性も平等であるということをあらわしたんです。表現から見れば、平等という表現になっておりませんけれども、しかし本願の思し召しは平等であるということを、その時代がそうでないと、その時代の人はああいうふうに言わないと、安心して第三十五の願を信じない。劣等感を持っているんですからね。長い間……。今の人は劣等感を持っておらんでしょうけれども、昔の人はみんな劣等感を持っていた。その劣等感を持っているところへ、男性も女性も平等なんと言うても、あんなことを言うけれども、あんなことを言うてお上手を言うていなさると、受け付けぬです。そこで、あんた方が成仏するには変成男子ということがある。一段まず変成男子になって、それから成仏すると。

だから要するに、変成男子ということは、成仏と同じことである。変成男子になってから成仏するのではなくて、変成男子ということは、成仏するということを、変成男子とこう表現した。変成男子すなわち成仏。往生成仏。一遍、男になって、それが基礎になって、それからまた改めて今度信心決定して、それから成仏、そういうのでありません。変成男子ということは、それはすなわち成仏するということを変成男子と表現した。何と丁寧な表現で……。そのことがわかって、なるほどそうだ、ということになる。これは御和讃を読むというと、

弥陀の大悲ふかければ　仏智の不思議をあらわして
変成男子の願をたて　女人成仏誓いたり

変成男子というそういう願を立てて、そうして女人成仏を誓う。まず男になってから、それか

ら今度は……第一段は男になる。第二段は今度は信心決定して成仏する。こう二段になって、男はすぐに成仏するけれども、女は男になって、それから成仏する。そういうふうにちょっと思いますね。これはまあ表現というものを了解しない人が多いと思うんですよ。おそらくは、あの第三十五の願を講釈すると、親鸞聖人みたいに講釈できる人なんて滅多にいない。みんな間違うて解釈しているに違いない。そうでしょう。あれは、女が男に変わって、それから性が変わって、それから今度成仏する。そういうんでないのでありまして、変成男子ということは、女人成仏という言葉で言うてもなかなか納得しないものだから、そこで変成男子とこう表現した。今の女の人に、変成男子と言うと、一体喜ぶのかどうか知らんけれども、昔の人は、変成男子と言うと、もう何よりも喜んだんでしょう。これは、女が男になるなんということは、まあ考えられない。それはできないことを言うておった。それはつまり成仏よりももっとむずかしいことである、変成男子ということは……。(爆笑)それが今でも、男になってから成仏するんであると、そういうふうに第三十五の願をまあ読むと思います。ところが、そうではないんで、変成男子即女人成仏、そういうことが第三十五の願の意味であるということ、これは、善導大師の釈もあるんですけれども、「五つの障りはなれねば　女身をいかでか転ずべき」という御和讃があります。あれは善導大師のお言葉を解釈したのであります。

とにかく男女平等。男女同権と言うてもいいのでありましょうが、同権というと対立的になる。

だから平等、男女平等という方がいい。同じく、同じく尊い。「天上天下唯我独尊」という言葉がありますが、この天上天下唯我独尊ということは、男性も天上天下唯我独尊であれば、女性も男性と同じように天上天下唯我独尊であるということを男女同尊という。男女同権という言葉を、男女同尊という意味に解釈すればよいと思う。権利というような言葉は、やはり経済に関係するのであります。財産の所有権、そういうようなことにも関係しておるんでありますから、それで権利とか義務とか、そういうようなあの言葉が使われておるのであります。だから宗教の方から言うならば、やっぱりこの尊いという字。男尊女卑という言葉が昔からあるのでありますが、男尊女卑という、そういうことは諸仏の本願には男尊女卑であるが、阿弥陀の本願は男女同尊であるということを第三十五の願というものにあらわす。変成男子すなわち女人成仏であって、変成男子と女人成仏と、二段に分けて読むという読み方は間違いであると思います。

2

だから『歎異抄』の第四条「慈悲に聖道、浄土のかわりめあり」。

聖道の慈悲はだめだ、浄土の慈悲のみが、すえとおりたる大慈悲であるということを説明するときは、次に「浄土の慈悲というは、念仏していそぎ仏に成りて、大慈大悲心をもって、思うが如く衆生を利益するをいうべきなり。今生に、いかにいとおしふびんと思うとも、存知の如く助けがたければ、この慈悲始終なし。しかれば、念仏申すのみぞ、すえとおりたる大慈悲心にて候うべきと」。

初めの説明を見るというと段がついております。今生においては念仏する、そうして人を助けるのは仏になってから助けるのだ。こういうように、説明するときは書いてある。ところが最後の結びの言葉になるというと、「しかれば念仏申すのみぞ、すえとおりたる大慈悲心にて候うべきと」こう書いてある。あの結びの言葉になるというと、未来を待たぬ。もうお念仏申すということが、すえとおりたる大慈悲心。還相廻向となって初めて大慈悲心になって、自分は意識しないでも、この自分はただ、急ぎ仏になるということを願う。願作仏心《がんさぶっしん》。願作仏心すなわち度衆生心である。こう仰せられてありますね。

浄土の大菩提心は　願作仏心すすめしむ
すなわち願作仏心を　度衆生心と名づけたり
度衆生心ということは　弥陀智願の廻向なり
廻向の信楽《しんぎょう》うるひとは　大般涅槃《だいはつねはん》をさとるなり

如来の廻向に帰入して　願作仏心をうるひとは
自力の廻向をすてはてて　利益有情はきわもなし

だから親鸞聖人の思《おぼ》し召《め》しをいただくには、やはり親鸞聖人のような透徹した眼、そういうものが開かれておらなければならぬ。如来の廻向ということがなければならぬ。それなしに読むというと、急ぎ念仏して、仏になってから、それから初めて大慈悲心と。仏にならぬうちは大慈悲心はないと。そうじゃないんでありますよ。念仏、南無阿弥陀仏というときから大慈大悲心がちゃんと成就するのです。だから、こっちの方は知らんでも、大慈大悲心をそこにちゃんといただいている。それですから、南無阿弥陀仏のないところには我利我利の亡者があるけれども、南無阿弥陀仏といただいたときに、はやもう我利我利亡者が転じて、大慈悲心というものがそこに成就される。それを「しかれば念仏申すのみぞ、すえとおりたる大慈悲心にて候うべきと云々」。

そういう眼を開いた。だから第三十五の願というのは、変成男子ということが女人成仏であって、変成男子のほかにもう一つ女人成仏というものがあるわけでない。すべて親鸞聖人がご覧になるには、そういう眼でご覧になったのであるということを知らなければならない。ことによるというと、説教するお方が間違うて、二段構えで第三十五の願があるのだという。そうして昔のお婆さんたちは涙を流して喜んでおるけれども、若い人たちは鼻を曲げてしもうて、（笑）それでお婆さんの所へ帰って来て喧嘩する。お婆さんは、「私はもったいない」と言って、お婆さんはお婆さんで腹を立てるだろうけれども、お嬢さんたちは、お婆さんに承知しないと思うんですよ。これはやはり七百年も前にちゃんと御開山様は言うておられるんですからね。それが今になってもわからぬ人たちはわからぬ。だから昔の人より今の人はみんな賢いように思うておるけれども、なかなかそうではないと思うのであります。

3

さて法蔵菩薩のことがおくれてきますけれども、意識というものがあって、その意識のもう一つ深いところに無意識というものがあります。意識というのは分別。ものを分別する。これはこう、あれはあれ、われはわれ、お前はお前、こういうふうに分別する。それが意識というんでありまず。ところが今の学問というのは、意識のところだけで話している。意識の下には無意識というものがあります。無意識というところまでくると、もう分別の働きのないというものがあります。人間の心というものはそういう深いものでありましょう。意識の働きは浅いところにある。その浅い意識の層というものを過ぎて、その下のところには無意識の層というものが――これは深さが底がないんです。また幅、広さは果てしがない。そういう無意識の層というものがある。まあ言うてみれば深層意識。意識の元、つまり意識の大地、その無意識のところから、新しく新しく、意識の世界へ何か現われてくるんでしょう。だから何が現われてくるかわからない。

そこで、この宿業というものは一体どこにあるのか。どこにあるのかと言えば、意識の深いところにある。その深層意識というものは分別のないものでしょう。分別がないから無分別の層。無分別の層というのは、どこまで掘り下げていっても底のないものである。そういう層をば一般の人は本能と言う。本能と。

京都へ行くというと本能寺というお寺があります。「敵は本能寺にあり」という……織田信長が本能寺に泊っていた。それを明智光秀がその本能寺に信長を攻めて殺してしもうた。あれは『法華経』のさとりを本能と言うんです。法華宗と言います、あれは。あれは日蓮宗ではなくて、法華宗。日蓮宗と法華宗とは違います。ふつうの人はわからんで、何でも法華宗だと思っておるけれども、あの宗旨に入ると、法華宗と日蓮宗とはちゃんと分かれております。

日蓮宗というのは身延《みのぶ》（山梨県南巨摩郡）に大きな本山がある。ところが法華宗というと、小さい本山がいくつもある。それから創価学会が根拠にしておるのもあれは一つの法華宗の一本山であります。あれは特別に極端なことを言う本山で、末寺のない本山。末寺がなければ本山とは言わないようなものだけれども、しかし末がなくとも本だけあるということもある。（笑）また本は末に対するけれども、その末を包んでおるということであれば本だけでもいい。こういうことです。

それで、『法華経』「寿量品」に、地涌《じゆ》の菩薩というような——大地が割れて、無量無数の菩薩が出て来た。まあ菩薩と言うて自慢していますけれども、私は考えてみると、あれは野蛮人みたいなものが出て来たに違いない。野蛮人の偉さというもの。大体このほかのお経は文化主義であって、そこへ現われているのは文化人だ。文殊菩薩、普賢菩薩とか、みんな文化人だ。『法華経』も初めの所には文化人ばかり出ておった。舎利弗《しゃりほつ》とか目犍連《もっけんれん》、阿羅漢、——阿羅漢というのはみんな文化人です。また菩薩も、ほかのお経に書いてある菩薩はみんな文化人だ。菩薩は文化人だ。ところが『法華経』は、文化主義、そういうものを否定して、そうして本能主義を知らしめる。

それでこの本能という世界は、文化などというような人間分別の色のつかない、もっともっと文化以上の力、純粋な人間——文化人なんというのは垢のついている不潔な人間であるし——地涌菩薩はそういう文化の垢のつかない、人間くさいものでなしに、すなわち地涌の菩薩である。それで日蓮上人は、その地涌菩薩の中の指導者。——四人の指導者がある。その四人の指導者の第一が上行《じょうぎょう》菩薩。日蓮は、上行菩薩が不幸の世の中に、この娑婆世界に現われてくるというが一体どこに現われているのか。どこかにいるに違いないが、みんなどう思う、と、こう言って、謎をかけている。おそらくはこの日蓮であろう。そう言って謎をかけておるような調子でもって、名乗りを上げている。なかなかぼかしをかけておるようだけれども、誰も反対もできないように言うておる。ちょっとぼかしをかけておるんですね。

それが『歎異抄』の第二条を見ると、

弥陀の本願まことにおわしまさば、釈尊の説教虚言なるべからず。仏説まことにおわしまさば、善導の御釈虚言したまうべからず。善導の御釈まことならば、法然の仰せそらごとならんや。法然の仰せまことならば、親鸞が申すむね、またもってむなしかるべからず候か。

あの「か」という字が出てくる、親鸞のお言葉に。あの「歟《か》」という字があるところに、みんなに、お前はどう思う、と。自分だけ一人名乗り上げたって、人は承知しない。反対するに決まっておる。「か」という字を置くと、なるほどそうかな、とみんな考えてみる。どうだ、あんた考えてみたらどうか。「か」という字をもって、みんなどう思う、と。こう言って謎をかけた。そうでしょう。

やはり日蓮上人も謎をかけて名乗り上げておりますよ。これは上行菩薩というのは日蓮上人のことかなというようなもんで……。（笑）日蓮上人だぞ、と言ったら、みんな反対する。日蓮上人かな、私のことかな、こう言うとみんな考えて、これはだんだん考えてみるとやっぱり日蓮上人。ああ、あの人はただ人でない。こういうことになってくる。

まあそういうところが、人間に考えさせる一つの問題。一つの解答の形でなしに、人に考えさせるには問題の形で表現すれば、みんながなるほどそうかなというように考えるようになる。やっぱり日蓮上人でも親鸞聖人でも、そういう点においてはみな共通しておる。釈尊なんかも、やはり力を持っている人は皆そういう呼吸をちゃんとのみ込んでおいでになる。やはり人を動かすそういう呼吸をのみ込んで、そうかなというふうに話をなされたので、それでみんなが、なるほどそうかと言うて感心したんであろう。何でも自分の方から断言したら、人はみんな逃げてしまう。その証拠は『歎異抄』第二条を見よ。私はそういうところに人情の機微というものがあるということを知らなければならぬと思うのであります。

4

この頃は深層意識というものの研究がある。それから精神分析の学問というものがある。一種の医学である。つまり人間の病気の根本を治していくという学問で、それがまあ精神分析というものであって、深層意識といえるものを深く研究しておる。

で、本能というと、ああ本能か、ああ動物本能かと、侮蔑《ぶべつ》するんですけれども、動物本能というのは本能の全体ではありません。動物本能というものは、本能の一部分で、ごく一部分をとって、そうして全体かの如く迷うておる人があると思うのであります。だから動物を包んで――動物を排斥するんでありません。人間には、動物本能だけでなく、あらゆる動物の本能を包み込んで、そうしてそれを総合していくところに人間本能というものがあるわけでありましょう。人間本能というものまで、目を開いてくれれば、私どもはそこに、仏さまの因位というものを、われわれはその中に感得することができるであろう。すなち法蔵菩薩、因位法蔵菩薩を、この本能のところに感得することができるであろう。

天皇は象徴であるという。その象徴というのは、天皇様はわれわれの心の深いところに、つまりわれわれの深層意識のところに、自分の身近い御方として親しみを持って天皇様を感ずることができるであろう。それで天皇は日本国の象徴であり、また日本国民統合の象徴である。外に向かっては日本国の象徴。内、一人一人のわれわれの心の中には国民統合の象徴というものである。内には国民統合の象徴、外には国家の象徴。内と外とにこう分けて見ることができる。

そういうふうに、つまり、寿命の方は内にある。光明の方は外にある。寿命無量内にあり、光明無量は外にあり。こういうものは一概に言うわけにはいかぬけれども、大体まあ光明、寿命の関係をそういうふうに一応考えてみる。

横に十方を照らすは光明無量、縦に三世を貫くものは寿命無量。

こういうふうに昔から教えられてあるということも、そういう意味をあらわしておるというても差し支えなかろう。或いは光明は智慧である、寿命は慈悲である、とこういう考え方もあるわけであります。

で、私は宿業を本能であると。……こういうのは、私、考えたんじゃなくて、これは如来の廻向と言うんでしょう。如来様から廻向をいただいたんです。考えるのは意識分別をして出て来るんで、分別などなくして、分別を超えて出て来るものがすなわち象徴というものであるとこう私は思うのであります。

5

さて、このわれわれの宿業本能、それを、私どもは、宿業というものを分別意識のところで考えておるんです。考えるから、宿業はわからない。宿業は本能のところで私ども感ずるのでありましょう。その本能が、そのわれわれの本能が、すべて形のあるものはみんな、この本能の象徴であります。天地万物ことごとく本能の象徴、宿業の象徴ならざるはなし。本能宿業の象徴であります。分別の世界で見るというと、みんな他人だ。一人一人は他人だ。ところが宿業本能の象徴として私どもが感ずるときになれば、天地万物はことごとくこの自分の兄弟である。いわゆる「一切の有情はみなもって世々《せせ》生々《しょうじょう》の父母《ぶも》兄弟なり」という言葉がございます。

この頃、本山で同朋会《どうぼうかい》運動をしている。同朋会運動というのは、分別の世界では同朋運動などはできません。分別の世界にくるというと敵同士。同朋などできません。無意識は深層意識であります。ところがその深層意識が意識の根でありましょう。もとでありましょう。ちょうど言うてみれば、一つの松みたいなものである。意識というものは地上に出ておる松みたいなもの。松は意識の世界に属している。それから深層意識は松の根であります。松の根というのは地の中に埋まっておる。埋まっておるから、それを見ようとするならば、その根を掘らなければならぬ。それで下手に掘れば、松は枯れてしまう。根を見たいと思っても、根など見たら汚いもので興がさめる。

ちょうど、舎利弗尊者《しゃりほつそんじゃ》に、ある婆羅門が、あんたの目は本当にいい目で涼しそうな目をしておられるが、私の目は実に悪い目で、あんたの目を頂戴して私の目と入れ換えてもらおうと思っておるが、どうかあなたの目をこの私に頂戴したい。……で、舎利弗は、困ったことだと思うけれども、やらぬというわけにいかぬ。それでいろいろ考えて、よろしい、あんたにやりましょう……早速目の所に指を突っ込んで、出して取った。そうしたところが、その婆羅門が、ほう、私はあんたの目はきれいな目だと思って、それで目を下さいと言ったけれども、出して見ると、これはこんなもので、とても汚なくて貰えるもんじゃないと、たちまち舎利弗尊者の見ている前で大地に投げつけた。さすがの舎利弗尊者も、うっかりして腹を立てた。腹を立てたので舎利弗尊者もたちまち神通を失なってしまったというそういう話がある。

これはあの『往生論註』に難行道のことを説明する第三番目の所に「無顧《むこ》の悪人、他の勝徳を破る」という言葉がありますが、その例に、そもそも乞眼婆羅門が舎利弗尊者の難行、自力の修行をなさる妨げをしておる。この五濁悪世《ごじょくあくせ》において自力修行するなんということは、とてもできない。そのできない証拠は舎利弗尊者をもって知るべし。このようにして、あそこに、五つの難行あり。「一つには外道の相善《しょうぜん》、菩薩の法を乱《みだ》る。二つには声聞は自利にして大慈悲を障《さ》う。三つには無顧の悪人、他の勝徳を破る。四つには顚倒《てんどう》の善果、よく梵行を壊《やぶ》る。五つにはただこれ自力にして他力のたもつなし」

この個条を上げて、そうして五濁の無仏の時において、自力をもって不退の位を得るということは非常に困難なことであるということを曇鸞大師が説明しておる。第三番目の「無顧の悪人、他の勝徳を壊《やぶ》る」という個条の所に、そういうことが出ておるのであります。

6

つまり私ども人間の生命というものは、意識の底にあるところの宿業のところに、われらの生命というものがあるのでしょう。宿業本能のところに生命がある。そういうところからいろいろ考えることができるわけです。この本能というものは、われわれの迷いの根源になりましょう。けれどもこの本能というものはまた迷いをひるがえして、さとりの眼を開くというその根本になるものが本能である。

昔からこういう言葉がある。「地によって倒るるものは地によって立つ」——本能によって、本能宿業によって迷いたるものは、本能宿業によって迷いをひるがえしてさとりを開くことができる。——すなわち、本能は迷いの根源であり、またさとりの根源でもある。そのさとりの根源であるということも、やはりそれには、善知識の縁というものがあって、善知識の縁に照らされて生きていくものであります。

で、本能というものは衆生に属する。本願は仏さまに属する。本能と本願は一つなのか違うのかと言って、浩々洞《こうこうどう》時代によく質問せられたものでございます。

本能と本願、これは一つというわけにもいかぬし、また全く別のものだというわけにもいかない。「一にして同ずべからず、異にして分かつべからず」という言葉が曇鸞大師にあります。法性法身《ほっしょうほっしん》というのは本能です。法性法身は別にありません。われわれの持っておるところの本能のところに法性法身はあるんでしょう。方便法身はつまり本願でしょう。法性法身は本能、方便法身は本願です。その本能を転ずれば本願。だから本願というのは本能を離れない。そうかというて、本能と本願は一つだというて、何でもかんでも混乱してはならない。だから、ただいま詳しいことはお話できませんから、「一にして同ずべからず、異にして分かつべからず」ということを、この本能と本願……本能は迷いの衆生に属する、本願は悟ったところの仏さまに属する。迷いのわれわれと、悟った仏さまは全く違っておりますけれども、その因――法蔵菩薩は因でしょう。果上の阿弥陀如来は広大無辺のお姿でありますが、法蔵菩薩というのは、けし粒みたいな中にもちゃんとこれは納まっておるんですよ。法蔵菩薩ほど小さいものはない。けし粒より小さい。全くわれわれの目にも見えないほど小さいものだ、法蔵菩薩は……。そういうものでありますよ。だから本能をどんなに分析分解しても、どんな小さいところにも法蔵菩薩はある。一寸の虫にも五分の魂があるように、虫ケラでも魂がある。その魂というのはすなわち法蔵魂だ。みな法蔵魂を持っておるのであります。われらをその法蔵魂に目ざましめようと、こういうのが阿弥陀仏の本願というものであります。まず法蔵魂に目ざめる。

ここまでくるというと、自力とか他力とかそういうようなことは結局違ったものでないということになる。つまり法蔵魂を持っておるから自力で、法蔵魂をいただいておったら他力でしょう。それは心持による。法蔵魂というのは本願力、本願力の廻向。法蔵魂というものは本当にそこに与えられておる。生まれながらにして与えられておるというのが他力です。生まれながらして持っておるというのが自力である。持っておるのと与えられておるというところから、自力と他力とが分かれてくる。持っておるということは所有権を主張しておる。与えられておるというときになれば、もう所有権なんというものは何も主張しない。それだから、法蔵魂というものを俺は持っておるんだ――俺は与えられたんだという、その心持というところから二つが分かれてくる。

もとは一つなんです。

だからやはり、仏法は一つのものである。一つの仏法を、それをわれわれはそれをどういうふうにして了解していくのが正しいものであるか。持っておると感ずるとすれば結果はどうなるか。与えられておると感ずると結果はどうなるか。持っておると——それは偉いもんだと。与えられておると——それはありがとうございますと。まあこれ以上のことは言わぬ方がよいと思います。

これをもって今回の会を終わらせていただきたいと思います。

（昭和三十八年五月十七日、久留米市、大谷派教務所における講話）

還相廻向〈一〉——誓願一仏乗——

1

還相廻向《げんそうえこう》というお話をするにつき、還相廻向とは往相廻向《おうそうえこう》ということに対して還相廻向ということがある。廻向という言葉は、仏教において大切な意味を持っている言葉である。廻向という言葉の一番初めはどこにあるか。『般若経』や『華厳経』、いろいろなお経にあるが、重大な事がらであるから、そのほかいろいろのお経に廻向ということが出ているに違いないと思うのであるが、特にわが親鸞聖人の教えというものは、浄土の三部経の中で特に『無量寿経』——『仏説無量寿経』というお経、これを親鸞聖人は『大無量寿経』とあがめて、その三部経の中では『大無量寿経』が真実の教えである。『観無量寿経』や『阿弥陀経』はもちろん尊い教えだが、方便の、権仮方便《ごんけほうべん》の教えである。

親鸞聖人以前は三部経はみな平等のものだと、長い間そう考えられていた。しかもその三部経の中で、大体『大経（大無量寿経）』と『阿弥陀経』とは大体同じ性質のもので、つまり『阿弥陀経』をくわしくしたものが『大経』である。『阿弥陀経』の何倍という文字の分量で、意味は『阿弥陀経』をよく読めばそこにおさまっているが、『阿弥陀経』のように簡単に述べてはなかなか阿弥陀如来の本願の思し召しが了解できない。それで、『阿弥陀経』の本源を明らかにしているものが『大経』である。しかし親鸞聖人以前は、ただ『阿弥陀経』を拡大したものだろう——と。根源を明らかにしたというよりも、拡大した——くわしくしたのが『大経』であろう、こう了解されていた。

とにかく、『阿弥陀経』と『大経』とは同じような内容のものだ——と。『阿弥陀経』は短いから『小経』、『無量寿経』は分量が大きいから『大経』——と。ところが、親鸞聖人が『大無量寿経』と仰せらるるのは分量だけが大きいのでというわけではない。

阿弥陀の因源果海、阿弥陀の本願の根源の遠くまた深いことをくわしく述べ、またそういうことを阿弥陀仏のさとりの果として浄土というものが出来上がっているから、そのさとりの果たるお浄土がまた広大無辺であり、またその浄土の徳も測り知ることもできない尊いものであると、こういうことを『無量寿経』にお示しになっているので、特に『大無量寿経』であると仰せられた。『大無量寿経』は本願の根源を明らかにし、従ってさとりの果の境涯の尊いことをくわしくお示しになっている。そこで三部経の中でただ一つの真実の経であるということを、初めて親鸞聖人が明らかにして下された。それが『教行信証』というものである。

2

廻向とは、『大経』下巻の初めの本願成就の文《もん》に「至心廻向」という四文字がある。これが阿弥陀仏の本願力廻向ということの最も初めの言葉である——こういうように親鸞聖人は私どもに教えて下されてある。本願成就の文を特に尊い経文《きょうもん》であると感得せられ、その御文の思し召しというものによってわが親鸞聖人は、浄土真宗という教えを感得し開かれた。

親鸞聖人は本願成就文の読み方について、それ以前の読み方と全く違った読み方を感得せられた。親鸞聖人以前の読み方はふつうの読み方で、それは今日でも法然上人の教えを伝える浄土宗はやはり親鸞聖人以前の読み方を伝えている。それが一般の当たり前の読み方である。われわれも、もし親鸞聖人の教えがなかったら、おそらくは親鸞聖人以前からの読み方に従うて読んでいるに違いないと思う。その読み方、つまりふつうの読み方は、

十方恒沙の諸仏如来、皆共に無量寿仏の威神功徳不可思議なるを讃歎したまう。諸有の衆生、其の名号を聞いて信心歓喜し、乃《いま》し一念に至るまで至心に廻向して、彼の国に生まれんと願

ずれば、即ち往生を得て不退転に住せん。唯五逆と正法を誹謗せんとをば除く。

これは、漢文を読む力があるものならこのように読むのが当たり前の読み方で、これが間違っているということはできない。だから法然上人もこのような従来の読み方に従って、また人にも教えられたから浄土宗の人はこのように読んで解釈しているのである。

「信心歓喜し、乃し一念に至るまで至心に廻向して、彼の国に生まれんと願ずれば……」そうすると、名号を聞いて信心歓喜することは、特別に深い意義を持っているということはない。「其の名号を聞く」ということは、四十八願ではしばしば「聞其名号」ということが出ている。まず第二十願に出ている。十八願にも十九願にも出てないで二十願で初めて出ている。

設《たと》い我《われ》仏を得たらんに、十方の衆生、我が名号を聞いて、念を我が国に係《か》けて、諸《もろもろ》の徳本を植えて、至心に廻向して我が国に生まれんと欲《おも》わん、果遂《かすい》せずば正覚を取らじ。

「聞我名号」は十八・十九願になく、二十願に来て初めて出ている。そうして「至心廻向」という言葉も十八・十九願にはないし、二十願に来て初めて出てくる。

こういうように、二十願を読めば、われわれ衆生が至心に廻向する。至心廻向するのはわれわれである。われわれが南無阿弥陀仏と称えて——わが名号を聞いて——それから「念を我が国にかけ」だから、この浄土へ……この世界は苦悩の世界・生死無常の世界である。われらはそのためにいろいろ苦しみを受けているから、この世を最後として苦悩の世界の足を洗う、そういうことで至心に廻向する——と。「至心に廻向する」というのは、これはわれわれがこちらから仏さまに向け心を振り向け、また行を阿弥陀如来に向かって振り向ける。お念仏を、また諸善万行を振り向ける。修するものはわれわれである、相手は仏さまである。

こういうように読んでいくのであるし、「我が国に生まれんと欲《おも》え」とあるが、われわれは彼の国に生まれんと欲う。「欲生我国」とあるを、われわれは「欲生彼国」と読みかえている。そのような読み方をもって、やはり十八願を読むときも、われわれが二十願や十九願を読むときにするような態度で十八願の「至心信楽欲生我国」を、そういうように読んでいこうとする。われわれは、そういうように読むのは当たり前であろう。本願とは阿弥陀如来のお言葉だから阿弥陀如来のお言葉の形で書いてあるが、それを読むのはわれわれである。われわれが読むのであるから、「至心信楽して」と言うても、誰がと言えばわれわれがである。自然そうなる。従って「欲生我国」ということも、われわれがそれを読むことになれば「我が国」を彼の国と解釈してゆくのであろうし、「生まれる」というも仏の言葉では来生というのであるが、われわれの言葉では往生となる。「欲生」の生は、来の字が書いてないがこれは来生であるということは、二十二の願の中に「来生我国」とあるから、それに照らせば十八願の「欲生」の生は往生の意味でなくて来生という意味であるに違いない。だから「欲生我国」とは「我が国に来たり生まれんと欲え」で、「我が国に往生せんと欲え」ではない。

それを親鸞聖人以前は、十八願の言葉も十九願の言葉も二十願の言葉も、読むときは「欲生我国」と読むが、すぐに解釈つけて「我国」が彼国になり「来生」が往生になる。彼の国に往生せんと欲う――

そういうように了解してゆくということが、これはわれわれ人間としてはどうしても本願の言葉など、本当に読むことができないのでしょう。

だから法然上人といえども本願を読む読み方となると一般の人が読むような常識をもってそれを読み、また常識をもって解釈して人にも教えて下されたのであろうと想像できる。これは当たり前のことと思う。

しかるにわが親鸞聖人は、この「至心信楽欲生我国」また「乃至十念」もすべて阿弥陀如来の御《おん》言葉である。本願は阿弥陀如来のお言葉である。従って「至心信楽する」ということもわれわれに対して仰せられている言葉だが、私どももと仏さまと両方に通ずるものである。常識なら、仏さまがわれわれに注文した――こう読むが、親鸞聖人は「至心信楽欲生我国」も「乃至十念」もすべてがまず仏さまの言葉だから、まず仏のこころをあらわしたもの、仏の感情をあらわしたものに違いない。ただ仏がわれわれに向かってこうせよと仰せられたのでなしに、御自身の御《おん》心全体を動かしているお言葉に違いない。だから至心も信楽も欲生も、仏さまの御心のままが私どもに感ずる。私どもに感じたままが、また仏さまを動かしてゆく。われわれに与えた感動が、また仏さまに感動を与えてゆく。こういうように親鸞聖人は領解せられた。

もちろん、こういう了解は法然上人にもあったろうし、また誰にでも多少はあるに違いない。仏さまは御自分に感じないことを、人に向かってああせいこうせいと言われることはない。だから、まずもって仏さまの感情・情緒というもので、意志とか意識とかいうものでなしに、純粋な情緒とか情操とかいうものをあらわしているに違いない。誰でもこういうことは幾分感ずるに違いないが、感銘がハッキリせぬままに、一方はわれわれがそうするのだということになるから、これが私の意識とか衆生の意志とかいうものをあらわす言葉であると多くの人が考え、私自身もそういうように思ったこともあったわけであります。

従来から真宗の学匠たちが、おもに徳川時代の東西両本願寺の学匠たちがいろいろ研究し意見をたたかわし争ったというのも、結局これが感情とか情操とかをあらわすものであるということがハッキリわからなかった。如来の本願の中にある「十方の衆生、至心に信楽して我が国に生まれんと欲うて乃《いま》し十念に至るまでせよ」ということなども、人間のふつうの言葉であって人間の意志や意識をあらわすものであると見た。これがつまり常識的の考え方である。

法然上人はそう読んだが、しかし「至心信楽欲生我国」は機法一体とか仏凡一体とか、人間の深いところにある人間の純粋の感情とか感銘とかをあらわす大切な言葉である――と、こうお読みになったのであろうが、読み方がふつうの読み方をしているからハッキリせぬのである。

3

本願成就の文を親鸞聖人が新しい点をつけて読まれたということは、『教行信証』を読む人はみな知っている。しかし、読み方に何か無理はないか。読み方だけ見れば無理があろうが、本願の「至心信楽欲生我国乃至十念」という言葉はふつうの意志とか意識とかをもって表明した言葉ではなくして、人間の深いところに動いている純粋感情をあらわす。そこに至って初めて私の心と仏の心が一つになる。それを感応道交と申すのである。本願の方の読み方を変えるわけにはゆかんが、本願成就の文となると読み方までも考えて、お言葉の意味を明らかにしなければならんとわが親鸞聖人は感ぜられたので、

諸有《あらゆる》衆生、其の名号を聞いて、信心歓喜せんこと乃《いま》し一念に至るまでせん――切ってしまって――至心に廻向したまえり――如来が私どもに廻向したもう――彼の国に生まれんと願ずれば、即ち往生を得て不退転に住せん、唯《ただ》し五逆と正法を誹謗するとをば除く。

こういうように新しい点をつけて、本願において「至心信楽欲生我国」という言葉の意味をば明らかにして、これは如来のお心、仏さまの御心がそのまま私どもに了解される――そういう不思議の世界がある。ただ仏さまが私どもを哀れんで――仏さまは情け深いお方だから、私どもが苦しんでいるのを哀れんで――私どもが苦しむのは自業自得で苦しむ、苦しんでいるのは苦しんでいる人の責任である、そういうものは気の毒である――と。だから仏が深く同情をもって、本願を起こして救おうと……こうふつう常識的に考える。「至心信楽欲生我国」とはわれらの心ではない、仏さまの願心である。

キリスト教大学の神学の教授をしておられる北森嘉蔵というお方がある。北森さんはかつて本山（東本願寺）で講習会が開かれて、キリスト教の教えというものをやはり仏教者も知っていなければならん、こういうので招待して人々に講義してもらったことがある。私もそのときの講師を命ぜられておった。北森さんの講義は前の日で私はそのあとであった。北森さんは私に会って話をしたいという希望を持っておられたそうで、御自身の話が終わった翌日まで残っておって私の講義を聞かれ、私に面会せられた。北森さんにすると、

「どうも仏法のことは、大悲の本願という。けれども大悲の悲とはあわれむということ。あわれむとは深い同情するということであろう。仏さま御自身は苦しんでおらん。われわれが苦しむ

のをわがことのように考えて本願を発《おこ》した、それが十八願というものである。しかし仏さま御自身は特別の悩みとか、痛みとかは持っているのでない。むしろあわれみとか、いつくしみとか——御自身には直接関係ない。御自身は存外すずしい気持で、気の毒なものだ——と。それはありがたいが、しかしそういう仏さまの本願とは、どうも自分にはハッキリしない。現実性に欠けているものである。キリスト教の話を聞くと、神は本当にわれら人類の罪というものについて御自身の心に痛み、わが罪として痛みを感じ自分を苦しめ、この罪をあがなわなければならんと。そこでヤソ・キリストを人間の世界へつかわし、罪をあがなった。これをキリスト教の救いという。——この二つを比較してみて、どうしても仏教では救われない。仏教にはどうも神話的なものがあってハッキリせぬ」

と、こういうことで北森さんは、その後キリスト教の重要な位置を占められるようになった。親鸞聖人以前の仏教のご了解ならば、或いは北森さんの言われるのもごもっとも。しかし親鸞聖人の『教行信証』を拝読すると、本願というものにはもっと痛切な意味を持っていると私は思うのである。

無縁の大悲とはどういうものか。慈悲に三縁あり。一つには衆生縁の慈悲、これは小悲である。二つには法縁の慈悲、これは中悲である。三つには無縁の慈悲、これは仏の大悲である——こういうことが『十住毘婆沙論《じゅうじゅうびばしゃろん》（大智度論《だいちどろん》）』などの中に書いてある。無縁の慈悲とは、衆生縁・法縁に対し無縁という。

衆生縁というのは自分と血のつながり――そういうものをたどって同情して人を助ける。法縁となると、義務――正義感とか、義務感とか、そういうところでもって救ってゆく。義務感となると、正しい人間は救うが自業自得でかってに苦しむものは救うにたらんと、そういうものが法縁でしょう。『教行信証』後序の文に「法に背《そむ》き義に違し」とある。もとは『大無量寿経』下巻の五悪段の第二悪の所に出ているのを、親鸞聖人が使って御自身の義憤をもらしておられるものと思う。

悪人は救わぬというわけではないが、『歎異抄』第三条の、

善人なおもて往生を遂ぐ、いわんや悪人をや。

あれは無縁、

しかるを世の人つねに曰く、悪人なお往生す、いかにいわんや善人をやと。

これは法縁の慈悲でしょう。悪人正機は無縁の大悲である。悪人は救わぬ、善人は救う、これ

は法縁の慈悲である。こう解釈ができると思う。

無縁の慈悲とは何か。何も、縁とすべきものは何も無い。「縁なき衆生は度しがたし」とあるが、法縁だの衆生縁のない悪人——提婆とか阿闍世とか、ああいうやつは救わん、あんなもの助ける義務がない——こう言うのは法縁の慈悲というものであろう。私はそういうように解釈してゆくと意味がハッキリするから、そう解釈していってみたらどうであろうかと思う。

法縁の慈悲とは、やはり正義感というものをもってさばいてゆくのでしょう。すると、無縁の慈悲から悪人正機の本願というものが出て来るのでなかろうかと思う。そういうことから『歎異抄』の第三条も解釈していけばよかろうと思う。無縁とは何らの縁、手がかりのない、そういうものをこそ助けんならん。そういう、だんだん押してゆくと、はしなくも思い当たるのは、機の深信の言葉。機の深信のことは皆さんどなたもご承知と思うが、

一つには、決定して深く、自身は現に是れ罪悪生死の凡夫、曠劫よりこのかた常に没し常に流転して、出離の縁有ること無しと信ず。

二つには、決定して深く、彼の阿弥陀仏の四十八願は、衆生を摂受して、疑なく慮《おもんぱかり》なく彼の願力に乗じて、定んで往生を得と信ず。

これが二種深信のお言葉である。これは善導大師が、天親菩薩の「一心帰命尽十方無礙光如来願生安楽国」の意味をばさらに深く掘り下げて機の深信・法の深信――と。一心を深心と言う。「深心と言うは深く信ずるの心なり」、こう解釈された。

あの機の深信の終わりに「出離の縁有ること無し」、これが無縁ということだ。出離の縁あること無し。「縁なき衆生」というのは自分のことでない、他人のことでしょう。「出離の縁有ること無し」とは、これ自分のことでしょう。「わが身は現に罪悪生死の凡夫……」、汝《なんじ》はでない、わが身は現に、である。これは私は、これはわれわれ人間がそう感ずる。われわれ人間の言葉に違いないけれども、私は、われわれ人間だけがそうだというのではない。仏さまもやはりそうだ。仏さまとわれらと感応道交する言葉であるに違いない。

法の深信は仏さまのことだ――しかしそれは、仏さまとわれらと感応道交する言葉であろう。「わが身は現に……」、やはり仏さま御自身が、やはり「わが身は」と仰せられたに違いない。そうでなければ、機の深信は私ども……法の深信は仏さま……それでは通じないと思う。

機の深信は自力の絶望であろう、自分が希望をかけていた、そういうものの根拠のないことがわかり自己に絶望したのであろう――こう言うが、私はそう思わん。われわれが絶望できるなら仏さまは出て来ないと思う。意識の上では絶望ということはあろうが、もっと深いところには絶望ということはないと思う。自分を打ち切って、今度はこっちが仏さまに向こうた――と、しかし向かわしめられたのでしょう。自分を打ち切ってしまったら仏さまは出て来ぬ。打ち切ることはできぬものと思う。

無縁とは無有出離之縁。ただ縁無き衆生と、そういう軽い言葉でなく本当に無有出離之縁という――そんな簡単に、絶望したのしないのということではないと思う。無有出離之縁というところに、仏さまの御心が私どもに通じてきた。無縁の慈悲とは無有出離之縁の大悲。大悲の悲とは、痛み悲しむということでしょう。あわれむということもあるが、一概にあわれむでは大悲の意味を本当に了解したとは言えぬ。『歎異抄』の第四章に、慈悲に聖道・浄土とあり、

聖道の慈悲というは、ものをあわれみ悲しみはぐくむなり。

こうある。あわれむとか、はぐくむということだけを言うが、悲しむということは言わない。慈ははぐくむ、悲はあわれむと言うが、あわれむだけでなしに悲しむ。

慈悲というものを、仏さまが「俺はさとりを開いたが、お前は迷っていて気の毒だ」、それだけではないと思う。衆生が迷うているとは、自分が迷うていることである。自とか他とかいう区別からもっと深いところに掘り下げて――聖道門の人は本来仏さまとこう言うが、本来は仏さまであろうが何だろうが、今現在はどうか。今現在というものが一番大切。本来とは過去でしょう。

昔は仏さまだったかも知らんが、その仏さまは堕落したり下落して——前は仏さまだと様々説明しても、今現在はどうか。こういうところに深信というものがある。わが身は現に——と。

4

現在ということについては、仏教では三世——過去世・現在世・未来世。孔子の儒教は現在一世。耶蘇教は過去世はない。現在と未来と二世。とにかく一世とかいうことになると、この世というものが再び取り返しがつかん——こういうところに儒教の立場がある。

仏教は三世と立てるとなると、現在世が軽くなりはしないか。過去世とか未来世とかが分けられ過去世に重点を置いたり未来世に重点を置いてくると、現在生が軽くなりはしないか。今できないことは生まれ変わってすればよい。だから仏教の三世ということについて、私たちは今少し考えていってよいのでないかと思う。

因果応報を解釈するために過去の宿業という。また現在の業が未来に報を受ける。善悪因果ということで解釈しよう。それだけ聞けばごもっともだが、とにかく現生が軽くなる。また霊魂不滅などの問題もあるが……一通り三世のことについて考えてみる必要があると思う。

仏教では、大乗唯識などで「現在有体、過未無体」という。現在は有体である、過去・未来は無体である。阿頼耶識なら阿頼耶識の上についてみると、現在有体・過未無体という。小乗仏教は「三世実有」、大乗仏教は現在有体・過未無体、こういう。くわしく言えば小乗の中にもこう言うのもあるが、大体言うと小乗仏教は「三世実有」、大乗仏教は「現在有体、過未無体」と、そういうように申すのであります。

もっとも現在といっても一刹那《せつな》の現在ということもある。しかし、われわれは現在生が最も大切であるとは、これは仏教だけではない。けれども、すべて現在生が最も重大であると教えて下さるのが仏教の正しい教えである。とかく現在を軽しめ、未来世を重んずるのが仏教である、特に浄土教は未来往生と未来に中心を置き現世は仮の世・幻の世――と、こういうように考えられているが、もう少し浄土真宗の人も考えてみる必要がある。この頃は目を覚ましているお方もいろいろあるが……。蓮如上人の『御文』など、八十通の『御文』を繰り返し巻き返し見ると、現生を軽く見ているように思われる。しかし、蓮如さまについてはもっともっと教えを受ける必要があると思う。

現在とか過去とか、『成唯識《じょうゆいしき》』なら『成唯識』で照らしてみると、やはり現在が中心である。過去も現在の中にある、未来も現在の中にある。過去は死んでしまったとわれわれは思うが、過去というものはやはり現在に生きている。また未来というものは既に現在に始まっている――こういうふうに考えることができる。現在の中に一方には過去が生き、一方には未来が始まっている。生きている過去と、既に始まっている未来を同時に包む――内在しているのが現在というものである。ただ内在でなしに、超越内在というものであろうが……。

私思うに、過去とは現在の深さをあらわすものである。『歎異抄』十三条の宿業についての物語——聖人と唯円房との対談がしるされてあるが、それを見ると、宿業とは現在生きておるということを教えて下さるのでありあます。十三条をよく読んでいくと、宿業が現在に生きているとともに本願の未来というものが既に現在に始まっている。一切衆生を助けようという本願は未来、その未来は現在に始まっている。現在という場所に過去の宿業と未来の本願と、ちゃんと二つが——質的には両立しない二つがちゃんと収まっている。そういうことを了解して読む。

過去とは、現在における底のない深さをあらわす。また未来とは現在の広さ——広大無際限であるということを示すものが、未来をあらわす本願であろう。十三条は衆生の宿業と如来の本願、その二つが現在に同時に内在している。それを包んでいるものが現在である。現在とは、そういうように幅広く深さ深く——深広無涯底という。経文（『大経』下巻・東方偈）を読むと、

如来の智慧海は、深く広くして涯《きわ》と底と無し、二乗の測る所に非ず、唯仏のみ独り明了にす。

われわれの本当の現在というものを、本当に悟っておられる方が仏さまであろう。われわれの現在は狭く浅い。そういう現在しか知らない。そういう現在の幸福を求めるのが現世祈祷の宗教

である。だから「二乗の測る所に非ず」――この二乗の意味について、『法華経』の二乗は声聞・独覚である。華厳も大体そういうものでなかろうかと思う。いま『大無量寿経』でいう二乗とは、法華の二乗とは違って声聞と菩薩の二乗。如来とは本当の如来すなわち阿弥陀如来でありましょう。阿弥陀如来が一切諸仏の本願を総合して、阿弥陀如来の本願というものが出来上がった。

誓願一仏乗。『法華経』は一仏乗を理屈としているようだが『大無量寿経』に目を開いている親鸞聖人から見ると、『法華経』もまた仏道にあらずして菩薩道である。菩薩道と仏道と混同している人があるようだが、これは混乱してはならん。浄土真宗は誓願一仏乗で菩薩道でない。仏道を行ずるのである。菩薩道と仏道と一つに考え、混乱したり言葉をにごしたりしてはならない。教学を明瞭にしていく必要があると思う。

親鸞聖人は法華の一乗を学ばれたが、結局『法華経』は菩薩道で仏道というものではないということを親鸞聖人は明らかにして、ついに法華宗を捨てて法然上人の教えを仰がれたのであります。

本当の一乗とは、凡夫が――煩悩成就の凡夫が仏になる、その道を仏道という。無縁の大悲とは、全く行き詰まった――一方から見ると行き詰まったようだが、それはまた新しい世界を開く大切な契機となっているものである。別の所から誰か来て助けてくれるというものでない。無縁の大悲というのは……そこに大転換というものが、一つの智慧……無有出離之縁の悲しみが広大無辺の智慧の光を引き出すものである。

廻向とはお助けということ。お助け、お助けとはどの宗教でも言うが、一体お助けとは何かというと、廻向ということ。廻向とは何かというと、私どもの心と仏さまの心とが、互いにこう、円満融通してくる。そういうことを廻向とこういうわけで、こっちにあるのをお前にやるとか、仏さまの持っているものをこっちへもらうとか、そういう解釈をするけれども、本当はもっともっと自と他ということに深い関係を持っているということを知らんけりゃならん。われわれは仏さまを利用し、仏さまはわれわれを利用する。そういうことになれば、損得の世界の中に仏さまがあると考えていることになる。もっともっと仏さまとわれわれと、もっと深いところにわれわれと仏さまが、本当に親と子のような深い因縁——今の言葉に直すと歴史的関係——そういうことを深く掘り下げていく。

どこまでも深く掘り下げていくとき、如来の広大無辺の智慧の眼がわれわれ衆生の上に開けてくる。それを真実信心という。私どものように愚かな者に不思議の仏智が、如来を信ずることによって与えられる。与えられるとは、開けてくるようになってくるわけであります。

（昭和三十八年六月二十七日、東京、大谷会館における講話。聞書　柳林良）

還相廻向〈二〉——信の一念——

1

廻向ということは、「廻《え》」とは廻わるということ、「向」ということは向かう、廻わり向かうということ。これはまあ、今ではふつう廻向ということは、祖先のために、なくなった祖先のために法事・仏事をお勤めすること。仏事という、仏の事という言葉がある。仏事ということは、つまりまあ自利利他の行を勤める。このことを仏事ともいうし法事とも——法の事、事とは事業、仏の事業・法の事業、それで仏事とか法事とかいう。仏事を行ずる。仏の事がらを行ずる。修め行ずるというときは、仏事を修行する——と。つまりは、仏道の修行をするというのと大体同じ意味を持っていると思われる。ふつう私どもが、われわれ仏教の信者が祖先に法事を勤めて、法事の功徳をば、それを自分のためにいろいろ恵み与えて下された祖先に振り向けて、そのお恵みに報いる——と。報いるという中にも、祈りの功徳を振り向けるのであるから、祈願の意味を持っていることはもちろんのことであると思う。

廻向ということには、くわしくは発願《ほつがん》廻向《えこう》、或いは廻向発願と申し、廻向と発願と二つ離れぬ深い関係を持っている。発願の方は、——ただ発願となると何も功徳を振り向けるでなしに、空《から》手《て》でも、何でもただ自分のなくなった先祖が迷いを晴らして仏の世界に生まれて下さるように、こう願うのが発願ということでしょうし、廻向となると自分で何か功徳を行ない、修した功徳を発願して振り向けようと、こうなる。

発願・廻向と二つの言葉があるが、十九願は「至心発願欲生」とあるし、二十願は「至心廻向欲生」とある。至心発願でも至心廻向でもふつうの人はこの言葉の間に深い注意がなかったが、親鸞聖人は至心発願と至心廻向との間に何か違った意味があると領解なされたように思う。

至心発願とは、行には変わりない。聖道門のときと浄土門に帰入したときと、何も行に変わりない。聖道門のときに行じていた行そのままに、行において変わりないが……聖道門では、聖道門にいたときはこの生だけについて考えていた。そして、とにかく仏道に心を振り向けていこうとそう思うがやはり方向がハッキリせぬ。ところがその行を往生——阿弥陀如来の浄土へ往生する往生浄土という一つの方向にする、そういう決まった一つの新しい方向を与えるということが至心発願。

十九願は、行は今まで修していた行を、それを往生浄土に振り向けていこう。行には関係なしに信の方にだけ関係がある、こういうので「至心発願欲生」という。もろもろの功徳を修するのは何も今までと変わりない。「至心に発願して我が国に生まれんと欲《おも》え」、そこで方向転換する。菩提心も行も変わりない。元の通りだが、今までは成仏という方向に向けていたのを、それを西方阿弥陀如来の安楽浄土に往生するというところに方向転換する。それを「至心発願欲生」と仰せられた。

二十願の方は正《まさ》しく行に関係している。今まで修していた行を捨てて、念仏の一行というものを選び取る。それは仏さまの本願において選び取って下された。だから専ら念仏を修する専修《せんじゅ》だが、親鸞聖人の自己批判によると専修雑心である。二十願の念仏は専修雑心である。そう仰せられている。至心廻向というところで、他の雑行雑善《ぞうぎょうぞうぜん》を捨てて専修念仏に帰した。それを特に「至心廻向」と言われた。そういうことを親鸞聖人は深く注意せられて、十九願と二十願の関係・相違を初めて明らかにして下された。

法然上人は、親鸞聖人が解釈されたように二十願を、必ずしもそうは解釈しておられぬ。法然上人以前の解釈をそのまま用いられた。これは宿善の問題であろう。なかなか宿善というものは成就しないものであるが、お念仏というものがあると宿善が必ず成就するものである。お念仏のないところには成就しないが……そういうことを親鸞聖人は二十願において明らかにせられ、果《か》遂《すい》の誓いの意義について新しい解釈をなされたわけである。

二十願の善本・徳本という言葉――二十願には「徳本」という言葉があり、『大経』下巻の東方偈文を読むと、

若《も》し人善本無くんば、此の経を開くことを得ず。

あそこに二十願の善本が「徳本」という言葉に変わっている。それを親鸞聖人は合わせて「善本徳本」と仰せられている。一切の功徳の本。十九願は、「諸の功徳を修する」とは広く諸行雑善を修するで、二十願に特に「諸の徳本を植えて」とは、阿弥陀如来の選択摂取せられた南無阿弥陀仏の念仏を――称えた念仏をわがものと考えてゆく。そういう意味で、念仏と言わずに「諸の徳本を植える」と。――そういう自力念仏を信ずると……こう親鸞聖人は領解せられて、二十願について新しい意義を明らかにせられた。これは深く注意すべきことであると思う。

「至心廻向欲生我国」とは言葉から見ると本願成就文と同じようである。親鸞聖人は本願成就文に新しい点をつけて「至心に廻向したまえり」、こう新しく点をつけ替え、われらの方から至心廻向でなくて、如来が南無阿弥陀仏の名号をもって――信の一念をもってわれらに廻向して下さった。そのときにこそ本当に「願生彼国」ということができるのである。だから願生彼国が純

粋――そこにわれらの分別の意識が働かぬ。純粋の受動的の感情である。私どもにとってそういうものである。

この世は苦しい、早く彼の国に生まれさせてもらいたいと、こういうように自分の心の中に、心に落ち着きが（一つの三昧境《さんまいきょう》）――そういうものがくずれた。そういうのが自力願生というもの。それは、現生に即得往生ということはない。

如来の廻向――南無阿弥陀仏は如来の廻向である。如来の本願招喚の勅命である。本願招喚の勅命とは、「われをたのまん衆生を必ず救うべし」われに南無し、われに帰命し、この仏をたのまん衆生は一人たりともらすことなく必ず救うのである――こういうのが南無阿弥陀仏ということである。その南無阿弥陀仏をもって、われらに信心発起《しんじんほっき》せしめて下されたのである。「南無」ということとは仏のお徳である。一切の衆生から南無帰命を受けるというお徳を仏さまが成就していられる。仏さまの方にそういうお徳があるかないかハッキリせぬから、われわれは自力の意志を動かし「仏さま、どうか私を助けて下さい」と自力帰命、自力願生する。

2

こういうことは、『歎異抄』第二条を読むと、関東から常陸の国の御門弟が十余か国の境を越えて、後生の一大事については身命をかえりみずして、身命を差し出し命捨てる覚悟ではるばる上京し、そしてお師匠の教えをいただくと、そういうので上京した。それは、ひとえに往生極楽の道を問い聞かんがためだ。上京した人の中にはずいぶん年の若い人が多くあったし、また年よりの人もあったろうが、大体が年若い多くの人々は善鸞さまに迷わされている。年とっている人は、善鸞さまに迷わされている人は少ないであろう。年若い青年の人々が多く迷わされたのだろう。そういう人々が来たのであるから、聖人もさすがに平生の落ち着きを失うた態度があの言葉の中にあらわれているのでないか――こんなふうに思っていた。しかしこれは、どうも自分自身が、自分の心の中にそういうものがあるものだから……やはり私どもは、昔、もし善鸞さまが何か新しい主張をしてきたら、やはりわれらも善鸞さまに迷わされ味方する一人であったに違いない。そういう気持で第二章を読むと、さすがの聖人もそういう人々が押し寄せて来たときには心に動揺を幾分感ぜられ、ずいぶんきびしい態度で向かわれたのであろうと。そして最後の所には、

愚身の信心におきてはかくの如し。この上は、念仏をとりて信じたてまつらんともまた棄てんとも、面々のおんはからいなり。

私は以前は、「私の言うことはこれで終わり。もう何も言うことはない。これだけ言うたら、この上は私の言うことを信じようが信じまいが諸君のおかってだ」と、スパッと言葉を残して、

さすがの親鸞聖人も、このときばかりは冷静を失われたのであろうと私は思っていた。けれども、だんだん長い間それを何遍も何遍もそらに読んでいるうちに、自分もだんだん年をとってきた。その間に、今まで読んだ読み方は何か自分の方が間違っていたのでないか。自分で読むとき、何かせっかちに読んだ。もっとゆっくりと、聖人の一言一言を何遍も、聖人の一言一言を静かに聴聞すると――読むという気持でなしに聖人のお言葉を静かに聴聞する。読むのは、聖人御自身がお物語りなさる、それを静かに自分が聴聞すると、そういう心持で拝読すると、今まで読んでいたことと全く違った意味のものであるということを知ることができる。

つまり言えば、第二章というところに、聖人が少しでも冷静を失われたら、結果はどうなるか。少しでも若い人々の態度、そういうものに対抗していくという意識が、聖人の上に動いたならばどうなるか。もう、集まって来た若いお弟子たちは、そこで聖人と縁が切れると思う。「聖人は口ではああ言うが、本当はそうであるまい。やはり善鸞さまが仰せられた通りだろう。念仏往生なんと、そんなことあるはずがない」。そう思ってそれらの人々が「再び老師にお会いする必要ない。われわれは、年の若い善鸞さまの教えを聞くべきものである」。そういうふうにして退去したらもう浄土真宗はないものでしょう。聖人が少しでも対抗したら、聖人のお言葉を信じないですよ。そうなったら、『歎異抄』もできておらんし真宗もないでしょう。だから聖人のお言葉は、それを読むのでなしにそれを聴聞する――と。聖人が直々《じきじき》に仰せられている、正《まさ》しく聖人の生きたお言葉である。だから文章を読むという気持でなしに、聖人のお言葉を静かに聴聞するということが、『歎異抄』の尊い意義がそこにあると思う。

本願成就の文などもそうでありましょう。「至心廻向、彼の国に生まれんと願ずれば、即ち往生を得、不退転に住せん」と静かに――「聞其名号信心歓喜」とあるから、本願成就文は『歎異抄』のお言葉と同じで、あそこに釈迦如来の生きたお言葉があるのでしょう。だから、その生きたお言葉を静かに聴聞する。そういう意味で、本願成就文を親鸞聖人が聴聞され、新しい点をつけて領解せられた。

それで、「至心に廻向したまえり、願生彼国」とは釈尊の発遣《はっけん》の言葉である。これは二河譬《にがひ》のところに、

仁者、ただ決定《けつじょう》して此の道を尋ねて行け、必ず死の難無けん……

こういうのが東岸上の発遣の声。それと同時に西岸上に喚《よ》んでいわく、

汝一心正念にして直ちに来たれ、我能《よ》く汝を護らん、衆《すべ》て水火の難に堕することを畏れざれ。

こうある。これは、「彼の国に生まれんと願ずる」という言葉を聞くと、それとともに「至心に信楽して我が国に生まれんと欲《おも》え」という、阿弥陀如来の本願のお言葉というものがそこに浮かんでくる。だから、「彼の国に往生せんと願ぜよ」という教主世尊の発遣のお言葉によって、本願招喚の「汝一心正念にして直ちに来たれ」――「至心に信楽して我が国に来生せんと欲え」「生まれる」とは来生、世尊の教えは往生。「彼の国に往生せんと願え」とすすめられ、阿弥陀如来は「我が国に来生せんと欲え」と招喚せられる。

『大無量寿経』以外の教えは、やはり、釈尊の教えは招喚の教えでしょう。『法華経』・『大般若経』・『阿含経』……すべて『大経（大無量寿経）』以外の釈尊の教えは「われに来たれ、わがあとに続け」こういうように招喚でしょう。しかるに『大経』の本願成就文の教えは「彼の国に生まれんと願ぜよ」発遣の教えである。『法華経』における釈尊の教えは、招喚の教え、『大経』は発遣。態度が全く違う。それは、も一つ深いところに阿弥陀如来の招喚の勅命というものがあるからだ。

それはやはり、私どもの深いところにある仏性というもの――そういうものがわれらに与えられているものでしょう。その仏性が如来の本願となり、また如来の招喚となり、そうして私どもにそれが一つの招喚の言葉となってくる。しかしそれは私どもには、釈迦如来の発遣の声を聞かなければ、招喚ということがハッキリせぬ。ハッキリせなければ、私どもに仏性というものが成就せぬと思う。かくの如くして釈迦の発遣の教えというところまで発展して、私どもは、仏性が真実信心という一つの形になって、仏性がそこに成就したということになると思う。

3

廻向ということは、大体われわれがすると今日一般に考えられているが、それでは廻向ということ、廻向の願いがどうしても成就せぬと思う。それで『大経』にはこの廻向は如来の廻向であると、こういうことを親鸞聖人は本願成就文を静かに——自分が経文をせっかちに読むのでなしに、生きた経典が物語りする、その声を静かに聴聞する、そういう態度で成就文をお読みになると、そのときにやはり私は阿弥陀如来の招喚——本願の招喚、そういうものを聞き、それに対し世尊の発遣の勅命——発遣の声であるということを、初めて了承することができる。招喚と発遣と互いに照らし合うということを知ることができる。親鸞聖人は、如来の廻向というものの根源は本願成就文にあるとご決定になっている。

「乃至一念せん」で切ってしまうところに、「信心歓喜乃至一念」であるがゆえに、その乃至一念は一念発起の信心をあらわす信の一念であると決定になって、信の一念のその時——そこに時ということを感得された。『歎異抄』の第一条に、

弥陀の誓願不思議にたすけられまいらせて往生をばとぐるなりと信じて、念仏申さんと思い
立つ心のおこる時、……

「心」とは一念。念仏申さんと思う一念の――帰命の一念のおこる時。念仏申さんと思うとは一念帰命。一念帰命の心のおこる時すなわち摂取不捨の利益……そこに「時」という言葉が出ておるのであります。

信の一念とは、やはり時を――「信楽《しんぎょう》開発《かいほつ》の時剋《じこく》の極促《ごくそく》を顕わす」と、こう仰せられている（『教行信証』信巻末）。そのときに如来の廻向にあずかる。南無阿弥陀仏の廻向にあずかる――と申すは、つまり〝念仏申さんと思い立つ〟ということ。念仏申さんと思い立つ心が、そこに初めて動いてくる。思い立つ――と。思うということは願でしょう。おもうとは欲生の「欲」の字でしょう。欲の字を書いて〝思い立つ〟と。ただ思うでなしに〝思い立つ〟「生まれんと欲え」とは思い立て。そういうように、「欲」の字を聖人は〝思い立つ〟と領解しておいでになる。「念仏申さんと思い立つ」とは、要するに、弥陀をたのむ。蓮如上人の言葉ならば「阿弥陀仏後生たすけたまえ」ということであろうと思う。

ただ信ずるということは、信受するだから受動的だが、念仏申さんと思い立つとはいかにも能動的。しかしいかに能動的といっても、自分の分別意識で起こしたというものでなく、やはり受

動――如来のまことをいただいたところに、そこに一つの言葉を感得した。信心というものが、一つの言葉というものになった。それを「念仏申さんと思い立つ心」と、こう仰せられた。「それなら、南無阿弥陀仏と称えることか」と言うなら、称えることではないと思うが、それはすなわち、称えることになると私は思う。声に出して称えたのではないが、それがすなわち、称えることになる。それをすなわち『観経（観無量寿経）』には「念仏衆生摂取不捨」と申さる。それを聖人は、「念仏申さんと思い立つ心のおこる時、すなわち摂取不捨の利益にあずけしめたまうなり」。

それは、信心がすなわち一つの生きた言葉になった。そのとき、われらは摂取不捨の利益にあずかる。信心とは「聞其名号信心歓喜」だから、信心とはわれらの分別の心ではない。如来の心がわれらに至り届いたのであるから、信心がまことの言葉になってきた。そういうことがすなわち摂取不捨ということである。「摂取不捨に阿弥陀と名づけたてまつる」と、そういうことをあらわしたものでありましょう。「聞其名号信心歓喜乃至一念」だから、信心というものが言葉にならんような信心なら「聞其名号信心歓喜」でない。信心がそのまま言葉になる。「阿弥陀仏後生たすけたまえ」とは信心そのものの言葉であろう。それをすぐお念仏というわけではないが、つまりお念仏の心であろう。お念仏の根源になるものでしょう。それがまた、つまり、言葉に現われれば南無阿弥陀仏――仏恩報謝の大行と、そういうものになるのでありましょう。

信心とは言葉を持っているのでしょう。南無阿弥陀仏と申せば、はや行でしょう。「阿弥陀仏後生たすけたまえ」とは信心そのものの言葉――信心の体でしょう。信というより願でしょう。信が願というものになってくるところに、一つの言葉というものになってくる。生きた信は直ちに願と――その願によって信の一念というものが初めて成り立つ。信が願にならぬとき、信の一念が成立せぬと思う。そういうことで本願成就の文や『歎異抄』第一条を、よく読んでみたいと思う。

そこに、信の一念に如来の廻向にあずかる――「至心に廻向したまえり」という本願成就文を、それを、「念仏申さんと思い立つ心のおこる時、すなわち摂取不捨の利益にあずけしめたまうなり」と、こう親鸞聖人が仰せられたと領解する。

信心とは、一つの不思議の言葉である。それはすなわち如来の言葉である。如来の言葉で、しかも本当の意味において人間の言葉。如来の言葉が人間の言葉になった。単なる如来の言葉はない。如来の言葉が人間の言葉になった。人間の言葉で、普遍的の如来の言葉である。それをつまり信心と名づけるのである。それを、「信心を要とするべし」と仰せられたのである。それから、信心の根本の言葉は、「阿弥陀仏後生たすけたまえ」とか、信心の最も原始的の言葉として現われ、それから、その故は、罪悪深重・煩悩熾盛の衆生を助けんがための願にまします。

そういうのは信心が言葉になってくる。われわれが頭で論理を考えてでなく、信心がそのまま——散乱粗動の心のままで、如来の摂取不捨の利益にあずかる。そこで、「その故は罪悪深重・煩悩熾盛の衆生を助けんがための本願である」。道理をおして言うのでなしに、何にもわれらは思慮分別をめぐらしたのでなしに事実そのままを述べてある。すなわち二種深信——信が願を包んで現われてくるわけであります。

信は願より生ずるが故に、念仏成仏自然《ねんぶつじょうぶつじねん》なり（「善導和讃」）——こう言ってあるが、「念仏成仏自然なり」ということを、

しかれば、本願を信ぜんには他の善も要にあらず、念仏にまさるべき善なき故に。悪をも恐るべからず、弥陀の本願をさまたぐるほどの悪なき故に。

これが信が願というものに——信というものが願を開いて——信が願に帰入することによって、信というものにさらに意味がいよいよハッキリしてくる。それが「その故は罪悪深重・煩悩熾盛の衆生を助けんがための本願である」

信が願を展開し、その願がまた信の一つの内容となる。その願はまた信を包んでいる。こういうように信と願とは互いに内容となり、かくして念仏成仏自然であるということを、私どもがハッキリ知らしていただくと、私どもは善悪についてハッキリした一つの眼《まなこ》が開いてくる。善悪に惑わされず、静かに善悪の両方を批判し、批判する一つの眼を開くことができる。善悪など無い——と、そんなこと言わずに、正しい立場で静かに善悪に対処してゆくことができる。そういう心境が開けてくる。それが念仏の世界というものでしょう。それがすなわち「本願を信ぜんには他の善も要にあらず、念仏にまさるべき善なき故に。悪をも恐るべからず、弥陀の本願をさまたぐるほどの悪なき故に」、善悪を否定するというのでも何でもない。善悪に正しい判断をして、善心悪心起こってきてもそのたびごとに動揺することがないということが、すなわち現生正定聚の一つの心境というものである。こういうように教えて下さる。

4

往相・還相とあるが、私は往相・還相につき何年か前に〝往相還相の対面〟ということを、自分に教えていただいた。感得した。やはり、そう教えをいただいた。「どなたに」というなら善知識に、或いは如来より教えられたと言って差し支えないと思う。

対面というのはどうしてかというと、終戦後「対面交通」という言葉があって教えられた。これは人は右、車は左。以前は、車だろうが人だろうがすべて左を行け。それを改めて、人間は右の方を歩け、車は左の方を行け。こうなってくると前から来る車と、ちょっとかち合うようになる。しかし後ろからは車が来ない。前の方から来る車は危険だが人間には見えるから、私どもは車が来たら足をとめて避けるようにすれば大体間違いない。こういうのが対面交通の意義である。この「対面」ということから私は、往相と還相は対面すると、こう感得し、教えをいただいた。『歎異抄』の「慈悲に聖道・浄土のかわりめあり……」。あれは聖道門と浄土門の慈悲は違うとあらわしたが、浄土門では往相・還相の教えがあり、往相の願いが成就すれば還相は自ずから行ぜらるるものである。だから他力本願を信ずるものは、まず往相の道を完了せよ、還相は自ずから成就するものである。それを、

南無阿弥陀仏の廻向の　恩徳《おんどく》広大不思議にて
往相廻向の利益《りやく》には　還相廻向に廻入《えにゅう》せり　（『正像末和讃』）

そう教えられる。

浄土の慈悲というは、念仏していそぎ仏に成りて、大慈大悲心をもて思うが如く衆生を利益

するをいうべきなり。

聖道の慈悲は、ものをあわれみ悲しみはぐくむのであるけれども、これは末徹《すえとお》りたること極めてありがたし。聖道門の仏教には、仏道と菩薩道とあるようだが……漸教《ぜんぎょう》・頓教《とんぎょう》、権教《ごんきょう》・実教とあって、漸教とか権教は菩薩道、頓教とか実教の天台・法華・華厳などは仏道である――と。しかし『愚禿鈔《ぐとくしょう》』の批判からすると、本当の仏道は浄土の教えに限られる。それをお述べになって、「また浄土の慈悲というは、念仏していそぎ仏に成りて、大慈大悲心をもて思うが如く衆生を利益するをいうべきなり」。

つまり、還相とは、生きているうちは還相などはない、浄土へ往生してから還相があるのである。ところが最後の言葉を見ると、

しかれば、念仏申すのみぞ末徹りたる大慈悲心にて候うべき。

そうすると、還相をまたずして既に私どもは、念仏して願作仏心《がんさぶっしん》――念仏は願作仏心、その願作仏心の一つ道を進んで行くと、そこに自ずから度衆生心は成就するものである。

浄土の大菩提心は　願作仏心をすすめしむ
すなわち願作仏心を　度衆生心となづけたり

度衆生心ということは　弥陀智願の廻向なり
廻向の信楽うるひとは　大般涅槃《だいはつねはん》をさとるなり

如来の廻向に帰入して　願作仏心をうるひとは
自力の廻向をすてはてて　利益有情《りやくうじょう》はきわもなし
（『正像末和讃』）

こう書いてある。極めて率直に、明瞭にお示し下されてある。私どもは専ら願作仏心の道を——自分の願作仏心の一筋道を歩いて行くと、そこに如来の廻向というものがあって度衆生心と、そういう、自分が行を行なうと思わんが、自ずから度衆生の徳が現われてくるものである——こういうお示し下されてある。だから「如来の廻向に帰入して　願作仏心をうるひとは　自力の廻向をすてはてて　利益有情はきわもなし」。これは「利益有情はきわもなし」とある。生前と死後と区別なくして「利益有情はきわもなし」。

往相・還相と一応すじ道を立てればそういうことになるが——われわれが往相の一道を歩いて

行けばそこに還相の徳が自ずから現われて、そこに利益有情はきわもなしと仰せられた。

私はそこに、さらに〝対面〟ということを申したい。私思うに、還相とは自分に対する一切――自分一人除いて他人・外物の一切――人間も動物も草木・山河・大地、すべて天地万物ことごとく、私どもは南無阿弥陀仏をいただいたならば――南無阿弥陀仏について信心の眼を開かして、人生観とか世界観の眼を開かしていただいたならば、天地万物ことごとく還相である。そういう世界観の眼が開けてくる。

これは、清澤満之先生の文章など見ると大体そうなっている。清澤先生は別に浄土真宗の言葉を使っていないが――見るもの・聞くもの・接するもの、それが人間・動物・植物・大自然というような山河大地・日月星辰、そういうものをひっくるめて、それが如来がわれらに一つの還相というもの――還相として私どもに与えて下さるのである。こういうように物を見る一つの見方、感じ方――新しい一つの世界観の眼を私どもに与えて下さる。そういうように見ることができると思う。

天地自然とは、どんな小さな事がらでも、すべて絶対無限の妙用である。だから一木一草といえども、それを侮蔑してはならん。天地自然の変化、そういうこともみんな、絶対無限がわれらに尊いおみのりを、われらに示して下さる。いろいろの形をもって示して下さるのである。それはわれらの往相を照らす還相である。還相は往相を照らし、証明し、われらの行くべき方向を教えて下さる。天地万物の変化を通して、われらに法を説いて下さるものである。こういうように領解すべきものである。

こう見るならば、特別にえらい人だけが還相ということはない。『往生論註』を照らしてみると、観音の三十三身の例証を引いている。（下巻、利行満足章「応化身を示すというは『法華経』の普門示現の類の如し」）それは、私は天地万物ことごとくが、観音の三十三身に収まるものであろう、おそらくそういうことになるのであろうと思う。

弥陀釈迦方便して　阿難《あなん》目連《もくれん》富楼那《ふるな》韋提《いだい》
達多《だった》闍王《しゃおう》頻婆娑羅《びんばしゃら》　耆婆《ぎば》月光《がっこう》行雨《ぎょうう》等《とう》
大聖《だいしょう》おの〱もろともに　凡愚《ぼんぐ》底下《ていげ》のつみびとを
逆悪もらさぬ誓願に　方便引入《いんにゅう》せしめけり　（「観経和讃」）

そういうお言葉があるが、それをもっと拡大して、人間だけでなしに、それを動物とか植物とか山とか河とか大地とか、それから天文の日月星辰の動きと、そういう全部をもって自分一人のための往相を照らし、往相を証明し、往相の道に迷いのないように、私を守り育てて下さる。こういうように還相ということを、も一つ、現在の天地万物の上に、還相というものを見てゆくことができるのでないかと思う。

こんなことは、経文に書いてあるということではないが、われわれは幸いに清澤満之師の文章をいただいてみると、そのような教えをいただくことができると私は思う。それは親鸞聖人の『教行信証』も、よく読めばやはりそういう意味が――「光明遍照十方世界」という、ああいうお言葉をよく読むとやはりそういう意味があるに違いない。

清澤師などは、そういう言葉を天地万物まで拡大して解釈せられていると、私は受け取っているものである。だから清澤師の言葉が、ただ新しい、聖典にない言葉である、ということはできないものであると思う。そういうことから私は『往相還相の対面』と小冊子にまとめていただいたことを時々思い出すわけであります。そういうようにしてみれば、往相・還相について、またいろいろ解釈することができるわけだと思う。だから何も、自分一人について言えば「還相は成仏してから」と言って差し支えないが、衆生の志願はわれらの信の一念に、われらの志願全部が満足するものである。それは『教行信証』「行巻」に『往生論註』を引用して、

爾《しか》れば、名《みな》を称するに、能《よ》く衆生の一切の無明を破し、能く衆生の一切の志願を満てたまう。

あれなどよく読むと、われらの往生成仏の願いは信の一念において、南無阿弥陀仏の廻向にあずかる。だから、信の一念に往生の願いは満足するなら、自分はどこまでも往相だが、自分に対面している一切の万物はことごとく自分を照らす――自分の行く手を照らす鏡である。行く手についで教え導いて下さる光明とは、鏡である。そういうように、領解していくことができるのである。

宗学などすることになると、生きているうちに還相などないと言う。それは、自分が還相などということはない。禅宗などは、生きているうちに還相していると大言壮語しているかも知らぬが、それをまじめに反省している人があるに違いない。そういう人には、いろいろ悲しみというものがあるに違いない。ただ、そういう人とお話したことはないからよくわかりません。われわれとしては、自分は還相、浄土から来たものだ――そんなことを思うわけはないものであります。

（昭和三十八年六月二十八日、東京、大谷会館における講話。聞書　柳林良）

（この後質疑応答あり。『中道』昭和三十八年八月号所載「我聞如是―曽我先生に聞く」に収録す。後に『親鸞との対話』（彌生書房）に「還相廻向」と題して収録）

【初出一覧（雑誌『中道』掲載月号・号）】

誓願一仏乗〈一〉	昭和四十一年五月号	（第43号）
誓願一仏乗〈二〉	昭和四十一年六月号	（第44号）
正信の大道〈一〉	昭和四十一年三月号	（第41号）
正信の大道〈二〉	昭和四十一年四月号	（第42号）
清澤先生を憶う	昭和三十八年七月号	（第9号）
如来の本願と衆生の本願	昭和三十七年十二月号	（第2号）
名号本尊	昭和三十八年二月号	（第4号）
釈迦と阿弥陀〈一〉	昭和三十八年八月号	（第10号）
釈迦と阿弥陀〈二〉	昭和三十八年九月号	（第11号）
釈迦と阿弥陀〈三〉	昭和三十八年十月号	（第12号）
釈迦と阿弥陀〈四〉	昭和三十八年十一月号	（第13号）
法蔵菩薩〈一〉	昭和四十年八月号	（第34号）
法蔵菩薩〈二〉	昭和四十年九月号	（第35号）
法蔵菩薩〈三〉	昭和四十年十月号	（第36号）
法蔵菩薩〈四〉	昭和四十年十一月号	（第37号）
還相廻向〈一〉	昭和三十九年六月号	（第20号）
還相廻向〈二〉	昭和三十九年七月号	（第21号）

あとがき

本講話録は、雑誌『中道』に掲載された曽我量深先生の講話聞書をまとめたものであるが、その編集方針について、いくつか申し陳べておきたい。

『中道』の編集を担った津曲淳三氏は、曽我先生の言葉を編集・出版することについて、『中道』と同時期の昭和三十八（一九六三）年に出版した『法蔵菩薩と阿弥陀仏』（中道社）の「あとがき」に、次のように記している。少々長いが引用してみたい。

ただし、今わたくしの思うことは、言葉は生命であるということである。先生の御言葉は行の声である。言葉が即ち思想であり、思想が即ち言葉である。先生の魂の叫びは時に尽きざる泉のごとく、時に大風のごとく噴火のごとく、時に弾丸のごとく放たれる、――かと思えば、時に柵《しがらみ》にせかれて淀む河水のごとく、訥々《とつとつ》として辞は渋滞し、また吃々《きつきつ》と辞は反覆される。この事は先生の謦咳に接した人の斉《ひと》しく知るところであろう。故にわれらは、たとえこの書を繙く人に仮りに煩雑の感をいだかせようとも、先生の生きた御言葉を、生々たる霊趣を、出来得ることならば活字の文字の上にも留めたく思った。故に先生一流の語彙や言い廻しや反覆の言をも、いささかの整文を図るにとどめて、すべては三昧内観の先生の御言葉通りそのままにした。文字を追って拝読しても、文字において先生の声を聞き、生きたままの教えを聴聞しなければならぬと思うからである。今もわたくしは、「私の話や文章は詰屈聱《きっくつごう》牙《が》で……」と、いつぞや笑って仰せられた時の先生のお顔を思い浮べている。冀《ねがわ》くは本書を繙く人、このことを了とせられたし。

曽我先生の言葉に対するこの津曲氏の思いは、『中道』編集の際にも持たれていたことであろう。確かに『中道』に掲載された曽我先生の講話聞書にも、独特の表現や言葉の反覆など、煩雑の感をいだくところはある。しかしそこには、生きたままの曽我先生の声を聞き取ってもらいたいという願いがあった。このような『中道』編集者の意を念頭におきつつ、本講話録の編集方針を次に記しておく。

一、本講話録は、雑誌『中道』に掲載された曽我量深先生の講話聞書を収録した。ただし、『曽我量深選集』（全十二巻　彌生書房　OD版：大法輪閣）、『曽我量深先生講話集』（全五巻　月愛苑）、『歎異抄講座』（全四巻　彌生書房）、『曽我量深説教集』（全十巻　法藏館）と重複するものは除外した。

一、『中道』の発行順と、掲載された講話の年月日の順序は必ずしも一致しない。そこで本講話録は、曽我先生の思索の展開を追うことを重視し、講話年代順に並べ直した。なお、それぞれの講話が掲載された『中道』の号は、巻末に初出一覧として示した。

一、『中道』には、講話聞書の他に曽我先生の語録や対談、質疑、行状なども多く掲載されている。その大部分は『曽我量深対話集』、『親鸞との対話』、『親鸞の大地』(すべて彌生書房)に収録されている。特に本講話録所収の講話と関連があるものは注記した。

一、『中道』における引用文は、『聖典　浄土真宗』(明治書院)などに拠っていると考えられる箇所があるものの、多くは正確な典拠が不明である。そこには曽我先生の表現の反映が考えられるため、基本的に『中道』の表記を尊重した。ただし、旧漢字・旧かな遣いは通行の字体・かな遣いに改めるなどした。

本講話録の出版に関して、曽我先生のご親族である曽我正美氏のご快諾をいただいた。感謝申し上げることである。また、本講話録が成るにあたっては、『中道』の当初からの読者でもあり元真宗大谷派教学研究所東京分室主事である中津功氏、津曲淳三氏のご息女であられる津曲奈穂子氏、両氏の強いご賛同とご協力をいただいた。特に津曲奈穂子氏の

「『中道』はいずれまとめなければならないと思っていました」との一言がなければ、本講話録が出ることはなかった。最後に、大法輪閣編集部の小山弘利氏には、曽我先生のお言葉を残さなければならないと直ちに出版にご賛同いただき、熱意をもって編集作業にご尽力いただいた。篤く御礼申し上げます。

藤原　智

曽我　量深（そが　りょうじん）

明治8（1875）年、新潟県味方村の円徳寺に出生。明治32年、真宗大学本科卒業。明治36年、清沢満之の「浩々洞」に入る。明治37年、真宗大学研究院卒業。真宗大学教授に就任。唯識学を講義。大正5（1916）年、東洋大学教授に就任。大正14年、大谷大学教授に就任するも、昭和5（1930）年、異安心問題で辞任。昭和16年、真宗大谷派講師、大谷大学教授に復帰。昭和34年、東本願寺侍董寮寮頭に就任。昭和36年、大谷大学学長に就任。昭和37年、『中道』創刊号に「始めに行あり」を掲載。昭和46（1971）年6月20日、逝去。

著書に『曽我量深選集』『曽我量深講義集』『救済と自証』『親鸞の仏教史観』『歎異抄聴記』など多数。

曽我量深講話録 一

平成27年8月10日　初版 第1刷発行 ©

著　者　曽　我　量　深
発行人　石　原　大　道
印刷・製本　三協美術印刷株式会社
発行所　有限会社　大　法　輪　閣
東京都渋谷区東2－5－36　大泉ビル2F
TEL　(03) 5466－1401（代表）
振替　00130－8－19番
http://www.daihorin-kaku.com

ISBN978-4-8046-1374-1　C0015　Printed in Japan